모든 것이 괜찮아지는 기술

Happy: Why More or Less Everything Is Absolutely Fine
By Derren Brown

Copyright ⓒ 2016 by Derren Brown
Korean translation copyright ⓒ 2022 by ForYouBook
All rights reserved.

Korean translation rights arranged with Random House UK Limited through EYA(Eric Yang Agency).

이 책의 한국어판 저작권은 EYA(Eric Yang Agency)를 통한 저작권사의 독점 계약으로 너를위한에 있습니다. 저작권법에 의해 한국 내에서 보호를 받는 저작물이므로 무단전재와 무단복제를 금합니다.

## 모든 것이 괜찮아지는 기술

1판 1쇄 인쇄 2022년 10월 21일
1판 8쇄 발행 2025년 05월 15일

지은이 데런 브라운
옮긴이 김정희

발행인 한정혜
편집 임주하
디자인 이유나
마케팅 노태민
발행처 너를위한
등록 2020년 11월 19일 (제2020-000057호)
주소 경기도 파주시 돌곶이길 129-7 94호
이메일 hye@foryoubook.co.kr

값은 뒤표지에 있습니다.
ISBN 979-11-980355-0-9 03190

당신을 위한 책을 만듭니다.

불안, 분노, 스트레스로부터
나를 지키는 심리 기술

# 모든 것이
# 괜찮아지는
# 기술

데런 브라운 지음
김정희 옮김

너를위한

"모든 것을 우리가 믿게 된 대로 이해하고 말할 수 있는 것은 아니다.
대부분의 일은 어떤 단어도 뚫고 들어가보지 못한 영역에서 일어난다."

— 라이너 마리아 릴케,《젊은 시인에게 보내는 편지》중에서

차례

## 1장 | 만들어진 불행의 패턴

자존감 낮은 아이 ........ 13
5분 만에 실패하기 ........ 22
위약 효과와 확증 편향 ........ 26
지금 행복한가? 아니면 불행한가? ........ 29

## 2장 | 내 삶에 주인이 되는 법

저자권 찾기 ........ 35
경험하는 자아 vs. 기억하는 자아 ........ 39
이리저리 휘둘리고 있다면 ........ 44
다른 누구도 아닌 나의 이야기 ........ 49
'잘 산다'는 고민의 시작 ........ 52
삶을 사랑하는 기술 ........ 55

## 3장 | 철학 천재들의 불행 피하기 기술

정의하기 어려운 개념 ........ 63
에드워드 노튼과 브래드 피트 ........ 66

| | |
|---|---|
| 우리 마음속에서 가장 중요한 것 | 73 |
| 에피쿠로스처럼 즐기며 사는 법 | 83 |
| 그 어느 때보다 고통스럽다면 | 87 |
| 테스형이 사라진 시대의 조언자 | 90 |
| 우리는 더 나은 삶을 살 자격이 있다 | 96 |
| 신의 도움 없이 살기 | 100 |
| 스스로 신이 되는 법 | 113 |
| '무슨 일 하세요?'라는 질문 | 120 |
| 니체는 이렇게 말했다 | 125 |
| 보통의 불행으로 돌아가기 | 127 |
| 지금 우리는 행복 알약 시대에 산다 | 133 |

## 4장 | 나는 나를 파괴하지 않을 권리가 있다

| | |
|---|---|
| '필요는 없지만 갖고 싶어' | 139 |
| 욕망을 단순화하라 | 147 |
| 나를 지키는 심리적인 힘 | 151 |
| 나는 왜 나를 괴롭히는가 | 155 |
| 우리는 스스로 고통을 만들어낸다 | 160 |
| 부정적인 사건을 재해석할 것 | 165 |
| 우리를 화나게 하는 것들 | 170 |

## 5장 | 모든 것이 괜찮아지는 순간

그건 아무것도 아니다 — 177
인간관계를 통제하려고 한다면 — 181
결과는 통제할 수 없다 — 187
선 밖에 있는 무관한 것 — 192
운명은 바닥에 흩어진 톱밥이다 — 199
비극의 주인공이 되지 않으려면 — 205

## 6장 | 그 무엇도 나를 해칠 수 없다

최선의 방식으로 연결하기 — 211
스토아철학이 지금도 통하는 이유 — 215
나에게 던져야 할 두 가지 질문 — 219
첫 번째 인상에 아무것도 더하지 마라 — 222
불행은 모두 과거와 미래에 있다 — 228
예측 명상 200퍼센트 활용하는 법 — 233
때로는 삼인칭 시점이 필요하다 — 240
하루 24시간, 어떻게 살 것인가 — 243

## 7장 | 분노를 없애는 현실적인 조언

오늘도 화를 내고 말았다면 ........ 249
신경을 덜 쓰면 더 행복해진다 ........ 259
분노를 피해야 하는 3가지 이유 ........ 262
무엇이든 거부한다 ........ 271
1. 일단 기다려라 ........ 279
2. 흔한 호기심에 휘둘리지 마라 ........ 286
3. 당신의 판단을 의심해라 ........ 291
4. 상상 속 친구들을 불러내라 ........ 297
5. 자신을 너무 믿지 마라 ........ 299
6. 우리도 똑같다는 것을 잊지 마라 ........ 304
7. 상대의 동기를 이해해라 ........ 307
8. 기대치를 낮춰라 ........ 315
공감과 유대 그리고… ........ 323

참고 문헌 332

1장

만들어진 불행의 패턴

# 자존감 낮은 아이

얼마 전, 나의 오랜 친구이자 공동 작업자인 앤디 나이맨Andy Nyman이 내게 이런 이야기를 들려주었다. 앤디가 쇼를 끝내고 무대 출입문을 나설 때였다. 열네 살쯤 되어 보이는 소녀가 바짝 긴장한 채 안절부절못하며 간신히 그와 눈을 맞췄다. 옆에는 소녀의 엄마가 조그만 카메라를 꼭 쥐고 서 있었다. 엄마가 앤디에게 딸과 사진을 찍어줄 수 있는지 물었다. 앤디가 흔쾌히 동의하자 소녀가 말없이 앞으로 나와 한쪽 팔로 그의 몸을 감쌌다. 소녀의 떨림이 느껴졌다. 앤디는 미소를 지었고 엄마는 사진을 찍었다. 순간 그는 소녀가 웃지도 않고 카메라를 제대로 쳐다보지도 않는다는 것을 눈치챘다. 그는 방금 찍은 사진을 보여달라고 부탁했다. 예상대로 그는 행복한 얼굴이었지만 옆에 있던 이 가련한 영혼은 눈을 반쯤 감은 데다 표정도 무척 어색했다.

"다시 찍을까?" 그가 소녀에게 물었다.

엄마가 대신 대답했다. "아, 얘는 사진만 찍으면 표정이 늘 이 모양이에요."

앤디가 엄마의 말에 놀라서 말했다. "에이, 그런 말이 어딨어요!"

소녀가 처음으로 입을 뗐다. "아, 괜찮아요. 정말 그런걸요."

사진을 찍으며 나눈 이 짧은 대화에는 모녀의 또 다른 삶의 단상이 찍힌 듯했다. 잘못된 모성에서 비롯된 아이의 형편없는 자존감 말이다.

이 엄마는 분명 우리가 흔히 부모에게 기대하듯 아이를 응원하고 용기를 북돋아주는 대신, 딸아이의 낮은 자존감을 밑바닥에 그대로 굳히는 역할을 해온 것이 틀림없었다. 엄마가 쓰는 단어만 봐도 알 수 있었다. '늘'이라는 표현은 이야기에 되풀이되는 패턴이 있다는 점을 말해주기 때문이다. 그리고 이런 이야기는 우리에게 깊은 영향을 미친다.

나는 마술사다. 마술은 사람들이 이야기를 통해 자기 자신을 속이게끔 만든다. 좋은 마술은 관객이 스스로에게 불가능한 결론에 도달하는 이야기를 꾸미게 이끄는데, 이야기는 명확할수록 좋다. 보통 마술에서는 수수께끼를 푸는 열쇠가 모두 관객의 눈앞에 있다. 하지만 관객은 마술사가 펼쳐 보이는 쇼에만 집중한다. 마술사의 의도대로 자극적이고 헷갈리는 마술을 따라가다 보면 도무지 이해할 수 없는 미스터리만 남는다. 이때 뛰어난 마술사는 무언가를 사라지게 하거나 어딘가로 이동시키는 단순한 눈속임을 넘어서 마술을 의미 있는 무언가로 탈바꿈시킨다. 보여주기식 공연이 아니라 관객이 스스로 직접 동참하고 있다고 느끼게 만들면 마술이 들려주는 이야기는 훨씬 더 중요하고 강력한 힘을 발휘할 수 있다.

만약 마술이 세상의 사건들을 무의식적으로 끊임없이 어떤 이야기로 수정하는 인간의 능력을 활용하는 것이라면, 우리는 다른 사람과 우리 자신에게 의미 있는 이야기를 전하기 위해 쉴 새 없이 일하는 편집의 달인인 셈이다. 이를테면 우리는 어떤 일을 성공으로 볼지 실패로 볼지 스스로 결정을 내리면서 그 사건을 아주 멋진 기억 또는 생각만 해도 끔찍한 기억으로 만들 수 있다.

우리는 자신이 선호하는 이야기 전개에 맞춰 세부 사항을 조정하고 기억을 선택한다. 누군가와 관계가 끝났을 때, 하루는 그 사람과 좋았던 기억을 떠올렸다가 다음 날이 되면 나빴던 기억을 떠올린다. 이야기의 앞뒤가 바뀌고 내용도 조금씩 달라진다.

우리 한 사람 한 사람은 스스로 자기 자신에게 들려준 이야기의 결과다. 어떤 이야기는 우리가 일상생활을 하고 다른 사람을 이해할 수 있게 해주는 간단하고 대수롭지 않은 것들이다. '지금 이걸 하고 상점에 가서 그걸 하고 나면, 오늘 밤에는 발 뻗고 편안히 쉴 수 있겠지' '걔가 그렇게 퉁명스럽게 군 건 내가 자기보다 다른 사람들을 우선시할까 봐 불안해서 그랬던 게 분명해'

잘 정돈된 이야기는 우리가 복잡한 현실을 만족스럽고 깔끔하게 정리하면서 앞으로 나아갈 수 있게 돕는다. 그렇지 않으면 모래알처럼 흩어져 있는 세부적인 것들만 보게 된다. 이야기 속에서 의미 있는 패턴을 만들지 못하면 우리 삶은 압도당하고 만다.

앤디와 마주쳤던 소녀가 엄마의 영향을 받고 있다는 것을 우리가 눈치챘듯이, 어떤 이야기는 우리 내면 깊숙이 뿌리내려 온갖 방식으로 우리를 정의한다. 그 정의를 바탕으로 자신의 미래에 관해 이야기한다. '아, 난 꼴도 이렇고 어딜 가도 어울리질 못해. 앞으로도 달라질 건 없을 거야' '난 좋은 관계를 맺기는 글렀어' 과거 이야기도 한다. '내가 이 모양인 건 엄마 아빠가 날 그런 식으로 대해서야' '난 매번 운이 없어' 하지만 오늘 내가 한 행동에 책임이 있다고—여러 면에서 그럴 수밖에 없다고—느끼는 과거는 우리가 지금 우리 자신에게 들려주는 이야기일 뿐이다. 가령 우리는 내가 지금 어떻게 이 자리에 있게 됐는지, 또는 심리적으로 어떤 강점이나 약점을 갖게 됐는지 생각할 때, 그 한 가지 대답을 얻기 위해 수많은 점을 연결한다. 그 점들을 매끄럽게 정리하면서 당신이 영웅이나 희생자로 등장하는 이야기를 짓는다. 우연의 일치나 무작위로 찾아오는 행운은 어김없이 무시한다. 전형적인 성공한 야심가들은 자기가 지나온 경력의 궤적이 남다른 사업 감각이나 저돌적인 자신감 덕분이라고 믿으며, 논리로 설명할 수 없는 운의 역할은 싹 무시하기도 한다. 어쨌거나 우리는 매일 하루도 빠짐없이 우리가 하고 싶은 이야기를 하고, 그 이야기대로 산다.

이야기는 의식적으로 구성되기도 하고, 무의식적으로 우리가 어릴 때 다른 사람들에게서 받은 대본을 따르기도 한다. 좋든 싫든 부모에게서 물려받은 심리적 유산은 평생 이어질 수 있다. 부모가 못다 이룬 소망이나 사무치는 후회가 자식에게 전해져 이야기의 틀로 작용하는 일은 흔하다. 이런 수많은 틀은 우리가 행복을 느끼기 어렵게 만든다. '네가 행복해지려면, 네가 사랑받으려면 대단한 일을 해야 해' '다른 사람들을 위해 네 행복은 희생해도 돼. 네 가치는 거기서 나오거든' 음흉한 지시는 동료, 친구, 선생님들에게서, 아니면 수시로 접하는 뉴스의 누적된 영향이나 우리가 갖게 된 온갖 이념들로부터 비롯될 수 있다. 우리는 이런 지배적인 이야기의 틀을 마음에 새기고, 어떤 사건이나 사람들이 마치 아이들 우화처럼 그 틀과 같은 맥락의 메시지를 강화하는 방향으로 삶을 배열하고 또 배열한다. '저런 사람들은 아무리 노력해도 좋아할 수가 없어' '좋은 직업을 갖지 못하면 무시당하고 미움받을 거야' '나는 다른 사람들한테 늘 실망만 안겨' 등… 우리 삶에 등장하는 수많은 사람들이 몇 번이고 같은 이야기를 되풀이한다. 전설적인 정신분석학자 칼 융Carl Gustav Jung은 이렇게 말했다. "아이가 져야 할 가장 무거운 짐은 부모가 살지 못한 삶이다." 우리가 부모에게서 물려받고, 그들은 또 그들의 부모에게서 물려받은 잘못된 대본, 우리의 건국 이야기는 정작 우리 것이 아니다.

이 책 《모든 것이 괜찮아지는 기술》은 우리가 더 행복하게 살 수 있다는 관점에서 위와 같은 이야기의 틀을 통제하는 방법을 다룬다. 2천여 년 전, 그러니까 기독교가 번성하기 전 500년 동안 가장 널리 융성했던 스토아학파의 대표적인 인물 에픽테토스Epictetus는 이렇게 말했다. "사람들을 혼란에 빠트리는 것은 사건 그 자체가 아니라 거기에 대한 사람들의 판단이다."[1] 우리에게 문제를 일으키는 것은 외적인 사건이 아니라 우리가 그 사건에 보이는 반응, 즉 우리 자신에게 하는 이야기라는 의미다. 이 짧은 고대의 지혜는 60년대 만트라 '세상을 바꾸려 하지 말고 당신의 머리를 바꿔라'를 비롯해, 신경 언어 프로그래밍neuro-linguistic programming, 인지 행동 치료법cognitive behavioral therapy, 그밖에 오늘날 수많은 자기 계발과 치료법을 탄생시킨 근원이다. 셰익스피어도 햄릿의 대사를 통해 같은 맥락의 이야기를 했다. "좋거나 나쁜 것은 없고, 다만 생각이 그렇게 만들 뿐이다." 19세기에는 우리가 나중에 살펴볼 철학자 아르투어 쇼펜하우어Arthur Schopenhauer가 덜 퉁명스러운 어조로 이 격언을 되풀이했다.

"중대한 불행은 논외로 하고, 우리는 살면서 우리에게 일어나는 좋은 일과 나쁜 일 자체보다 스스로 그것을 느끼는 방식에 더 의존하며, 모든 면에서 우리 감수성의 특성과 정도에 더 의존한다."[2]

정신적으로 성숙해지기 위한 첫 단계는 실제로 일어나는 사건과 그 사건에 보이는 반응 사이에는 엄청난 간극이 있다는 점을 인식하는 것이다. 저 바깥 세계와 우리 내면세계는 전혀 다른 두 왕국이다. 그러니 타인은 우리의 감정에 어떤 책임도 없다. 아무리 터무니없는 행동을 하는 사람일지라도 그들에게는 우리의 통제력이나 존엄성을 건드릴 권한이나 수단이 없다는 것이다.

스토아철학은 외부 세계와 내면세계를 분리하고 유지하는 법을 알려준다. 덕분에 우리는 불안의 수위를 낮출 수 있다. 우리가 어떤 사건에 대해 몸에 밴 습관처럼 불행하게 반응할 필요가 없다는 점을 이해해야 한다. 외부 사건과 나는 분리되어 있다는 점을 이해하고 내가 누구인지 매일 스스로 만들어내는 이야기에 깊이 적용해야 한다. 이야기는 바뀔 수 있다. 결국 우리가 지어낸 것이기 때문이다.

데이비드 맥레이니David McRaney의 《착각의 심리학》에 적절한 비유가 나온다.

> "'실화를 바탕으로 함'이라고 시작하는 영화를 보면 무슨 생각이 드는가? 대사 하나하나, 의상이나 소품, 배경음악까지 모든 것이 영화의 바탕이 된 실제 사건과 똑같을 거라고 짐작하는가? 물론 그렇지 않을 것이다. 당신은 〈진주만〉이나 〈에린 브로코비치〉 같은 영화를 보면서, 실제 있었던 일을 예술적으로 변형시켜 처음, 중간, 끝으로 일관성 있게 전개되도록 각색했다는 사실을 알고 있다. 심지어 생존해 있는 음악가나 정치인의 삶을 다룬 전기 영화도 완벽하게 사실만 보여주는 일은 극히 드물다. 일어난 사건을 빼버리거나 등장인물 하나에 여러 사람을 녹여내기도 한다. 영화를 볼 때 세부적인 내용은 큰 그림, 즉 주제보다 덜 중요하다. 당신 머릿속에서 상영되는 자신의 전기영화를 볼 때도 이 사실을 잘 알고 있으면 얼마나 좋을까."[3]

우리는 각자 자기 머릿속에 사로잡혀 있는 포로다. 세상을 향한 우리의 이해와 확신은 바로 그 관점을 벗어나기 어렵다. 쇼펜하우어는 "사람은 누구나 자신의 좁은 시각으로 세상을 편협하게 바라본다"[4]라고 말했다. 그래서 우리는 자신이 구축한 삶의 이야기를 진실이라고 착각한다.

흥미롭게도, 우리는 깨어 있는 모든 순간 이러한 오류의 희생양으로 산다. 우리에게는 맹점blind spot, 즉 눈앞의 사물을 보지 못하는 사각지대가 있다. 누구나 마찬가지다. 먼저 오른팔을 정면으로 쭉 뻗어 엄지손가락을 위로 치켜세워보자. 이제 왼쪽 눈을 감고 오른쪽 눈으로 정면을 바라보면서 손가락과 수평을 맞추되 엄지손가락의 약간 왼쪽을 본다. 수평을 유지한 채로 엄지손가락 일부가 시야에서 사라질 때까지 손가락을 천천히 좌우로 움직인다. 몇 번 반복하다 보면 맹점을 찾을 수 있을 것이다. 엄지손가락을 치워도 맹점은 그 자리에 있지만 우리는 알아채지 못한다. 뇌가 포토샵의 클론(복제 및 복사 기능) 기능처럼 맹점을 채워 넣어 우리에게 매끄럽게 연결된 시각적 경험을 제공하기 때문이다. 두 눈을 부릅뜨고 방 안을 둘러볼 때조차 우리는 우리 앞에 보이는 모든 것을 편집하고 있다. 효율적으로 기능할 수 있는 환경을 만들기 위해 주위의 무한한 데이터 소스를 선택하고, 삭제하고, 붙이고, 일반화한다. 모든 소스를 한꺼번에 받아들일 수 없어서 취사선택하면서 채워 넣는다. 게다가 우리는 지나칠 정도로 조심성이 많은 탓에 예상치 못한 움직임이 위협적으로 느껴지면 거기에만 초점을 맞춘다. 동시에 우리의 더 깊은 내면에서는 다른 사람의 표정이나 어조에 지나치게 집중하는데, 그것이 마음속 깊숙이 자리한 두려움을 확인시켜주기 때문이다.

우리는 이런 간단한 실험에서도 엄청난 양의 정보를 놓치고 있으며 주위 환경을 쉽게 판단한다. 이미 특정 위치에 열쇠가 없다고 단정 지으면 눈앞에 있는 열쇠도 못 보고 지나친다. 대화를 나눌 때도 끊임없이 이어지는 편집 과정은 우리 자신에 관한 이야기보다는 타인이 하는 이야기를 듣는 경우에 더 쉽게 관찰된다. 다른 사람이 자기가 벌인 논쟁에 대해 이야기하는 것을 들을 때 회의적인 기분을 느낀 적이 있다면 이해하기 쉬울 것이다.

이야기는 보통 말하는 사람의 입장만 전달한다. 말하는 사람은 복잡 미묘한 사건을 (본인한테는 아무 잘못이 없는) 일목요연한 이야기로 바꿔서 들려준다. 그 이야기에 빠진 내용이 많다는 건 우리도 안다. 자신이 상대에게 얼마나 적대적이었는지, 어떤 불만이 있었는지, 어떤 오해를 했었는지 같은 내용 말이다. 그 이야기는 우리에게 자기 입장을 설득하려고 과장하고 단순화시킨 것이다.

그런데 그 무엇보다 우리 삶에 큰 영향을 미치는 우리 자신의 이야기를 회의적인 시각으로 바라보면 어떨까? '나는 누구인가?'처럼 지극히 사적인 이야기에 이런 삐딱한 거리두기를 시도해볼 수는 없을까? 어떻게 하면 우리가 자기 자신의 이야기에 매몰되어 있을 때 우리에게 유리한 관점을 취할 수 있을까? 우리는 가장 먼저 자기가 매몰되어 있는 이야기를 어떻게 볼 것인지 다시 생각해보아야 한다. 그렇지 않으면 이야기가 지닌 부정적인 측면들의 함정에 빠질 수 있다. 불안감과 무력감에서 헤어나지 못할 수도 있다. 물론 지나친 낙관주의 역시 우리에게 무력감을 안기고 헤매게 만들기는 마찬가지다.

# 5분 만에 실패하기

부정적인 이야기가 우리 내면에 뿌리내리는 데는 5분이 채 안 걸린다. 한번 확인해보자. 철자 바꾸기 문제를 풀어보는 거다. 아래에 제시된 각각의 단어는 다른 단어의 애너그램 anagram 이다. 각 단어의 철자를 활용해 순서를 바꿔서 다른 단어를 만들어야 한다는 의미다. 어렵지 않다. 한 단어당 5초 안에 풀면 된다. 못 풀면 곧장 다음 단어로 넘어간다.

첫 번째 단어부터 시작해보자. 철자 순서를 다시 배열해 다른 단어를 만들어라. 주어진 문제를 풀었거나 5초가 지나면 다음 문제로 넘어갈 것.

① WHIRL
(5초를 세라…)

풀었나?
두 번째 단어다. 이번에도 시간제한은 5초다.

② SLAPSTICK

더 쉬운가? 더 어려운가?
이제 마지막 단어다.

③ CINERAMA

풀었나?
몇 개나 풀었나?

펜실베이니아주립대학교 채리스 닉슨Charisse Nixon 교수의 수업을 들어봤다면, 그리고 거기서 강의실 왼편에 앉아 있었다면, 아마 위의 애너그램 세 문제를 모두 풀어봤을지도 모른다. 실제로 강의실 오른편에 앉은 학생들은 TAB, LEMON, CINERAMA라고 적힌 애너그램을 받았다. 두 목록에서 마지막 세 번째 단어만 같다는 점을 눈치챘는가? 이제 이 실험의 전략을 알려주겠다. 우리가 받은 목록의 처음 두 단어 WHIRL과 SLAPSTICK은 애초에 해결할 수 없는 애너그램이다. 아무리 순서를 바꿔도 다른 단어를 만들 수 없다. 이 두 단어에 10초를 낭비하게 한 점 미안하다. 오른편 학생들이 받은 목록의 처음 두 단어 TAB과 LEMON은 간단히 다른 단어로 바꿀 수 있다. 하지만 왼편이든 오른편이든 학생들은 전부 똑같은 단어를 받았다고 생각한다. 닉슨은 학생들에게 첫 번째 문제를 풀게 한 뒤에 문제를 해결한 사람은 손을 들어달라고 부탁했다. 왼편에 앉은 우리는 학생들이 너도나도 손드는 모습을 보고—오른편 학생들만 손을 든다는 사실은 눈치채지 못한 채—스스로 WHIRL을 풀지 못했다는 사실에 좌절감을 느낀다. 다들 아는데 우리만 못 보고 있는 게 뭘까? 다시 두 번째 애너그램을 풀고 해결했으면 손을 들어달라는 요청을 받는다. 이번에도 우리는 문제를 못 풀었다. 물론 아까 손들었던 오른편 학생들이 또 손을 든다. 좌절감이 점점 심해진다. 이렇게 멍청하고 덤벙대다니. 왼편에 있는 우리는 이미 포기 상태다.

이제 마지막 세 번째 단어다.

조금 전에 시도했을 때 그 문제를 풀었나?

CINERAMA를 AMERICAN으로 바꾸는 건 그리 어렵지 않다. 성공했나? 아마 아닐 것이다. 특히 닉슨의 강의실에서 이 문제를 풀고 있다면 더더욱 성공하지 못했을 것이다. 왼편에 앉은 다른 모든 학생들도 마찬가지다.

하지만 오른편에 앉은 학생들은 세 번째 문제를 풀었다. 모든 학생이 손을 들었다. 왼쪽 학생들은 한 명도 못 풀었다.

닉슨은 학습된 무기력learned helplessness이라는 현상을 설명하기 위해 이 간단하고도 멋진 실험을 사용했다. 왼쪽에 앉은 우리가 틀림없이 쉽게 풀어야 하는 문제를 붙들고 끙끙대는 동안 반대편에 앉은 친구들은 자랑스럽게 손을 들어 성공을 알린다. 그 모습을 보는 우리는 실패한 느낌을 받는다. 이때 받은 느낌이 바로 우리의 이야기가 된다. '난 못 풀어. 이건 실패할 거야.' 학습된 이야기를 반복하는 우리는 '난 이 문제를 풀 수 없어'라며 세 번째 문제를 포기해버린다. CINERAMA 재배열에 실패한다. 조금만 더 생각했으면 해결할 가능성이 컸던 문제를 말이다. 한편, 오른쪽에 앉은 학생들은 처음 두 번의 성공을 만끽한 뒤 자기효능감을 느끼면서 마지막 애너그램까지 해결한다.

닉슨이 지적했듯이, 학습된 무기력은 사회적으로도 부정적인 영향을 미친다. 닉슨은 교내 괴롭힘 문제에 깊은 관심을 쏟아왔다. 학생들의 발전을 가장 효율적으로 도와줄 만한 실질적인 방법을 찾고 있었다. 괴롭힘을 당하는 아이는 쉽게 무력감을 느끼고, 앞으로도 괴롭힘에 맞서려고 할 가능성이 희박해진다. 우리도 마찬가지다. 과거에 어떤 일을 '잘하지 못했다'고 느낀 경험이 있으면, 다시 그 일을 맞닥뜨렸을 때 의욕 없이 수행하게 된다. 게다가 괴롭힘은 언제나 명백한 문제도 아니고 늘 의식적으로 하는 행동도 아니다. 엄마가 딸의 외모를 끊임없이 지적하는 것도 괴롭힘과 마찬가지 효과를 낼 수 있다.

하지만 좋은 소식이 있다. 우리는 우리 이야기를 바꿀 수 있다. 다르게 행동할 수 있다. 실화를 바탕으로 한 영화의 주인공은 성격이 정해져 있어서 행동을 짐작할 수 있지만 우리는 그렇지 않다. 우리는 영화 속 주인공과 다르게 평소 우리 성격에 맞지 않는 행동도 얼마든지 할 수 있다.

# 위약 효과와
# 확증 편향

나는 위약 효과를 주제로 프로그램을 제작한 적이 있었다. 참가자들이 가짜 의사에게서 놀라운 신약 주사를 맞고 각자 생활로 돌아가 알약을 복용하는 실험이었다. 참가자들은 모두 어떤 문제나 특성을 지닌 사람들이었는데, 각자 복용하게 될 약이 그런 문제를 극적으로 개선해줄 거라는 설명을 들었다. 예를 들어, 불안감이 너무 심해 고통을 겪는 사람에게는 약이 불안감을 없애줄 것이고, 흡연자에게는 흡연 욕구를 사라지게 해줄 거라는 식이었다. 모든 참가자는 별다른 노력 없이 그저 약만 먹으면 됐다.

실험 결과는 2012년 채널4에서 방영되었던 〈두려움과 믿음 Fear and Faith〉이라는 프로그램 1부에서 확인할 수 있다. 극심한 사회불안장애에 시달렸던 닉은 하루가 멀다 하고 술집에서 벌이던 싸움을 그만두고 자신의 두려움을 멋지게 극복했다. 집 근처 작은 돌다리도 못 건널 정도로 고소공포증이 심했던 댄은 지면에서 수십 미터 위를 지나는 고가 끄트머리에 보란 듯이 서서 자신의 놀라운 변화를 만끽하며 두 팔을 활짝 벌렸다. 흡연자 그룹은 특별한 노력 없이 담배를 끊었다. 그동안 온갖 패치와 방법을 써봤지만 결국 스트레스와 패배감만 맛봤던 니키는 약을 먹고 나서부터 담배 생각이 안 난다는 것을 깨닫고 정말 마법 같은 약이라며 놀라워했다.

물론 주사제와 알약은 모두 가짜였다. 주사제는 식염수였고 알약에는 설탕밖에 들어 있지 않았다. 참가자들이 겪은 극적인 변화는 그들 스스로가 자신에게 다르게 행동하는 것을 허락했기 때문에 가능한 일이었다. 약이 혈관을 타고 돈다는 생각만으로도 스스로에 관한 이야기를 바꾸기에 충분했다. '난 이제 이 문제를 겪는 사람이 아니야. 신약이 다 해결해주고 있거든.' 아마 가장 놀라운 사례는 피부염이 너무 심해서 몇 해째 결혼반지도 못 끼고 지냈던 남성일 것이다. 그는 직장에서 근무할 때도 특별한 장갑을 끼고 일해야 했다. 우리는 법적인 이유로 알약이 그의 상태를 치료해줄 거라고 말할 수 없었는데—꽃가루를 비롯한 알레르기 치료제라는 말밖에 할 수 없었다—우리가 준 루머딘RUMYODIN을 먹고 그가 완치됐다는 소식을 듣고 다들 정말 깜짝 놀랐다(아까 애너그램 실력을 제대로 발휘하지 못해서 아직도 씩씩거리고 있다면, RUMYODIN으로 다시 도전해봐도 좋다).

참가자들은 주사를 맞은 뒤 첫 번째 알약을 복용한 다음부터 해야 할 임무가 있었다. 약효라고 생각되는 긍정적인 변화를 우리에게 보고하는 일이었다. 물론 이 임무는 그들이 새로운 이야기를 따라 살도록 격려하기 위한 장치였다. 이게 바로 우리가 가장 빠지기 쉬운 인지적 함정인 확증 편향confirmation bias이 하는 일이다. 확증 편향은 자신의 믿음을 뒷받침하는 일은 쉽게 알아채고 그렇지 않은 일에는 주의를 덜 기울일 때 나타난다. 싫어하는 사람에게서 그의 좋은 습관보다 짜증 나는 습관을 더 많이 알아채는 것도 확증 편향이다. 확증 편향은 우리가 지어낸 삶의 이야기가 일정한 흐름을 벗어나지 않고 진실처럼 보이도록 하는 데 필요한 온갖 증거를 매일같이 우리에게 제공한다. 제작진이 〈두려움과 믿음〉에서 한 일은 확증 편향을 이용해 참가자들이 자신들에게 도움이 될 만한 새로운 이야기에 초점을 맞추게 하는 것이었다. 그렇게 얻은 결론은 다음과 같다. 우리가 지나온 이야기의 흐름을 끊고 새로운 방향으로 전환하기만 하면, 삶에 극적인 변화가 별다른 노력 없이 찾아온다는 점이다.

# 지금 행복한가?
# 아니면 불행한가?

이 책은 무엇이 우리를 행복하게 하고, 행복이란 어떤 의미이며, 어떻게 해야 더 행복해질 수 있을지에 대한 내 오랜 고민의 결과물이다. 최근 나의 TV쇼에서는 몇 년에 걸쳐 자기도 모르게 내면의 영웅을 발견하고 지금까지 제대로 살지 못해 놓치고 있던 삶을 되찾은 피실험자들을 다뤘다. 하지만 작은 화면으로 깔끔하게 포장된 채 전달되는 아이디어는 행복한 삶을 구성하는 훨씬 더 풍부한 매력을 제대로 전달하지 못했다. 더불어 그동안 내가 우리한테 전혀 도움이 안 되는 메시지가 끊임없이 우리 삶으로 흘러드는 현상을 지켜봐온 것도 이 질문에 초점을 맞추는 계기가 되었다.

우리는 자신이 이미 충분히 행복하다고, 아니면 엄청나게 불행하다고 생각할지 모른다. 좋은 삶이란 어떠해야 하는지에 대한 확고한 신념이 있을 수도 있고 그 문제를 한 번도 고민해보지 않았을 수도 있다. 행복 추구에 관한 자기 계발서와 사회적 압력은 차고 넘친다. 그렇지만 안타깝게도 이런 것들은 심각한 역효과만 낳고 되레 불안감을 키우는 경우가 많다. 긍정적인 사고, 자신감, 목표 설정 등과 같이 우리에게 익숙한 행복과 성공으로 통하는 수많은 길은 오히려 재앙이 될 수도 있다.

앞으로 우리는 내가 가장 좋아하는 몇 가지 사상을 살펴볼 것이다. 대개는 인간이 어떻게 살아야 최고로 잘 사는 건지 고민했던 철학자들—말 그대로 지혜의 연인들—의 생각이다. 철학과 심리학은 꽤 오랫동안 상당히 다른 분야의 학문으로 존재해왔다. 심리학의 경우 어떻게 해야 우리가 단 한 번뿐인 생을 가장 행복하게 살 수 있을지에 대해 고민했던 철학과는 달리, 병증을 관찰하고 고치는 데 힘을 쏟았다. 그러다 최근 들어 학자들이 두 학문의 공통분모를 발견하기 시작했다. 마틴 셀리그먼Martin Seligman을 비롯해 그의 뒤를 잇는 긍정심리학자들은 실증적인 심리학 연구가 충만한 삶에 대해 우리에게 가르쳐줄 수 있는 게 무엇인지 들여다봄으로써 학문적인 균형을 되찾으려고 시도해왔다. 심리학자들은 우리를 행복하게 하는 것이 무엇인지에 관해 가장 확실하고 믿을 만한 연구를 할 기회가 자신들에게 있으며, 그 결과를 대중에게 전하는 역할 역시 자기 계발 전문가들이 아니라 자신들이 직접 해야 한다고 느꼈다. 한편, 철학 분야에서는 알랭 드 보통Alain de Botton과 앤서니 그레일링A. C. Grayling 같은 대중 철학자들이 철학이라는 건조하고 분석적인 학문에 인도주의적인 뿌리를 되살릴 목적으로 설계한 단체를 만들거나 책을 출판했다. 그들은 현대를 살아가는 우리가 역사 속 위대한 사상가들의 도움을 받아 조금이나마 트라우마를 극복하고 만족스럽게 살아갈 수 있다는 점을 깨우쳐주고 있다.

나는 앞으로 철학과 심리학을 기반으로 어떻게 하면 불안, 분노, 스트레스를 줄이고 가장 풍요롭고 행복하게 살 수 있는지에 대한 답을 보여주고자 한다.

이 책에서 제안하는 실용적인 조언과 사고방식은 모두 지적인 거인들과 위대한 사상가들에게서 나왔다.

자 이제, 우리 자신에게 들려주는 삶의 이야기가 '만들어지는 것'이라는 아이디어를 다시 떠올려보면 어떨까. 우리에게는 늘 이야기가 필요하다. 이야기가 없으면 일관된 정체성도 없다. 먼저 우리 개인의 이야기를 한번 되돌아보면서 약간의 편집으로 더 효과적인 이야기로 탈바꿈시킬 수 있을지, 아니면 개선의 여지가 조금이라도 있을지를 함께 살펴보기로 하자. 이 과정에서 자신의 정체성을 싹 갈아엎겠다는 각오로 덤빌 필요는 없다. 그 첫발은 사람들 사이에 만연해 있는 신화를 없애는 일이다.

2장

내 삶에 주인이 되는 법

# 저자권 찾기

우리가 진정으로 행복해지려면 가장 먼저 계획이 필요하다는 사실을 깨달아야 한다. 그런 다음 어떤 계획이 실전에 가장 효과적일지 알아볼 필요가 있다. 세상에는 우리가 선택할 수 있는 신념이나 철학이 꽤 많지만, 어떤 것이 그들이 하는 주장과 실제로 일치하는지 판단하기 어렵다. 공고한 철학을 찾아 헤매는 수많은 사람들이 몇 년에 한 번씩 자기 외부에서 카리스마 넘치는 리더나 자기를 이끌어줄 새로운 무언가를 찾지만, 어떤 것도 꼭 들어맞지 않아서 영원히 헤매기만 하는 경향이 있다. 우리는 그런 불행한 사람들 틈에 끼고 싶지 않다.

건축가가 집을 지을 때를 생각해보자. 우선 계획이 필요하고 무엇보다 집의 구조를 제대로 이해하고 있어야 한다. 그런데 우리는 삶이라는 집을 지으면서 그 토대와 종합적인 비전에 전혀 주목하지 않는다. 정말 정신 나간 짓이다. 계획은 의욕이 넘치는 사람이 세울 법한 그런 전형적인 계획(이를테면 '서른 살까지 백만장자가 될 거야')을 말하는 것이 아니다. 여기서 말하는 계획은 자기 자신을 위해 무엇을 축적할지 또는 뭘 갖고 싶은지와 연관이 있다. 우리가 찾는 것은 내가 누구인지에 대해 정의할 때 참고할 청사진, 견본, 데생 작품이다.

나는 지금부터 본격적으로 우리가 자기 삶의 이야기에 관여하는 법과 주인이 되는 법에 대해 이야기할 것이다. 우리는 일상의 산만함에 수동적으로 몰두하는 것이 아니라 적절한 사상에서 비롯된 삶의 방식을 찾아야 한다. 우리가 가진 철학은 대단히 유연하고 큰 변화를 겪을 수 있지만, 중요한 것은 우리가 더 충만한 삶을 살 수 있게 도와줄 한 가지 철학을 갖는 일이다. 그 철학을 쉽게 설명해야 할 필요도, 특정 학파에 소속될 필요도 없다. 물론 스스로 철저한 검토와 질문에 맞서야 하고 깊이 생각해보고 신중하게 따져보긴 해야겠지만 말이다. 철학은 그들이 주장하는 일련의 신념으로 우리를 제한하지 않으면서 우리가 의지할 수 있는 굳건한 토대가 되어주어야 한다. 우리가 좀 더 의식적으로 우리 자신의 이야기의 저자권authorship을 갖지 않으면 남들이 대신 우리 이야기를 쓰게 될 것이다. 그럴 경우 우리는 늘 그렇듯 근본적으로 지루함이나 불안감을 느낄 것이고, 마음속에서 끊임없이 들려오는 불평불만에 시달리며 살아가게 될 것이다.

저자권을 갖는 한 가지 방법은 종합적인 (그리고 값비싼) 심리분석을 받는 것이다. 심리분석을 받으면 전문가의 조언에 따라 내면의 무의식적인 충동을 이해하고, 자기 이야기에 좀 더 깊이 관여하는 방향으로 나아갈 수 있다. 우리가 꾼 꿈을 분석하고 자신의 내면아이가 보내는 메시지를 토론하고 그 의미를 밝히면서, 우리가 느끼는 불안과 병적인 측면이 우리 자아의 어떤 부분이 존중받지 못해 생겨난 신호인지 알아낼 수 있다. 우리 마음속에서 무언가 중요한 것을 차단하면 나중에 어떤 형태로든 심리적 긴장을 경험할 가능성이 크다. 이렇게 깊이 자기 내면을 들여다보는 심리분석은 가치 있고 유용하며 매력적이기까지 하다. 하지만 일상 속에서 마음을 단련하는 방법으로 활용하기엔 너무 비싸고 효과도 느리다. 게다가 보통은 심리치료를 수치스러운 일로 여기고 심리분석을 꼭 정신장애와 연관 짓는다. 우리는 누구나 정도의 차이만 있을 뿐 약간의 정서장애를 겪고, 어떤 식으로든 억압받으며, 자기의 진정한 자아를 찾지도 못하고 있다. 이는 인간의 일반적인 상태이며 우리가 더 행복해지기 위해 반드시 다뤄야 할 문제다. 여기서 유의미한 질문은 이런 심리적 장애가 우리를 지배하도록 내버려둘지 아니면 적극적으로 저지하거나 관리할지이다.

어쨌거나 우리 이야기를 파악하고 거기에 관여할 어떤 방법도 찾지 못한다면, 우리는 이내 주변에서 가장 크게 들리는 목소리에 휘둘리게 된다. 그건 교회일 수도 있고 시시한 영성이나 가까운 동료 집단일 수도 있다. 하지만 무엇보다 시끄러운 목소리는 어린 시절 우리를 돌봐준 사람들의 것이다. 융이 지적했듯 아이가 져야 하는 가장 무거운 짐은 부모가 살지 못한 삶이다. 가장 최악은 우리가 다른 사람들이 자신을 대했던 방식에 따라 살아갈 방법을 결정하고,

과거부터 지금까지 우리에게 잘못했던 사람들에게 삶의 통제권을 내주는 경우다. 아니면 어느 날 문득 반복되는 일상에 의구심이 들 때 단지 매일 하는 업무를 통해 자기 삶이 정의된다고 느낄 수도 있다. 당연히 좋아서 하는 일이 아닐 테니 진짜 삶을 사는 것은 주말이나 휴일로 미뤄둔다. 이를테면 주말에 걸핏하면 도를 지나쳐 놀게 되는 이유는 그렇게라도 해야 우울하고 스트레스 쌓이는 한 주를 보낸 뒤 지친 마음을 바로잡을 수 있기 때문이다. 평화로운 해변에서 보내는 일주일의 짧은 휴가는 다시 일터로 돌아가 전력 질주하기 전에 하는 재충전일 뿐이다. 그런데도 우리는 이렇게 반복되는 일상에 어떤 균열이 있지는 않은지 질문하지 않는다. 매일매일 남들의 지시만 따를 뿐 정작 자기 자신의 마음은 억누른 채 삶의 대부분을 꾸역꾸역 힘겹게 버틴다.

숙고하는 삶을 산다는 것은 우리 이야기를 자신한테 맞게 바로잡는다는 의미다. 맞다. 생각보다 간단하다. 살다가 어느 날 문득, 내가 무엇을 하고 있는지 선명하게 보이고, 모든 게 어느 정도 제자리에 있으며, 자신의 이야기가 올바른 궤도에 있다고 느낀다면, 행복의 토대가 잘 마련된 것이다.

어떻게 해야 심리치료사의 도움 없이 우리 이야기를 바로잡을 수 있을까? 어떻게 해야 삶의 마지막 순간, 우리가 최선을 다했다고 확신할 수 있는 삶을 살 수 있을까? 만약 지금 우리가 즐기는 일, 지금 우리를 행복하게 해주는 행동이 우리에게 가장 큰 후회로 남는다면 어떻게 할까? 우리는 어떻게 살아야 할까?

# 경험하는 자아 vs. 기억하는 자아

심리학자 대니얼 카너먼Daniel Kahneman의 연구를 통해 이제야 본격적으로 논의되고 있는 흥미로운 관점을 살펴보면, 우리 이야기의 주인이 되기 위한 조언을 들을 수 있다. 그는 우리 내면에 작용하는 두 자아—경험하는 자아, 기억하는 자아—를 구분하지 않고서는 행복에 관해 이야기할 수 없다고 강조한다.

우리가 삶을 되돌아보며 그동안 행복하게 살았는지 여부를 결정할 때 판단을 내리는 주체는 기억하는 자아다. 하지만 우리가 선택하는 어떤 행동은 훗날 기억하는 자아를 만족시킬 순 있지만, 그 순간에는 전혀 즐겁지 않아서 경험하는 자아에게는 특별한 기쁨을 주지 못한다. 카너먼이 제시한 두 자아의 구별은 우리가 직관적으로 이해하는 행복과 쾌락의 차이처럼 보인다. 기억하는 자아는 우리가 내리는 판단, 즉 어떤 것이 지금 또는 예전부터 제대로 되어가고 있거나 바라는 대로라는 느낌에서 생기며, 과거로 거슬러 올라가는 경향이 있다. 반면, 경험하는 자아는 지금 이 순간 직접적으로 느끼는 감정과 관련이 있다. 예를 들어, 당신은 오늘 오후에 친구와 놀이 공원에 가는 대신 아픈 친척을 돌보기로 했다. 그건 가장 덜 즐거운 선택이고, 경험하는 자아를 만족스럽게 해주지 못한다. 하지만 시간이 흘러 기억하는 자아에게는 그날 오후에 대한 더 좋은 추억을 제공하고, 심지어 우리가 삶에서 실천해온 일과 관련해 더 큰 행복감을 줄 것이다.

카너먼과 그의 동료들은 책《생각에 관한 생각》에서 이 두 자아(물론 이 둘은 실재하는 두 개체라기보다 두 단계로 이루어진 처리 과정을 의미한다)의 차이를 설명하기 위해 말하기 실험을 언급한다. 실험 참가자들은 인상을 찌푸릴 만큼 차갑긴 하지만 못 견딜 정도는 아닌 냉수에 손을 담그고 있어달라는 요청을 받았다. 물에 담그지 않은 다른 손으로는 자신이 경험하는 고통의 정도를 키보드 화살표를 움직여 표시했다. 이것은 경험하는 자아와 실시간으로 소통하는 방법이었다. 1분이 지나 손을 뺀 참가자들에게는 따뜻한 수건이 제공됐다.

7분이 지나면 반대쪽 손으로 두 번째 실험이 진행되었다. 처음 1분은 아까와 같은 온도로, 이후에는 1도 높은 온도로 30초 동안 실험이 이어졌다. 참가자 대다수가 기록한 고통의 정도는 약간 낮아졌다.

다시 7분이 지난 뒤 진행되는 세 번째 실험에서는 참가자들이 첫 번째 실험(기분 나쁠 정도로 차가운 냉수 60초 견디기)과 두 번째 실험(첫 번째 실험과 똑같은 60초에 약간 덜 고통스러운 30초 추가) 중에 선택할 수 있었다. 물론 참가자들에게 덜 고통스러운 쪽은 첫 번째 실험일 테지만, 그럼에도 참가자 80퍼센트가 두 번째 실험을 반복하는 쪽을 선택했다. 참가자들은 왜 짧은 실험이 아닌 긴 실험을 선택했을까? 카너먼은 이 문제를 결정효용decision utility과 경험효용experienced utility의 차이로 설명한다. 즉, 우리가 내리는 결정은 경험을 바탕으로 하는 것이 아니라 경험한 이야기를 바탕으로 한다는 점이다. 그리고 이야기는 실제 경험을 정확하게 반영하지 않는다. 우리는 소설가처럼 삶의 이야기를 만들어내고 좋은 결말을 추구한다.

실험의 핵심은 두 번째 실험에 추가된 30초가 이야기의 결말을 바꿔서 결과적으로 우리에게 두 가지 다른 이야기를 들려준다는 점이다. 첫 번째 실험은 단순히 고통의 이야기로 끝나지만 두 번째 실험은 고통스러웠다가 조금 나아진 이야기로 귀결된다. 경험하는 자아는 늘어난 시간 탓에 실제로는 더 불편했겠지만, 참가자들은 느긋하게 끝나는 두 번째 실험을 좀 더 편안했다고 기억하는 것이다. 그리고 카너먼이 강조했듯, 우리는 이야기의 결말에 신경을 많이 쓰는데 결말은 이야기 전체의 성격을 정의하는 경향이 있기 때문이다. 그는 실험 내내 교향곡을 들으며 즐겁게 참여하다가 마지막 순간에 디스크에서 나는 잡음을 들었던 한 학생을 예로 들었다. 이 학생은 잡음 탓에 경험 전체를 망쳤다. 그의 기억하는 자아는 경험하는 자아의 긍정적인 경험—잡음을 듣기 전까지 실험 시간 내내 즐겁게 음악을 감상했던 경험—을 무시했다. 나쁜 결말이 경험 전체를 망친 것이다.

무대 공연 대본을 쓸 때 보통은 피날레에 공을 잔뜩 들인다. 공연

속 장면 하나하나는 경험하는 자아를 만족시키지만, 공연이 얼마나 재미있고 만족스러웠는지는 기억하는 자아가 판단을 내리는 피날레에 달려 있기 때문이다. 그렇기에 오늘날 수많은 상업 뮤지컬은 커튼콜에 메가 믹스mega-mix 기법을 많이 도입한다. 메가 믹스란 출연진이 전부 무대 위로 올라와 가장 기억에 남는 뮤지컬 넘버의 재밌는 후렴구를 합창하거나 관객에게 다가가 다 함께 춤을 추게 만드는 방법이다. 그러고 나면 우리는 공연장을 나온 후 내내 심드렁하게 봤던 공연도 재밌었다고 착각하게 된다.

흥미롭게도 기억하는 자아는 고통이나 즐거움의 지속 시간은 별로 신경 쓰지 않는다. 의사 결정에서 (찬물에 손 넣기) 두 번째 실험이 30초 더 길었다는 사실은 쉽게 무시한다. 우리의 스토리텔링 능력은 우리가 어떤 경험을 하면서 느꼈던 고통이나 즐거움의 정도를 잘못 기억하게 만든다. 때로는 그 잘못된 정보를 바탕으로 결정을 내리기도 한다. 카너먼은 우리가 어떤 자아를 선호해야 하는지 각자의 몫으로 열어두었지만, 나는 우리가 기억하는 자아에 더 신경을 써야 한다고 생각한다. 카너먼도 이 주장을 뒷받침하는 예를 하나 들었다. 만약 당신은 여행이 끝나는 순간 뇌에서 (그리고 카메라에서) 모든 기억이 사라진다는 것을 알면 그래도 휴가를 떠날 건가? 아마 아닐 것이다. 단순히 경험하는 자아를 만족시키는 것만으로는 충분치 않다. 우리에게는 기억도 필요하다.

경험하는 자아는 인간이나 동물이 공유한 특징인 반면, 인간을 동물과 구별해주는 특징은 기억하는 자아가 이야기를 만들어내는 복잡한 영역 안에 있는 것처럼 보인다. 단, 우리는 자각하는 능력이 있는 동물도 있다는 사실을 잊으면 안 된다. 이와 관련된 고전적이면서 재미있는 실험이 하나 있다. 먼저 동물 이마에 몰래 색을 칠해놓고 그 동물에게 거울을 보여준다. 동물이 거울에 반사된 자기 모습을 보고 표시된 부분을 만지거나 긁으려고 하면, 우리는 그 동물이 자기 몸을 상상할 수 있다는 점을 인정해야 한다.[5] 그렇긴 하지만 이런 상상력은 이번 주말을 어떻게 보낼지 혹은 어떤 파티에 참석할지 고민할 때의 인지적 복잡성 수준에서는 작동하지 않을 것이다.

여기서 중요한 점은 우리가 스스로 내면화한 이야기를 검토하며 자신의 정체성을 인식할 때 기억하는 자아에게 의존한다는 사실이다. 기억하는 자아는 인간을 인간일 수 있게 돕는, 고도로 진화한 뇌의 산물인 셈이다.

숙고하는 삶을 살아야 한다는 나의 주장은 카너먼이 말하는 기억하는 자아의 횡포와 맞닿아 있다. 물론 기억하는 자아를 횡포나 억압으로 정의할 순 없지만 경험하는 자아에 비해 분명 우위를 점하고 있다는 사실은 인정해야 할 것이다. 그러니 우리가 행복하게 잘 살기 위해서는 반드시 기억하는 자아를 활용해야 한다. 순간적인 쾌락에만 마음을 빼앗겨 자기 이야기를 직접 쓰지 않으면 짐승처럼 날뛰는 경험하는 자아에게 휘둘리게 될 뿐이다. 경험하는 자아의 집중력은 고작 3초다. 그가 하는 보고는 이야기 애호가이자 우리 정체성을 형성하는 상사(기억하는 자아)의 기록으로 순식간에 대체된다. 그 과정에서 풍부한 경험을 할 수 있을지는 몰라도 그런 순간과 어떤 특정한 행복감은 상관관계가 낮다.

# 이리저리
# 휘둘리고 있다면

 숙고하지 않는 삶이란 어떤 모습일까? 샘 멘데스Sam Mendes의 영화 〈아메리칸 뷰티〉의 주제, 바람에 휩쓸려 이리저리 뒹구는 비닐봉지처럼 정처 없이 부유하는 삶의 이미지를 떠올려보라. 지금 우리는 행복할 수도 있고 슬플 수도 있다. 하지만 이리 떠밀리고 저리 떠밀리는 외부의 영향에 끊임없이 휘둘리고 있다. 삶의 무게중심이 우리 안에 없다. 우리가 마음속에 삶의 무게중심을 잘 잡고 있다면, 일이나 건강, 가족, 친구 등이 우리에게 무언가를 끊임없이 요구하더라도 스트레스나 의무로 느끼지 않으면서 있는 그대로 인정하고 받아줄 수 있다. 만약 행복을 내 안에 내재된 무언가가 아니라 운 좋은 환경의 결과라고 여긴다면 분명 핵심을 놓치고 있다는 증거다. 진정한 행복을 원한다면 우연적인 요소에 우리 행복을 맡기면 안 된다. 행복은 본질적으로 '우리가 누구인가'에 관한 문제다.

행복을 우리 삶의 중심에 놓아두고, 이따금 우리를 찾아오는 외부의 위협도 잘 차단하면서 그곳에 조용히 머물 수 있는 것이 가장 이상적이다. 그 중심은 평화롭고 자족적인 곳이 되도록 최선을 다하고, 평소 겁에 질리고 두려워하는 자기 성향이 그 성스러운 공간을 침범하지 않도록 해야 한다.

다시 아르투어 쇼펜하우어로 돌아가보자. 그는 염세주의 철학자라는 꼬리표에 걸맞게 어느 모로 보나 퉁명스러운 사람이었다. 하지만 그의 책들은 단어 자체가 내포한 의미보다 훨씬 풍부하고 행복감을 주는 아이디어의 원천이었다. 쇼펜하우어는 삶의 무게중심이 우리 내면에 안전하게 있지 않을 때 우리가 느끼게 되는 고통과 지루함이 '인간 행복의 두 적'[6]이라고 지적했다. 우리의 안정이 외적 요인에 좌우될 때 우리는 이 두 적 사이를 왔다 갔다 하게 된다. 고통을 피하고, 위안을 구하며, 지루해한다. 심심하면 오락거리나 경쟁적인 활동에 참여하고 그 활동 탓에 새로운 형태의 스트레스에 시달린다. 또 기분 전환을 위해 스포츠를 즐기는 사람들은 부상이나 경쟁심으로 고통받는다. 어떤 사람들은 카지노에 들락거리며 빚을 지거나 도박중독에 빠지기도 한다. 공허함을 느끼면 사치를 부리거나 다른 사람들에게 감동을 주려고 안간힘을 쓰는데, 그런 노력은 (우리가 살펴봤던 이유로) 불행으로 이어질 때가 많다. 자아정체성이 확고하지 않으면 불쾌한 극단 사이에서 흔들릴 수밖에 없다.

사회학자 미하이 칙센트미하이Mihaly Csikszentmihalyi는 각계각층의 수많은 사람과 나눈 폭넓은 대화를 바탕으로 우리에게 몰입flow이라는 상태가 있다는 것을 발견했다. 몰입이란 체스 선수, 서퍼, 예술가, 그밖에 다른 사람들이 특정 활동을 하다가 자의식을 잃어버리는 순간을 경험하고 나중에 그때가 가장 행복했다고 입을 모으는 최적의 경험을 뜻한다. 칙센트미하이가 제시한 그래프에서 x축은 실력이고 y축은 과제다.

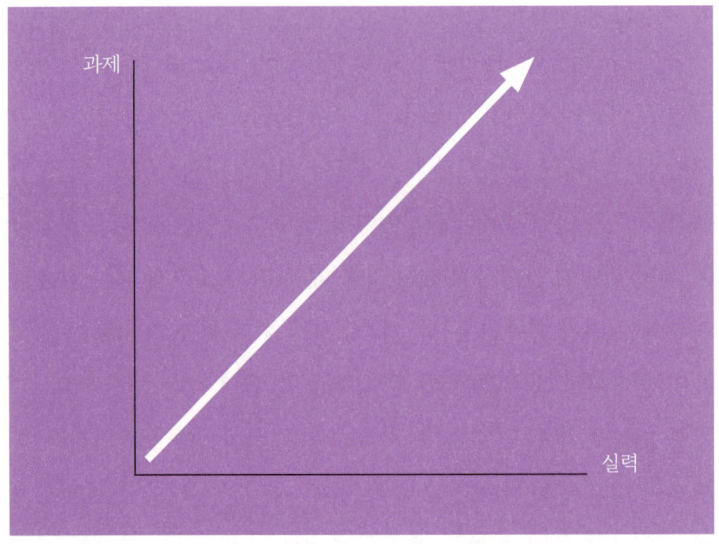

우리가 어떤 활동을 하면서 x=y 대각선을 따라 나아갈 수 있으면, 과제가 어려울 때 느끼는 불안뿐 아니라 과제가 너무 쉬울 때 느끼는 지루함까지 피하면서 이 몰입의 상태를 경험할 수 있다. 여기서 고통과 지루함이라는 양극단의 쌍둥이가 등장한다. 인간 경험에 대한 두 해설자는 우리에게 내적 영역과 외적 영역 사이의 관계를 쉽게 기억할 수 있게 돕는 유용한 그림을 보여준다.

무뚝뚝한 기질을 지닌 쇼펜하우어는 인간의 경험을 고통과 지루함 사이의 전투로 여겼을 것이다. 그래서 그의 책은 대부분 삶의 밑바닥과 불쾌함에서 벗어나 더 큰 행복을 찾기 위한 안내를 목표로 한다. 어쨌든 고통과 지루함의 악순환에서 빠져나오려면 우리는 자신의 이야기를 통제할 필요가 있다. 쇼펜하우어는 "평범한 남자들은 (우린 여기에 여자도 포함하기로 하자) 단지 시간을 어떻게 보낼지에 몰두한다. 재능이 있는 남자들은 시간을 어떻게 쓸지에 관심을 쏟는다"라고 말했다.

쇼펜하우어 철학의 바탕에는 우주의 모든 것을 추진하는 힘과 동일시할 수 있는 원초적인 의지가 있다. 그가 말하는 의지는 신의 의지가 아니다. 모든 개인의 주관성, 인식, 경험을 제거해도 영원히 남아 변치 않는 근본적인 원동력을 의미한다. 이 의지는 억제하지 않고 놔두면 인간의 기본적인 욕구를 충동질한다. 하지만 우리가 사회에 속해 있을 때 이 의지는 내키는 대로 사람을 죽이고, 물건을 훔치고, 간통을 저질렀을 행동을 승화시킨다. 쇼펜하우어는 우리가 숙고하며 행복한 삶을 살기 위해서는 이런 본능과 고집스러운 의지를 초월할 수 있는 방식으로 인간의 지적 능력을 사용해야 한다고 믿었다. 숙고하는 삶이란 바람에 흩날리는 비닐봉지처럼 삶을 수동적으로 살아가는 것을 피하고, 지루함과 고통 사이에서 우리 의지가 부추기는 생식과 명성 이외의 것을 열망하고 지향해 나가는 삶을 뜻한다.

숙고하는 삶은 변덕스러운 우리 자아상에 대한 정보를 주고 더 나은 방향으로 이끈다. 우리는 늘 마음속에 있는 자아의 이미지를 그다지 신경 쓰지 않지만 자아상은 우리가 스스로에 대한 강점과 약점을 어떻게 느낄지를 좌우한다. 어떤 상황에 어떻게 반응하고 어떻게 행동할지 알려준다. 자아상은 우리가 자신의 머릿속에 그리는 그림이다. 문제는 우리가 꽤 자주 자기 기분을 상하게 하거나 부족하다고 느끼게 만드는 부정적인 자아상을 떠올린다는 점이다. 많은 사람들이 아주 어릴 때부터 우리를 돌봐주는 사람들이 우리에 대해 하는 말로 자신의 가치를 내면화하고 좋은 감정보다 나쁜 감정에 더 주의를 기울여왔다. 회사에서는 많은 사람에게 편안함을 주고 모두가 자꾸 속 얘기를 털어놓게 만드는 최고의 대화 상대라는 평을 들으면서도, 정작 본인은 자기를 동료들과 잘 어울리지 못하는 아웃사이더라고 확신한다.

물론 외부의 영향이라고 해서 무조건 거부하는 반항적인 자아상을 형성하라는 말은 아니다. 우리의 행동을 정의하기 위해서는 여전히 다른 사람들에게 의지해야 하는 면이 있다. 가령, 모두가 길 오른쪽으로 걷고 있을 때 우리는 독자노선을 위해 당당히 왼쪽으로 걸었을 경우, 모두가 왼쪽으로 걷기 시작할 때 독자노선을 유지하려면 어쩔 수 없이 오른쪽으로 걸어야 한다. 이때 우리는 독립적인 태도에도 불구하고 우리의 저자권을 다른 사람들에게 넘기게 된다. 또 예를 들면 사춘기 소년이 부모에게 반항적인 말을 입에 달고 산다고 가정해보자. 이 경우에도 소년은 무엇에 어떻게 반항할지 정하려면, 그 대상인 부모에 대해 제대로 파악하고 있어야 하므로 여전히 상대에게 의존할 수밖에 없다.

# 다른 누구도 아닌 나의 이야기

반대로 숙고하는 삶은 우리 자신의 이야기에 깊이 관여한다. 즉, 우리 이야기가 무엇인지 확인하고 이야기를 진전시킬 방법을 찾아야 한다. 그 방법을 모르면—고통과 지루함 사이에서 왔다 갔다 하거나 우리에게 이래라 저래라 하는 사람들에게 무턱대고 반항만 한다면—중요한 발전 경로를 차단해버리게 된다. 커리어에서도 종종 확인할 수 있다. 보통 우리가 이십 대 때 선택하는 직업은 삼십 대 또는 사십 대에는 더 이상 매력적으로 느껴지지 않을 수도 있다. 새로운 모험을 원한다면 경력의 사다리를 한 단계 올라간다고 해서 마음을 달래주지는 못할 것이다. 경력 이야기는 보통 우리가 맞닥뜨릴 도전 과제와 경로, 목표와 끝을 어느 정도 예상할 수 있다. 대체로 그 대본을 따라간다. 틀 안에서 경력 전체의 밑그림을 그린다. 그렇기 때문에 중년, 특히 부양가족이 있는 사람이 경력에 극적인 변화를 주는 일은 무모할 뿐 아니라 무책임해 보인다.

부모가 우리에게 물려주는 대본도 경력 이야기와 비슷하다. 부모가 살지 못한 삶, 그게 부모가 자식에게 물려주는 이야기 틀이다. 우리는 그 대본을 보면서 무엇이 자신을 가치 있는 존재로 만드는지, 어떻게 해야 부모에게서 사랑받으며 행복하게 살 수 있을지를 직관적으로 알아낸다. '성공해라' '행복해라' '다른 사람들을 도와라' '모든 경쟁에서 이겨라' 하지만 어른이 된 우리는 부모의 대본이 우리에게 맞아떨어지지 않는다는 점을 깨닫는다. 학교나 선생님이 제시한 다른 조언들을 포함해 그 틀은 모두 우리에게 맞지 않는 경우가 많다. 또 문제가 있다. 그렇다고 우리 자신의 일부인 그런 대본을 차단하면, 신체적인 병이나 불안감 혹은 치료가 필요할 정도의 심리 질환에 시달리게 될 수도 있다. 우리가 우울함이나 외로움, 화 같은 감정에 사로잡혀 사는 이유는 진짜 우리 이야기대로 살지 못하기 때문이다. 어릴 때부터 우리의 진정한 자아는 존중받지 못한 채, 남들의 형편없는 말에 깃든 온갖 메시지와 트라우마가 우리 이야기를 어지럽히는 짓을 허락해왔다.

오늘날 이따금 선한 영향력을 지닌 단체들이 정신 건강 문제로 고통받는 사람들에게 그들이 겪는 내면의 어려움을 당당하게 밝히라고 격려한다. 자신의 우울한 감정을 인정함으로써 존엄성을 추구한다. 물론 그렇게 하는 것이 단기적으로는 도움이 될지 모른다. 하지만 그 당당한 인정이 우리 자신의 가장 중요한 이야기로 향하는 조건인 경우, 시간의 흐름에 따라 그런 행동은 전적으로 삶을 부정한다는 사실이 드러날 것이다. 그동안 우리가 추구해야 할, 동일시하고 당당하게 선언해야 할 삶의 이야기는 모호해져버린다. 우리가 겪는 병증은 영광의 배지가 아니라 다급한 알람이다. 이제 막다른 길에 다다랐다고, 무엇이든 우리를 위해 마련된 위대함을 향해 나아가기 위해서는 방향을 바꿔야 한다며 정신이 보내는 중요한 신호다. 우리는 자신의 불안에 주의를 기울일 수 있다. 불안이 대체 어디에서 왔으며, 과거의 어떤 일이 문제였는지 묻고, 또 우선순위를 재고해볼 기회를 주는 깊은 내면의 목소리로도 이해할 수 있다.

어떻게 해야 자기 이야기라는 집을 짓는데 최고의 계획을 세울 수 있을까? 삶의 청사진을 그리는 단계에서 최고의 조언을 미리 들어두었다면, 실제로 이야기 집을 지으며 마주치게 될 문제를 극복할 수 있다. 저마다의 특징이 서로를 보완하면서 하나로 모인 힘이 결국 큰 효과를 발휘한다는 점을 기억하자. 얼핏 모순되게 느껴지는 여러 조언 사이에서도 최고의 조합을 찾을 수 있을 것이다. 몇몇 사람들은 건축가 단 한 사람에게 책임을 맡겨 모든 작업과 의사 결정을 일임하는 방식을 선호한다. 이를테면 종교가 바로 그런 역할을 하는데 많은 사람이 거기에 매력을 느낀다. 애초에 숙고하는 삶에 수반되는 실존적 질문을 던질 필요도 없게 도와주는 완벽한 틀을 제공한다. 정답을 가르쳐준다.

하지만 완벽한 시스템은 없다. 심지어 완벽한 철학이 있다 해도 그 철학을 완벽하게 적용할 수 있는 사람이 어디 있겠는가? 철학적 해답을 찾는 동안 우리는 늘 열린 마음으로 모순을 견디려고 애쓸 것이며, 삶은 항상 어떤 시스템이나 철학이 제안하는 것보다 훨씬 더 복잡하다는 사실을 존중할 것이다.

# '잘 산다'는 고민의 시작

이제, 우리가 어떻게 해야 자기 삶의 이야기에 대해 제대로 저자권을 책임질 수 있을지 고대 철학자들과 함께 살펴볼 차례다.

그리스·로마 시대에는 아테네 중심지 주변 곳곳에서 삶에 대한 자기만의 관점을 설파하는 철학자들을 쉽게 볼 수 있었다. 철학은 가장 잘 사는 법을 탐구하는 행위였고 자신의 지혜를 나눠줄 준비가 된 사상가들이 넘쳐났다. 당시 철학은 거리의 학문이었다. 오늘날의 철학은 잘 사는 문제보다는 언어, 논리, 형이상학적인 문제에 치중한 학문적인 영역에 속해 있다. 철학자들은 더 이상 사람들에게 개인적으로 잘 살거나 행복해지는 비결을 가르쳐주지 않는다.

한편, 이 주제에 대한 대부분의 철학적 통찰은 그리스와 로마 사상가들이 남긴 작품이나 가르침에 담겨 있는데 최근에야 다시 대중의 관심을 받게 되었다. 고대 철학자들의 지혜는 오늘날 심리학의 질병 모델과 결합해 인지행동치료라는 새로운 분야를 형성했다. 스토아 사상을 바탕으로 하는 이 분야는 요즘 엄청난 인기를 누리는 심리치료 방식이다.

심리학은 전통적으로 병리학에 가까웠고 병을 고치는 방법을 다루는 학문이라서 인간이 가장 잘 사는 법이 무엇인지를 알려주지는 못했다. 물론 지금은 긍정심리학자들이 우리를 더 행복하게 만드는 비결을 밝혀내기 위한 연구를 수행하면서 어느 정도 영향을 미치고 있다.

이런 선구적인 심리학자들의 작업은 매혹적이고 가치 있다. 심리학자들이 대규모 교차 집단에게서 도출된 광범위한 자료를 바탕으로 하는 경험적인 연구는 우리에게 행복의 수평적인 이미지(수평적 기준)를 제공한다. 가령 행복한 사람들의 10가지 습관이나 기업들이 날로 번창하는 작업 환경을 조성하는 방법 같은 것은 알아두면 유용하다. 더 높은 수준의 행복이 통계적으로 하나 이상의 친밀한 관계나 영적인 믿음과 관련이 있다는 사실을 기억해두는 것도 도움이 된다. 하지만 우리가 세상을 이해하고 가까워지려고 애쓰면서 고통받고 있는 상황이라면 이런 가르침만으로는 역부족일 것이다.

철학은 심리적으로 공감을 불러일으킬 경우 그 부족함을 더 잘 채워주는 경향이 있다. 물론 그 자체로는 경험적인 연구와 거의 관련이 없다. 대신 수직적 접근법, 즉 개인을 깊이 이해하기 위한 여정으로서 기회를 제공하기도 한다.

철학은 요즘 자기 계발 분야에서 건네는 벼락부자가 되는 방법 같은 삶의 조언을 제공하지는 못하지만, 대신 지속적인 변화와 삶의 청사진을 그리는 일을 도와준다. 그렇기에 심리학과 철학은 서로를 보완해줄 수 있다. 둘 중 어디에 더 무게중심을 두느냐는 인구 전반에 영향을 미칠 정책 결정을 하는지 아니면 개인의 태도를 수정하는 문제를 다루고 있는지에 따라 달라질 것이다. 최근 런던을 비롯해 해외 여러 곳에 설립된 알랭 드 보통의 인생학교 같은 단체만 보더라도 철학과 심리학이 각자 걷던 길에서 함께 나아갈 방향을 모색하고 있는 듯하다.

우리가 살펴볼 철학 사상 대부분은 고대인들의 것이다. 교회가 지금처럼 사람들의 생각을 장악하기 전, 고대에 살았던 당시 철학자들은 어떤 종교적 제약도 없이 '잘 산다는 것이 어떤 의미인지'에 대해 마음껏 사유할 수 있었기 때문이다.

# 삶을 사랑하는 기술

줄스 에번스Jules Evans는 《삶을 사랑하는 기술》에서 소크라테스의 철학을 토대로 고대 시대부터 발전한 자기 탐구self-enquiry의 유형 4단계를 제시했다. 소크라테스는 초기 형이상학적 논의에 머물렀던 철학을 대중적인 것으로 바꿔놓은 최초의 철학자였다. 그는 '너 자신을 알라'라는 조언을 남겼고, 살 가치가 있는 유일한 삶은 숙고하는 삶이라고 말했다. 고대 아테네 거리에서 끊임없이 사람들과 대화한 이 작고 못생긴 겸손한 남자의 영향력은 지금까지도 계속되고 있다. 그의 후예들에게서 다양하고 모순된 철학이 생겨났지만, 그 모든 철학의 기원을 거슬러 올라가면 결국 소크라테스가 나온다.

에번스가 제시한 4단계는 다음과 같다. 어떠한 변형된 철학적 고찰 역시 이 유형을 바탕으로 하고 있다.

① 인간은 자기 자신을 알 수 있다. 이성을 이용해 자신이 무의식적으로 지니는 믿음과 가치를 관찰할 수 있다.

② 인간은 자기 자신을 변화시킬 수 있다. 이성을 이용해 자신의 믿음을 바꿀 수 있다. 그러면 감정도 바뀔 것이다. 감정은 믿음을 따르기 때문이다.

③ 인간은 의식적으로 새롭게 사고하고 느끼고 행동하는 습관을 들일 수 있다.

④ 인간은 철학을 삶의 방식으로 삼으면 지금보다 더 행복하게 살 수 있다.[7]

에번스가 지적했듯이, 네 번째 단계가 가장 복잡하다. 행복한 삶이 어떤 것인지에 대해서는 사람마다 생각이 다 다르기 때문이다. 그리고 이 책에서는 네 번째 단계를 구성하기 위한 몇 가지 대안을 다룬다. 어쩌면 성격이 외향적인 독자들에게는 이 책의 조언이 체질적으로 안 맞을 수도 있다. 하지만 성격 유형은 누구나 내향과 외향 사이 어디쯤에 있어서 여러 사상을 모두가 유용하게 활용할 수 있다. 우리는 모두 마음속 집의 기틀을 마련한 뒤 밝은 빛과 시원한 고도를 안전하게 즐길 수 있는 내면의 건물을 완성할 수 있을 것이다.

따로 공부하거나 많은 노력을 기울이지 않아도 괜찮다. 그저 몇 가지 사상이 우리 내면에 뿌리를 내려 우리가 삶을 더 좋은 방향으로 이끄는 데에 도움이 되길 바란다. 더 알고 싶은 내용이나 유난히 마음을 움직이는 철학자가 있다면 다른 책을 찾아 읽는 것도 좋다. 로마의 정치가이자 극작가였던 세네카Lucius Annaeus Seneca의 말처럼 깊은 성찰을 통해 유익한 삶을 살려고 하는 우리에게 필요한 것은 그걸 바라는 마음뿐이다. 단, 여기서 '바라는 마음'이란 책《시크릿》이 주장하는 공허하고 오해하기 딱 좋은 '끌어당김의 법칙'과는 거리가 멀다. 이건 우주가 무관심하다며 울며 떼를 쓰거나 온갖 피상적인 소망을 충족시키려고 하는 어린아이의 충동 같은 문제가 아니다. 환상에서 벗어나 진정성 있게 살면서 최고로 행복하게 사는 방법을 찾고자 애쓰는 진실한 욕구를 말한다.

밀란 쿤데라Milan Kundera는 《참을 수 없는 존재의 가벼움》에서 삶에는 연습이 없다는 점을 지적했다. "이것이 삶이다. 지금, 처음으로 체험하는 것이다." 모든 것이 실전이라는 생각은 우리에게 강력한 동기부여가 된다. 당신이 사는 1분 1초는 지나가면 사라질 뿐 다시 돌아오지 않는다. 이 한 번뿐인 삶을 어떻게 해야 행복하게 살 수 있을까? 그냥 흘려보내기에는 인생이 너무 짧다. 거창한 버킷리스트를 만들어야 한다는 얘기가 아니다. 평범한 일상 속 모든 순간을 최고로 경험하는 것에 관한 이야기다.

인생이 짧지 않다고 보는 관점도 있다. 19세기 독일 철학자 프리드리히 니체Friedrich Nietzsche의 사상으로, 영원 회귀eternal recurrence라는 한 단어로 요약할 수 있다. 이 사상은 니체가 인도 철학에서 끌어온 개념이다. 그는 시간은 영원하고, 언젠가 우리가 사는 세상과 완전히 똑같은 세상이 나타날 가능성을 (매우 낮긴 하지만) 0이 아니라고 보았다. 즉 무한한 시간을 거치는 동안 지금 우리가 살고 있는 세계와 정확히 일치하는 세계가 다시 나타날 수도 있다는 이야기다. 이 가정은 우리가 몇 번이고 되풀이해 살아갈 시간이 무한하다는 뜻도 담고 있다. 물론 그 세계에는 매 순간 우리의 삶을 그대로 되풀이하는 다른 버전의 자신이 존재할 테고 말이다. 시간이 영원하다면 이미 일어난 사건들과 똑같은 사건들이 언젠가 다시 일어날 것이고, 거기에는 미래의 당신이 현재 당신의 삶을 사는 것도 포함된다. 처음에 니체는 이 생각에 소름이 돋았다. 하지만 얼마쯤 지나 그 두려움은 '깊이 숙고하며 진정으로 확신에 찬 삶을 사는 사람은 영원불멸의 삶을 살아도 행복할 것'이라는 깨달음으로 이어졌다.

> "만약, 어느 날 또는 어느 밤 가장 외롭고 혼자인 우리에게 악마가 슬며시 다가와 이렇게 속삭인다면 어떨까? '당신이 이제껏 살았고 지금도 살고 있는 이 삶, 이걸 한 번 더, 그리고 셀 수 없이 계속 살아야 할 테다…' 당신이라면 이런 말을 지껄이는 악마에게 당장 몸을 날려 이를 갈면서 저주를 퍼붓지 않겠는가? 아니면 그에게 이렇게 말하는 엄청난 순간을 한 번이라도 상상해본 적 있는가? '당신은 신이군요. 그런 신성한 말은 처음 듣습니다.'"[8]

니체의 아이디어가 실제로 유효한 것인지 잘 모르겠다. 우선, 시간은 무한하지 않을지 모르고(우리가 아는 우주는 어떤 식이든 종말을 맞을 것이다), 미래의 우리가 현재 우리 삶을 다시 산다 하더라도 그 또는 그녀와 우리가 정체성을 공유하지 않는다는 점에서 그들은 우리가 아닐 것이다. 그 문제는 결국 우리가 걱정할 필요가 없다. 사실, 지금 우리는 과거에 우리가 살았던 삶을 똑같이 살고 있는 건지도 모르지만 그렇다고 과거나 현재의 우리가 이런 상황을 신경 써야 하는 건 아니지 않은가?

　세부적인 내용은 뒤로하고 니체의 아이디어 자체만 놓고 보면 설득력이 있다. '나는 지금 사는 이 삶을 그대로 반복해 살고 싶은가?' '내 삶의 무게중심은 확고하고 결연한 나의 자아상과 함께 나의 내면에 있는가?' '나의 바깥에서 변덕스러운 운명과 다른 사람들의 암시에 비참한 먹잇감이 되고 있는가?' '생의 마지막 순간에 정말 귀한 삶을 살았다고 느낄 수 있을 것 같은가?'

3장

# 철학 천재들의
# 불행 피하기 기술

# 정의하기
# 어려운 개념

우리는 행복을 누구나 타고나는 권리이자 성공적인 삶의 징표라고 여긴다. 마치 세상에서 가장 쉽게 이해할 수 있는 개념이 행복인 것처럼 이야기한다. 무척 간단해 보이는 말이지만 그 의미를 설명해 보라고 하면 혀끝에서 맴돌기만 한다. 게다가 행복은 당연히 자기 내면에서 비롯되는 거라고 단정 짓곤 하는데, 윤리나 도덕에 관한 다른 숱한 질문들과 마찬가지로 행복이 사회적·역사적 배경에서 나온다는 사실을 알면 충격에 빠진다.

우리는 행복에 대한 현대적 관념이 안고 있는 몇 가지 문제, 그리고 삶의 근본적인 측면과의 관계를 통제하는 것이 얼마나 중요한지 살펴보았다. 이제는 행복의 수준을 끌어올리기 위해 가장 먼저 행복의 의미가 무엇인지 알아볼 것이다. 행복은 명확하게 규정할 수 없는 크고 막연한 감정 덩어리가 아니다. 구체적인 윤곽을 파악해보자. 그런데 만약 행복이 우리가 명확하게 식별할 수 없는 성질의 것이라면 그 과정을 어떻게 시작해야 할까?

서양에 동양 사상을 대중화시킨 미국의 사상가 앨런 와츠Alan Watts는 자신의 책 《불안이 주는 지혜》를 시작하며 다음과 같은 비유를 들었다. "문제는 손으로 다룰 수 있는 어떤 형태로 물의 모양을 만들어, 터트리지 않으면서 끈으로 묶는 일이었다."[9] 수 세기에 걸쳐 철학적 문제를 해결하려고 나섰던 명석하고 헌신적인 사람들의 시도가 모두 무의미한 노력으로 보일 때도 많다. 인간의 삶은 대단히 복잡하고 혼란스러우니까. 운명을 개선할 방법을 찾는 사람은 이 점을 기억해두면 도움이 될 것이다.

해외여행을 하다가 우리와 다른 관습을 알아챈 경험이 있는가? 구체적으로 설명하긴 어렵지만 당연하게 생각하는 무언가의 실체를 분명하게 드러내는 방법 중 하나가 근본적인 가정이 전혀 다른 문화와 비교해보는 것이다.

독일 남부에 있는 뷔르츠부르크라는 도시에 살 때 친구한테 들은 이야기가 있다. 친구는 버스 정류장 벤치에서 다리를 꼬고 앉아 있었는데, 올린 다리의 발꿈치가 벤치에 닿아 있었다. 길을 가던 노부인이 그 자세를 보더니 무뚝뚝한 프랑코니아 방언으로 꾸짖는 말을 중얼거리며 다가와 벤치에 닿아 있는 발을 손바닥으로 찰싹 내리쳤다. 영국에서는 별다른 문제가 되지 않는 행동이 독일에서는 무례한 행동이었던 것이다.

문화적인 비교가 수평적 관점을 제공한다면 역사적인 비교는 수직적인 관점을 제공한다. 행복의 수준을 가장 효과적으로 끌어올리는 방법에 대한 궁극적인 해답을 행복의 역사를 통해 찾아보기로 하자. 어쩌면 이 선택 탓에 역사라는 단어에 지레 겁먹은 젊은 독자들을 잃을지도 모르겠다.

크리스토퍼 아이셔우드Christopher Isherwood의 소설 《싱글맨》에 나오는 대학생 케니는 그의 교수인 조지에게 이렇게 말한다.

"그러니까 제 말은, 내 나이 또래 애들한테 과거는 별로 중요하지 않다는 거예요. 그렇다고 말할 때는 그냥 예의상 그런 거죠. 전 우리만의 과거가 없는 게 그래서인 거 같아요. 고등학교 시절이나 멍청이 같은 짓을 했을 때처럼 잊고 싶은 기억을 제외하면요."

조지와 케니처럼 우리는 궁극적으로 '오늘 밤을 위해 건배'해야 한다. 먼저 과거를 위해 건배한 다음 얼핏 단순해 보이는 이 행복이라는 개념에 대한 몇 가지 가정을 흔들어보면 어떨까.

행복에 대한 우리의 관념은 우리가 사는 시대의 산물이다. 미국의 역사학자 대린 맥마흔Darrin McMahon은 자신의 책 《행복의 추구The Pursuit of Happiness》에서 정의하기 힘든 개념인 행복의 매력적인 역사를 자세히 설명해놓았다. '나는 나 자신에게 행복할 권리가 있다고 믿는가?' '행복은 누구에게나 다 주어지는 거라고 믿는가?' 그렇다면 계속 읽어라. '행복할 권리'라는 개념은 지극히 현대적인 발상이고 이미 언급했듯이 우리가 느끼는 온갖 불안의 원인이기도 하다. 다행스럽게도 우리에게는 이 혼란스러운 개념을 책임져줄 훌륭한 철학자들이 있다.

# 에드워드 노튼과 브래드 피트

소크라테스는 철학을 일상으로 끌어들이고 숙고하는 삶이라는 문제를 최초로 제기한 철학자로 존경받아왔다(그는 기원전 469년부터 399년까지 살았다). 그는 아테네인들의 생각을 듣고자 질문하는 것을 좋아했는데, 자기만의 고유한 문답법으로 사람들의 잘못된 가정과 편협함에 물음표를 던졌다. 소크라테스는 인간이 행복을 추구하는 욕망을 아주 자연스러운 것이라고 보았다. 소크라테스 이전까지 사람들은 행복에 대해 절실하게 고민하지 않았다. 하지만 소크라테스는 행복에 대한 열망에 생명을 불어넣었고 그의 위대한 아이디어가 온 인류를 사로잡았다.

물론 그전에도 우리는 쾌락을 즐겼고 그 쾌락은 종종 디오니소스 축제의 형태를 띠었다. 디오니소스는 포도주와 음주 가무, 황홀경과 방탕함의 신이다. 디오니소스의 대척점에는 그의 형제이자 또 다른 신 아폴로가 있다. 아폴로는 우리의 합리적이고, 논리적이며, 고매한 면을 대표한다. "각각의 것이 그 자체로 일관되고, 독립적이며, 경계가 분명하고 다른 모든 것과 구별된다. 모든 것이 그 자체이며, 다른 어떤 것과도 혼동을 일으키지 않는다."[10] 그 반대편의 열정적이고 도취적인 디오니소스의 영역에서는 각 개체의 분명한 독자성이 사라진다. 그의 외설적인 세계에서는 자연과 사람 모두가 하나로 융화되어 허공을 나는 듯한 황홀경에 빠져든다.

소크라테스 이후 약 2천 년이 지난 오늘날 디오니소스와 아폴로가 인간 경험의 양극단을 설명하기 위해 쓰이지는 않지만, 인간 본성에 속하는 이 두 힘이 우리 안에서 팽팽히 맞설 때면 그 기질을 설명하는 훌륭한 사고방식을 제공해준다. 직관적이고 동물적인 면을 대표하는 디오니소스는 우리의 중재적이고 신중한 자아와 대비된다. 아폴로는 데이빗 핀처David Fincher 감독의 영화 〈파이트 클럽Fight Club〉에 나오는 에드워드 노튼Edward Norton이고, 디오니소스는 브래드 피트Brad Pitt다. 우리 안에서 일어나는 수많은 갈등은 상반되는 두 충동이 우리를 양쪽에서 잡아당기는 결과로 볼 수 있다. 그리고 삶에서 중요한 것은 둘 모두의 힘과 타당성을 인정하고 존중하는 것이다. 어느 하나를 비난하고 다른 하나에 전적으로 의지해 살면 안 된다.

이 두 영역은 우리가 혼돈과 무작위에 질서를 부여하는 방식으로 작용한다. 위대한 그리스 비극에는 삶에 던져진 무작위적 운명(디오니소스의 충동)에 질서(아폴로의 욕구)를 부여하려고 애쓰는 주인공들이 등장한다. 관객은 그들을 따라가면서 이 뜨거운 혼돈의 영역과 차가운 논리의 영역이 하나로 모이는 경험을 하게 된다. 한쪽에는 우리의 목표가, 다른 한쪽에는 운이 있다. 어디서 많이 들어본 소리 아닌가? 앞서 살펴보았던 x=y 대각선이 온전하게 사는 삶의 모습을 제대로 포착했다는 확신이 들지 않는가?

또 두 영역은 카너먼의 경험하는 자아와 기억하는 자아에 대입해볼 수 있다. 우리는 경험하는 자아가 통제되지 않는 찰나의 경험—또는 운명—에 의한 혼란스러운 감정을 겪거나 즐길 때 디오니소스적인 요소를 엿볼 수 있다. 마찬가지로, 분명한 이야기를 만들어 혼돈에 질서를 부여하는 기억하는 자아에게서 침착하고 냉정한 아폴로적인 성향을 알아챌 수 있다. 이때 우리는 기억하는 자아가 우리의 정체성을 형성하고 냉정한 의사 결정에 영향을 미친다고 짐작한다(적어도 아폴로가 우위를 점하고 있다고 착각한다).

다시 고대 그리스로 돌아가 열심히 일했던 사랑의 신 에로스를 만나보자. 소크라테스는 우리가 행복하게 살려면 이 변덕스러운 신과의 관계를 돈독하게 만들어야 한다고 강조했다. 먼저, 특정한 사람의 아름다움에 이끌리는 마음에 초연하기. 그다음 미의 보편적인 심상 만들기. 마지막으로, 이런 인간의 아름다움에 성적인 관심 없이 아름다움이라는 개념 그 자체를 하나의 원형으로 볼 수 있어야 한다. 우리는 성적인 끌림에서 사색이라는 영역으로 옮겨가야 하는 것이다. 정신적인 사랑 또는 정신적 끌림이라는 개념이 바로 여기서 나왔다.

소크라테스는 글을 전혀 남기지 않았다. 우리는 소크라테스의 애

제자 플라톤의 글을 통해서 그를 이해할 뿐이다. 주도면밀하게 질문을 던지는 문답법은 소크라테스만의 업적으로 여겨지지만, 실제로 그의 사상은 제자 플라톤의 사상과 떼어놓고 볼 수 없을 것이다. 당시 플라톤은 이 세상에 여기저기 흩어져 있는 구체적인 물질적 표본들 너머 (이를테면 아름다움처럼) 고상하고 정의하기 어려운 것들에 대해서 하고 싶은 말이 많았다. 그는 이런 개념을 공상적이라고 생각하지 않았다. 오히려 아름다움 같은 개념이 우리가 매일 보는 아름다운 사물보다 더 실재적인 영역에 속한다고 여겼다.

어떻게 그럴 수 있을까? 플라톤은 우리가 사는 일상 세계의 사물과 특징을 동굴 벽에 생긴 그림자에 비유했다. 우리는 그림자를 진짜라고 착각하지만 그건 단지 그늘진 형상일 뿐이라고. 플라톤은 우리의 관심을 그림자가 아닌 그림자를 만들어내는 빛으로 돌리고 드러내는 것이 철학자들의 일이라고 믿었다. 빛, 즉 이 진정한 객체—그가 말하는 이데아Idea—를 깨닫는 것이 가장 진정한 삶의 방식이라고 보았다. 〈X파일〉의 멀더와 스컬리의 대사처럼 "진실은 저 너머에" 있고, 우리의 제한된 일상적 경험 바깥에 숭고한 개념으로 구체화되어 있다. 진실을 이해하기 위해서는 대상을 바라보는 일반적인 방식을 초월해야 한다.

플라톤은 지금도 진리에 대한 우리의 생각에 영향을 미친다. 진정한 객체를 인간의 단순한 경험과 분리해 생각하는 관점은 진리를 추구하는 주요한 두 가지 방법인 종교와 과학 속에 자리 잡고 있다. (적어도 5세기 초 성 아우구스티누스가 설명한 종교에 대해 우리가 이해하는 바로는) 종교는 신과 은총을 비롯해 우리가 신과 동일시하고 싶어

할 만한 아름다움, 진리, 지식, 정의 같은 개념들이 필멸인 우리 인간의 영혼 탐구와 상당히 독립적으로 존재하는 구조를 띠고 있다. 종교 윤리는 인간의 가치 체계 안에서 진리를 발견하는 것이 아니라 인간의 편협하고 불분명한 지식 세계 너머를 보면서 신과 더 가까워지는 방법을 깨닫는 일이다. 우리가 이 세상에서 창백한 모조품의 형태로 마주치는 특질을 타락하지 않는 버전으로서의 그런 신성. 진실은 여기가 아니라, 저 너머에 있다.

과학도 같은 원리로 작동한다. 과학의 진리는 우리 내면을 들여다보면서 찾는 것이 아니다. 과학적으로 뛰어난 공정은 진리를 가능한 한 정확하게 설명하기 위해 주관적인 경험과 인간의 오류를 배제하며 찾는 것이 관건이다. 과학의 진리는 무엇이든 인간의 가치 시스템 또는 편향과는 독립적으로 무심하게 작동한다.

이때 대안적인 접근법은 진리를 주관적으로 찾는 것이다. 사람들이 자신의 감정을 증거로 제시하며 경험적인 데이터와 무관하다고 여기는 것이 대표적인 예다. 이를테면 한 사람은 전체론적 치료법에 대한 자신의 긍정적인 경험을 증거로 들어 효과성을 주장하고, 다른 한 사람은 여러 사람들에게서 효과가 충분히 입증되지 않았다고 주장할 때 충돌을 일으킨다. 이러한 주관적인 진리는 우리가 궁극적인 의미나 진정성 문제를 다룰 때도 작동한다. 그럴 때는 책을 찾아보지 않고 우리 자신의 내면(그리고 개인적인 이야기)을 들여다볼 가능성이 더 크기 때문이다.

현실에서 아름다운 사람을 직접 대면할 때 그 사람이 아닌 그 너머의 아름다움이라는 개념을 볼 수 있어야 한다는 주장이 젠체하는 철학자들이 점잔 빼며 하는 헛소리로 들릴지 모른다. 하지만 이 개념을 현실에 적용해보면 몇 가지 이로운 점을 확인할 수 있다.

예를 들어, 우리는 그 또는 그녀에게서 마음에 드는 특징(아름다운 외모, 착한 마음씨, 지적 능력, 재치 등)을 인식하고, 사람이 아닌 특징 자체를 하나의 분리된 특성으로 동경할 수 있다. 그 과정에서 스스로도 그런 특징을 계발하려고 애쓸 수도 있고 다른 사람들이 특징을 인식하는 법을 보고 배울 수도 있다. 상대가 우리를 짜증 나게 만들고 부정적인 면만 두드러져 보일 때조차 우리는 과거에 그 사람에 대해 인식했던 긍정적인 특징이 여전히 상대에게 남아 있다는 사실에 감사할 수도 있다. 만약 우리가 누군가에게 푹 빠져 있다면 그 너머를 볼 줄 아는 능력은 중심을 잡는 데 도움이 된다. 또 누군가를 존경할 때도 특정 개인과 별개의 요소로 존경하는 특성을 인식할 수 있으면 상대를 우상화할 가능성도 줄어든다. (형상이라고도 하는) 플라톤의 이데아를 올바르게 인식하고 있을 때도 질투심이나 숭배 같은 해로운 감정 상태에 빠지는 것을 막을 수 있다. 플라톤에 따르면 우리가 현실에서 볼 수 있는 어떤 나무—나뭇가지가 없거나 다른 결함이 있을 게 뻔한—보다 나무의 이데아가 훨씬 나은 것과 마찬가지로, 우리는 자신이 현실에서 인지하는 특성을 결코 우리 머릿속처럼 완벽하게 구현해내지 못할 것이다. 우리가 다른 사람을 숭배할 때 느끼는 자아의 상실이 엄청난 도취감을 줄지는 몰라도, 강박을 느끼는 대상이 가진 너무나 인간적인 특징이 명백하게 드러날 경우 분명 크나큰 고통이 뒤따를 것이다.

이데아는 인식의 대상과 그들의 특성을 분리해서 객관적으로 바라보는 데에는 도움이 되지만, 우리에게 현실 속 상대의 매력을 포기하고 미의 관념으로만 성찰하라는 것은 다소 무리한 요구일 수 있다. 어떤 사람들은 성적인 매력을 느끼는 대상을 우상화하는 강도에서 즐거움을 찾기도 한다. 그 강도가 높을수록 상대가 신발을 신는 방식이나 언뜻 보이는 문신, 헤어스타일 등 그 사람의 모든 면에서 성적인 매력을 느낄 것이다. 이때 플라톤이 우리를 도와줄 수 있다. 만약 짝사랑의 고통을 줄이고 싶은 사람이라면 짝사랑의 대상을 탐구하는 것보다 더 나은 방법은 없다. 상대를 알아가다 보면 우리는 곧 짝사랑 상대가 생각보다 불완전함의 총제, 즉 이상적인 존재가 아니라는 사실을 깨닫게 된다. 이런 고정관념이 깨지고 나면 그 사람을 향한 더 현명한 태도를 취할 수 있다.

여기서 기억해야 할 것은 소크라테스의 행복론이 자기 성찰self-questioning과 물리적인 영역 너머 보이지 않는 세계의 실재를 올바르게 인식해야 한다고 강조한다는 점이다. 어쩌면 우리는 깊이 생각하며 자아를 실현해나가는 과정에서 진짜 행복을 조금이나마 엿볼 수 있을지 모른다. 이때 행복은 초연함이나 고결한 품위, 차분함과 구별되지 않는다. 이 사상은 오랜 시간 주위를 맴돌며 우리를 괴롭힐 것이다.

# 우리 마음속에서 가장 중요한 것

행복과 덕의 개념은 소크라테스 이후 플라톤의 가장 유명한 제자인 아리스토텔레스에 의해 계승되었다. 아리스토텔레스는 (나중에 세계를 정복하는) 알렉산더 대왕의 스승이었으며, 광범위한 식물과 동물을 분류하고 연구한 최초의―그리고 아마도 가장 위대한―생물학자이자 분류학자였다. 그는 모든 형태의 생명에 매료되어 있었다. 플라톤의 제자였지만 훗날 자신의 스승을 가장 혹독하게 비판하기도 했다. 앞서 보았듯 플라톤은 선, 덕, 정의처럼 현실 세계에서는 먼 객관적인 개념들로 자신의 윤리 체계를 구축했다. 아무리 성찰을 하더라도 우리는 이런 진리에 가까이 다가가기 힘들 것이다. 대신, 철학자들이 주관적일 수밖에 없는 인간의 경험 너머를 보고 우리 오감에 가려진 실재를 찾는 일을 해주었다.

아리스토텔레스의 접근법은 플라톤과 달리 훨씬 덜 거만했다. 아리스토텔레스는 모든 생명체와 삶에 관심이 엄청 많았다. 윤리에 대한 그의 접근법은 초연함과는 거리가 멀었다. 그는 우리에게 저 너머에 있는 진리가 아니라 '우리 마음속에서 가장 중요한 것'을 찾으라고 격려한다. 그는 행복을 보다 현실적인 문제로 여겼다. 라파엘로Raffaello Sanzio의 유명한 프레스코화 〈아테네 학당〉을 살펴보면 플라톤은 하늘을, 아리스토텔레스는 땅을 가리키는 모습으로 묘사되어 있다.

기원전 335년, 아리스토텔레스는 아테네에 리시움Lyceum이라는 학교를 세웠다. 그의 제자들을 가리켜 페리파토스 학파Peripatetics(소요학파)라고 부르는데, 페리파토스란 이리저리 걷는다는 의미다. 이 명칭은 리시움의 산책로(페리파토스)나 아리스토텔레스가 제자들과 거닐며 강의하는 것을 좋아해서 붙은 이름일 것이다.

아리스토텔레스는 좋음이 무엇인지 아는 것보다 좋은 삶을 사는 것에 집중했다. 가르침의 목표 역시 제자들의 현실적인 삶을 개선하는 것이었다. 아리스토텔레스는 플라톤과 마찬가지로 삶의 자연스러운 목적, 영혼의 최상의 상태를 에우다이모니아eudaimonia라고 보았다. 이 말은 보통 행복으로 해석되지만 더 정확하게는 번성을 의미한다. 최상의 상태에 이르는 방법에 대해서는 두 철학자의 견해가 달랐다. 아리스토텔레스의 관점은 무엇이었을까?

플라톤의 철학은 대중성이 없었다. 반면 아리스토텔레스의 철학은 친근해서 오늘날 우리에게도 훨씬 더 직관적으로 다가온다. 그는 세상 모든 것이 목적을 갖고 설계된다고 보았다. 그러니 의도대로 잘 작동하면 좋은 것이라고 판단했다. 이를테면 좋은 제화공은 좋은 신발을 만든 사람이다. 좋은 팔이나 다리는 튼튼하고 유연해서 다양한 움직임을 잘 해내야 하고, 좋은 눈은 선명하게 볼 수 있어야 한다. 좋음이나 탁월함은 사람 또는 사물이 고유의 기능을 얼마나 성공적으로 수행하느냐에 달린 문제라는 것이다.

아리스토텔레스가 우리에게 행복의 열쇠라고 알려준 것은 무엇일까? 그가 내놓은 대답은 우리의 이성이다. 그렇다면 이성의 주된 목적은 무엇일까? 바로 행복을 보장하는 것이다. 즉, 인간으로서 성공한다는 것은 이성을 이용해 최고 또는 최상의 덕에 이르는 일이다. 번성—아리스토텔레스가 생각하는 행복—은 미덕에 부합하는 영혼의 활동이다.[11]

여기에는 또 다른 생각이 숨어 있다. 인간의 삶에 텔로스$_{telos}$가 있다는 것이다. 텔로스는 인간의 삶이 향해야 하고 도달하면 좋음을 얻게 되는 목적을 말한다. 아리스토텔레스는 우리가 자기의 자리에서 이성을 이용해 최선의 일을 하며 인간 본성에서 최고의 것을 성취해야 한다고 여겼다.

아리스토텔레스는 대중이 생각하는 행복을 인정하고 자신의 윤리 체계 안에서 설명하기를 좋아했다. "어떤 진술이 참이라면 모든 자료가 그 진술과 조화를 이루어야 한다"[12]는 전제하에 여러 사람이 행복의 조건이라고 생각하는 것을 자신의 윤리적 가르침에 포함시켰다. 그는 일상에서 인간을 행복하게 해주는 쾌락의 역할에 좀 더 관대했고 윤리적인 삶을 살려면 여러 자질 사이에 균형을 찾으라고 격려했다. 그에 따르면 미덕은 양극단의 두 자질 사이에 균형을 찾는 것, 즉 중도를 지키는 것에 있었다.

예를 들어, 용기가 과하면 무모해지고, 용기가 부족하면 비겁해진다. 덕 있는 사람은 중도를 걷는다. 방탕함과 금욕 사이에는 절제가 있고 수줍음과 뻔뻔함 사이에는 겸손함이 있다. 따라서 절제와 겸손함은 미덕이다. 행동의 중도를 제대로 지키려면 음악가가 악기를 섬세하게 조율하고 연주하듯 연습해야 한다. 유혹, 편견, 도움이 안 되는 성향을 경계해야 한다. 윤리에는 일종의 근육 기억$_{muscle-memory}$이 있어서 충분히 연습해 온전한 습관으로 만들면, 적절한 때에 자동 반사처럼 행동할 수 있다. 아리스토텔레스는 플라톤의 윤리를 바탕으로 직관적인 상식 선에서 정의, 용기, 절제, 기품, 관대함, 자유, 친절함, 신중함, 지혜를 기본 미덕으로 보았다.

이제 행복은 이성에 따라 영혼의 덕을 쌓으면 이룰 수 있게 됐다. 아리스토텔레스가 가장 높이 평가한 활동은 숙고contemplation였다. 이 능력, 즉 지적인 것을 추구할 수 있는 숙고는 우리 인간을 다른 모든 것과 구별해주었으며 신과도 연결해주었다. 숙고는 신성한 것이었다. 덕을 쌓는 활동이었다. 요즘 사람들에게는 덕이라는 개념이 고리타분하게 느껴질 수 있다. 많은 이들에게는 영혼이라는 개념도 마찬가지일 테지만, 영혼은 내면의 자아라는 표현으로 바꿔 쓸 수도 있다.

요즘 사람들은 인간의 선함이나 미덕에 대해 거의 언급하지 않는다. 공동체의 든든한 기둥 같은 진부한 표현을 쓰기는 해도 그 대상인 사람의 됨됨이를 묘사하려고 쓰는 말은 아니다. 왠지 이런 표현은 스캔들로 막을 내릴 것 같은 분위기마저 풍긴다. 하지만—종교인, 철학자, 심리학자들이 오랫동안 논의하고 발전시켜온 이래로—미덕의 원래 개념은 중세 궁정의 예법이나 숙녀의 예절 같은 의미와는 상당히 거리가 멀다. 여기서 이야기하는 미덕은 합리적이고 실용적인 삶의 지침이다.

이성이 우리와 동물을 구별해주는 고유한 특징이며, 인간의 목적이 이성을 통해 최고의 미덕을 실현해야 한다는 생각에는 강력한 힘이 있다. 아리스토텔레스는 말했다. 우리가 사소한 쾌락을 즐겨도 되긴 하지만 그런 쾌락은 미덕에 부합하는 행동을 하기 위한 준비로서만 존재해야 한다고. 그는 인간의 목적은 더 위대한 것이며, 진정한 기쁨은 우리 본성이 만들어진 의도를 가장 잘 만족시킴으로써 얻어지는 거라고 주장했다.

아리스토텔레스가 말하는 행복이 너무 힘든 일처럼 느껴질지 모른다. 보통 우리는 근심 걱정을 떨치고 싶을 때 텔레비전을 보거나 휴대전화를 붙들고 시간을 보내는 방법을 선호한다. 확실히 효과가 있는 것 같기는 하다. 하지만 이렇게 해도 안 될 때는 어떻게 해야 할까? 너무 화가 나서 잠도 오지 않는다면? 경험하는 자아는 직장 동료의 승진, 설거지를 돕지 않는 배우자, 좋은 인상을 주고 싶은 사람 앞에서 했던 뻘짓 때문에 스멀스멀 올라오는 짜증을 잊으려고 게임을 하는 몇 시간 동안 행복해할 것이다. 하지만 그동안 기억하는 자아는 우리가 수모를 겪거나 부당한 대우를 받은 처절한 이야기를 짓는다. 게다가 한밤중에 아까 만든 이야기를 반복 재생하는 고약한 취미가 있다. 우리 귀에 대고 온갖 고통스러운 세부 사항을 시끄럽게 떠들어댄다.

인생에서 기분 전환보다 더 근본적인 무언가를 바란다면, 경험하는 자아가 쾌락을 요구하듯—우리 이야기를 만들어서 스스로에게 들려주는—기억하는 자아에게는 행복의 서사가 필요하다는 것을 깨달아야 한다. 그런 다음 우리 삶을 아리스토텔레스가 말하는 텔로스로—즉 어떤 것의 궁극적인 목적 또는 존재 이유를 이루기 위한 과정으로—본다면, 일상 속 짜증 나는 일들을 일종의 시험으로 본다면, 좀 더 평화롭게 잠들 수 있을지도 모른다. 이런 과정을 통해 우리는 미덕이 무엇인지, 어디에 쓸 수 있는지를 배우고, 어떤 일이 일어났을 때 각 상황의 변수에 대해 숙고함으로써 더 행복하고, 더 친절하며, 더 충만한 버전의 우리로 나아갈 수 있을 것이다.

우리는 자기가 친절한 대접을 받을 때보다 남에게 친절을 베풀 때 더 오래 지속되는 기쁨을 얻는다. 마찬가지로, 당신의 삶이 단지 재미만 좇는 게 아니라 번성하는 삶의 이야기 한 토막이라는 사실을 기억하는 데에 더 깊은 행복이 있다.

아리스토텔레스가 아들을 위해 쓴 《니코마코스 윤리학》에는 그의 윤리 체계가 잘 설명되어 있다. 이 책은 정말 흥미롭고 놀라울 정도로 이해하기 쉽고 읽기 편하다. 당시 윤리 철학은 사람들에게 즉각적인 변화를 불러오기 위해서만 존재했다. 따라서 이해하기 쉬운 말로 쓰였을 뿐 아니라 치유의 효과를 주려는 경우도 많았다. 의사는 몸을, 철학자는 마음을 치유했던 것이다.

아리스토텔레스의 접근법에는 주목해야 할 다른 특징도 있다. 우선, 그가 학생들에게 좋은 삶을 가르치는 방식은 소크라테스와 마찬가지로 학생들을 논쟁에 직접 참여시키는 것이었다. 그의 역할은 권위적인 선생이 아니라 그저 훌륭한 논쟁 상대였다. 그는 담론을 장려했고, 학생들은 대화에서 배운 지식을 자기 생각과 삶에 직접 적용함으로써 스승의 윤리 교육을 완성시켰다. 또 학생들은 정반합이 조화를 이루는 변증법적 방식을 통해 가장 적절한 문제를 식별하고 자세하게 들여다볼 수 있었다. 아리스토텔레스는 목표물을 앞에 둔 궁수의 비유를 사용하며, 윤리적 탐구가 학생들에게 목표물을 더 명확하게 볼 줄 아는 눈을 길러준다고 믿었다. 그 목적은 단순히 목표물을 식별하는 것이 아니라 더 잘 구별하고 더 선명하게 보는 것이었다. 이러한 접근 방식은 학생들이 합리적인 논쟁에 참여하고 스스로 자기 발견을 해나가면서 나름의 배움을 이어가게 만들었다. 덕분에 날카로운 궁수의 눈을 기른 학생들은 그 이후에도 스스로 다른 목표를 찾아낼 수 있었을 것이다.

특히 아리스토텔레스는 대상을 향한 애착이 좋은 삶의 건강한 일부라고 보았다(이 점은 다른 주요 학파들과 구별되는 중요한 차이이기도 하다). 예를 들어, 사랑하는 사람이 위협을 받는 상황이라면 어느 정도 화를 내는 것이 미덕의 표시다. 너무 많이 내는 건 지나치고 전혀 내지 않는 건—고귀한 삶의 일부라고 볼 수 없는—나약함이나 무기력함의 표시다. 좋은 삶의 전제 조건에는 건강, 어느 정도의 부, 그리고 지적인 능력이 포함된다. 이는 애착에 대해 이후 학파들이 따르는 것보다 훨씬 실용적이고 관대한 접근이었다.

아리스토텔레스는 미덕에는 행동이 뒷받침되어야 한다고 확신했다. 고상한 의도만으로는 충분치 않다고 생각했다. 우리는 사회적 동물이다. 혼자 외떨어진 섬 같은 삶은 가치 있는 삶이 아니다. 개인의 행복은 공동체의 행복과 연결되어 있다. 구성원 각자가 사회적 동물로서 스스로 최고의 삶을 살아가는 방법에 대해 생각하고, 판단하고, 실천하는 민주적이고 번성하는 사회여야만 성장을 기대해볼 수 있을 것이다. 그는 철학자로서 에우다이모니아를 정의하고 지지함으로써 사회계획social planning의 길잡이 역할을 하고 더 행복한 사회를 만드는 데 기여하는 것이 자신의 임무라고 보았다. 오늘날 우리 정부가 국민의 식생활을 개선하고 더 건강하고 행복하게 해주기 위해 심리적인 환기를 하는 것처럼, 우리는 지금도 아리스토텔레스의 방식에 동참하고 있는 셈이다.

그렇다면 아리스토텔레스는 자기 임무를 충분히 잘 해냈을까? 21세기를 사는 우리가 여전히 아리스토텔레스의 사상 몇 가지를 꽤 분명하게 발견한다는 점 자체가 그의 성과를 보여주는 증거다. 오랜 시간 시대의 검증을 받은 그의 여러 사상이 현재 우리의 사고방식의 일부가 된 것이다. 그는 역사상 처음으로 이런 문제들에 대해 숙고하고 답을 찾아 집대성했으며, 깊은 이해 수준을 바탕으로 하나의 체계를 만들어낸 대단한 인물이었다. 하지만 어쩐지 이것으로 충분하다는 느낌이 들지 않는다. 왜일까?

첫째, 아리스토텔레스의 이론 체계는 뻔뻔스러울 정도로 이성을 찬양한다. 물론 이성적인 사고는 우리를 다른 동물들과 차별화하고 인간 고유의 본성과 인간의 목적을 달성하게 해준다. 우리의 조악한 자질은 (효과적인 궁술에 필요한) 통찰력, 토론, 교육을 통해 숙달 가능하다(숙달은 행복하고 번성한 삶의 열쇠다). 현대 철학자 마사 누스바움Martha Nussbaum이 묘사하듯, 우리 내면의 자아는 마치 우리 자질과 감정이 눈에 보이고 손을 뻗으면 닿을 듯한 깨끗하고 얕은 물웅덩이 같다. 이것은 오늘날 우리가 자신의 감정적 영역을 더 어둡고 깊은 물속에 있는 것처럼 인지하는 것과 사뭇 다른 견해다. 우리는 아리스토텔레스의 주장만큼 이성적인 탐구에 영향을 받지 않고 있으며, 그의 이론 체계는 요즘 우리가 주목하는 혼탁한 무의식의 영역을 고려하지 않는다.

둘째, 아리스토텔레스가 보기에, 좋은 삶으로 가는 길을 배울 수 있는 사람은 한정되어 있었다. 적당히 잘 받아들이는 기질이 전제

조건이었다. 그가 설립한 학교 리시움에는 남자, 그것도 이미 어느 정도 교육을 받은 남자만 들어갈 수 있었다.

"씨앗을 키우려면 땅 한 뙈기가 준비되어 있어야 하듯이, 학생의 마음이 올바른 것을 즐기거나 싫어하려면 습관으로 준비되어 있어야 한다."[13]

엘리트주의다. 우리 모두가 행복해질 수 있는 것이 아니다. 하지만 오늘날 우리 시대는 누구나 행복할 권리가 있다고 생각한다. 지금 우리가 가진 보편적 권리에 대한 감각하고는 달라도 너무 다르다. 그는 아이들, 여성, 교육받지 못한 사람들, 노예는 전혀 가망이 없다고 생각했다. 정말 그럴까?

다음 세대 철학자들은 다르게 생각했다. 좋은 삶은 모두에게 열려 있어야 한다고 여겼다. 이렇듯 아리스토텔레스의 여러 가정은 시간이 흐르면서 상당 부분 뒤집혔다. 후대 철학자들이 새롭게 완성한 파격적인 이론 체계에는 삶을 바꾸는 몇 가지 기술이 있다.

# 에피쿠로스처럼 즐기며 사는 법

아리스토텔레스 이후 철학자들은 엘리트주의에서 벗어나 더 많은 사람에게 행복을 가져다줄 방법을 찾으려고 애썼다. 쌍둥이 격인 에피쿠로스학파와 스토아학파가 특히 열심히 노력했는데, 이 두 학파는 철학계에서 오랫동안 인기를 누렸다. '좋은 삶이란 무엇인가'라는 질문에 이들이 보였던 철저함은 이후 그 누구도 뛰어넘지 못했다. 우리가 이 책에서 찾게 될 대답들은 대부분 그들의 사유 세계에서 나온 것이다.

(자신의 이름을 딴) 최초의 학파를 설립한 에피쿠로스는 아주 이른 시기의 원자론자였다. 그는 모든 물질이 공간을 날아다니는 눈에 보이지 않는 작은 입자들로 구성되어 있다고 믿었다. 또 행복은 평온함의 문제이며, 선과 악은 쾌락과 고통의 문제일 뿐이라고 말했다. 잘 산다는 것은 쾌락을 극대화하고 고통을 극소화한다는 의

미였다. 사실, 인간은 이 행동이 고통을 더 많이 줄지 아니면 쾌락을 더 많이 줄지 같은 일종의 이성적 계산에 의지해 살 수 있었다. 오늘날 우리는 쾌락주의자epicurean라는 말에서 좋은 음식과 술에 탐닉하는 모습을 떠올리지만 실제 에피쿠로스학파 사람들은 그런 것들을 거부했다. 사치나 무절제함은 잠깐은 쾌락을 맛보게 해주지만 결국 더 많은 고통(숙취, 질병, 사치에 대한 끝없는 욕망)을 가져온다고 보았기 때문이다. 에피쿠로스학파 사람들은 스스로 자신의 욕망을 우정, 빵, 물 같은 몇 가지 자연스러운 욕망으로 제한해 간소하고 금욕적인 삶을 살았다. 그것이 결국 욕망의 노예가 되어 자기 자신에게 더 큰 고통을 안기는 것보다 훨씬 행복하게 살 수 있는 방법이라고 믿었다.

아테네 근교 올리브 숲 한가운데에 위치한 에피쿠로스학파의 정원The Garden은 최초의 공동체이자, 빙 둘러친 벽으로 외부와 단절된 세상을 향한 무관심의 구체적인 표현이었다. 입구에는 이런 글귀가 쓰여 있었다. "낯선 이들이여, 이곳에 머물기를. 이곳에서 최고의 선은 쾌락입니다." 에피쿠로스는 책을 많이 썼지만 사회 개혁에 관한 아리스토텔레스의 비전은 공유하지 않았다. 대신 그는 사회로부터 단절되는 길을 선택했다. 그의 정원은 여러 면에서 1960년대 히피 공동체와 이후 세계 곳곳에 있었던 여러 공동체의 원형이 되었다. 정원의 특징이라 할 수 있는 여성의 입회 허용, 은둔 생활, 쾌락의 강조, 이 세 가지는 사람들이 그를 음탕하고 천박하다고 비난하는 빌미가 되었다.

에피쿠로스의 가르침은 한 가지 특정 영역에서 아리스토텔레스보다 큰 진전을 보였다. 잘 알다시피 아리스토텔레스는 인간의 감정을 깨끗하고 얕은 물웅덩이로 보고, 훈련된 지성으로 완전히 통제할 수 있으며, 이성적이고 변증법적인 조사를 통해 쉽게 바꿀 수 있다고 주장했다. 우리는 이런 관점이 프로이트 시대 이후로 인간 심리의 작동 방식을 설명하는 반쪽짜리 그림이라는 사실을 잘 알고 있다. 한편, 에피쿠로스주의에서는 흐릿하게나마 무의식에 대한 이해를 엿볼 수 있다. 아리스토텔레스는 제자들이 자신들의 욕망과 걱정을 분명하게 표현할 수 있다고 여겼다. 이와 대조적으로 에피쿠로스는 새로운 귀의자들에게 꿈의 내용이나 조용히 혼자 있는 순간의 일들만 언급하면서, 그들이 이해한 것과 이해하지 못한 것에 대해 터놓고 이야기하라고 권유했다. 이 과정은 오늘날 우리가 심리치료 과정에서 기대하는 것과 놀라울 정도로 비슷하다. 그는 또 아리스토텔레스의 리시움에서 학생들에게 장려했던 긴 토론이 아니라 암기와 반복을 통해 지식을 얻고 그의 가르침을 수용하게끔 했다. 이 방식은 그가 인간 정신의 기계적이고 비이성적인 과정을 이해하고 있었다는 점을 암시한다. 여기서 사람들의 변화에 영향을 미치는 것은 특정 원리를 무조건적으로 내면화하는 것이었다. 에피쿠로스는 제자들이 치밀한 생각이나 연구에 의지하지 않고 역경이나 혼란에 대처할 수 있도록 유용한 구호를 마음에 새기고 있기를 간절히 바랐다.

　에피쿠로스 학자들은 쾌락을 추구하고 고통을 피하는 길을 선택했다. 하지만 그 쾌락은 이성적으로 선택한 것이었고 본질적인 불행으로 이어지지는 않았다. 중요한 것은 행복한 삶이었다. 행복한 삶은 쾌락을 추구하고 고통을 회피하는 것과 같은 의미였는데, 이 행복은 평온함, 또는 아타락시아ataraxia(고통의 부재)의 모습을 띤다. 아리스토텔레스의 리시움에서 들을 법한 윤리적 질문 같은 건 필요 없었다. 에피쿠로스 학자들이 보기에 그런 수양은 어떤 도움도 되지 않았다. 우리는 플라톤이 일상에서 우리에게 감동을 주는 개념이 한층 높은 차원에 존재하는 순수하고 이상적인 진정한 이데아의 저속한 그림자라고 했던 말을 기억한다. 에피쿠로스는 플라톤이 이성의 이데아를 가리키는 곳에서 인간이 사용할 수 있는 건 동물적인 신체적 감각뿐이라고 말했다. 그 신체적 감각이 우리에게 하는 말에 귀를 기울이면, 좋은 삶이란 최고의 쾌락을 즐기는 삶이면서 동시에 가장 단순한 삶이라는 것을 깨닫게 될 거라고 주장했다.

# 그 어느 때보다
# 고통스럽다면

키티움Citium의 제논이 창시한 스토아학파의 스토아Stoa는 양옆으로 기둥이 늘어선 주랑을 일컫는다. 제논이 주로 이곳 장터에서 자신의 철학을 설파한 연유에서 이 이름으로 알려지게 되었다. 스토아학파 역시 행복을 평온함의 관점에서 바라보면서 에피쿠로스학파처럼 고통의 부재에 초점을 맞췄다. 또 에피쿠로스학파와 마찬가지로 우리가 스스로 자신의 욕망을 제한해야 하며, 삶의 문제는 그 문제에 대해 우리가 내리는 판단의 오류에서 비롯된다고 가르쳤다. 따라서 우리가 태도를 바꾸면 그런 외적인 요인 탓에 생기는 고통은 사라진다고 했다. 오늘날 우리에게도 익숙한 (문제를 기회로 인식하는) 이 관점 바꾸기reframing는 스토아학파의 가장 강력하고 지배적인 사상 중 하나다.

두 학파 모두 사람들이 일반적으로 자신에게 쾌락을 준다고 여기는 것들을 배척하라고 요구한다는 점에서 대체로 금욕적이다. 하지만 스토아학파는 에피쿠로스학파보다 사회적 참여에 훨씬 적극적이었다. 에피쿠로스 철학자들은 평범한 시민들 틈바구니를 벗어나 벽으로 둘러쳐진 정원 안에서 공동생활을 했던 반면, 스토아 철학자들은 사회적·정치적 활동에 적극적으로 나섰고 공동체의 구성원이 되는 데 훨씬 관심이 많았다. 나중에 기독교는 스토아학파의 이런 이상적인 시민상을 (적극적이고 생산적인 공동체 구성원으로서 의무를 다하는) 기독교인을 관념화하는 밑그림으로 활용했다.

스토아학파는 그리스에 전쟁이 끊이지 않는 시기에 성장했다. 그런 불확실한 시대를 사는 사람들에게 불안에서 벗어나는 법을 설파했던 스토아학파의 가르침이 얼마나 매력적이었을지 쉽게 짐작할 수 있을 것이다. 로마의 위대한 웅변가이자 정치가인 키케로Marcus Tullius Cicero가 라틴어로 번역한 스토아의 가르침은 이후 수 세기 동안 스토아학파가 인기를 누리는 데 큰 역할을 했다. 세네카, 에픽테토스, 마르쿠스 아우렐리우스Marcus Aurelius 같은 스토아학파의 위대한 인물들은 모두 로마 시대 사람들이고, 이때 스토아학파는 복잡한 논리나 우주론에 보였던 초창기의 관심을 뒤로하고 삶의 역경을 극복하는 확실한 길잡이 역할에 집중했다. 스토아철학이 다른 어떤 고대 철학보다 오늘날까지 오래 지속되고 있다는 사실만 보더라도 그 영향력을 가늠해볼 수 있을 것이다.

스토아학파와 에피쿠로스학파는 모든 이에게 행복이라는 이념을 제시했지만 깨우침의 경지에 이른 사람은 거의 없었던 것으로 보인다. 스토아학파에서는 현자를 지혜의 화신이자 평온함의 기술에 통달한 롤모델로서 경건하게 언급한다. 이를테면 스토아학파의 현자는 극도로 고통스러운 고문을 당하면서도 '저 사람들이 해치고 있는 건 내가 아니라 단지 내 몸일 뿐이야'라고 생각할 수 있기 때문에 고문도 기꺼이 견딜 수 있을 거라고 말한다. 다소 극단적으로 들리는 이야기다. 하지만 오늘날 이런 사고방식 덕분에 고통을 견디고 살아남을 수 있었다고 고백하는 포로나 고문의 희생자들이 존재한다. 줄스 에번스는 《삶을 사랑하는 기술》에서 스토아철학에 의지해 극단적인 상황을 극복한 사람들의 사례를 소개하기도 했다.

# 테스형이 사라진
# 시대의 조언자

 기독교가 갑자기 인간의 이야기로 바뀌었다. 그때부터 어느 정도 신비롭고 사실적인 인물인 현자가 행복의 다음 전개에 중요한 역할을 맡게 되었다. 그 후 행복에 대한 관점에 엄청난 영향을 미친 패러다임의 변화가 일어났다. 첫째, 완벽한 행복의 달성은 지금 이 세상이 아니라 언젠가 먼 훗날 저세상에서 일어날 일이 되었다. 행복은 저 멀리 수평선 너머, 천국인지 예수의 재림 이후인지 어쨌거나 까마득히 먼 곳에서 우리에게 손짓했다. 행복은 이제 우리가 살아 있는 동안 신경 쓰지 않아도 되었다. 그건 영원의 문제였다.
 둘째, 첫 번째 변화의 연장선상에서 우리가 천국의 행복을 누리려면 지금 여기서 고통을 감내해야 했다. 스토아철학이나 에피쿠로스 철학의 가르침처럼 고통을 피하는 것이 아니라 이제 그 고통을 거룩함의 표시로 받아들여야 했다.

이 새로운 틀이 지금까지 우리 문화에 미친 영향은 아무리 강조해도 부족할 정도다. 기독교의 세력은 엄청나게 확대되었고 그들의 유산은 이후 2천여 년에 걸쳐 반복적으로 표면화되었다. 고대인들의 냉철한 이성은 천국에 준비된 쾌락이라는 보다 감각적이고 황홀한 비전으로 대체되었고, 묘하게 뒤틀리고 왜곡되어 행복에 이르려면 먼저 고통과 괴로움을 견뎌야 했다. 기독교의 주장은 고통받는 사람들을 향한 강력한 메시지이자 온순하고 억압받는 이들에게 건네는 매력적인 약속이었다.

아마 인류 역사상 처음으로—적어도 처음 그 질문을 제기했던 소크라테스 이후로—우리는 행복해지는 방법에 대해 생각할 필요가 없어졌다. 의미 있는 삶을 사는 방법과 우리가 바랄 수 있는 온갖 보상을 쉽게 손에 쥘 수 있었다. 소크라테스식 문답법은 무의미해졌다. 그저 신을 믿고, 신의 말씀을 듣고, 거기에 따라 살아가면 그만이었다. 그전까지 이성은 인간의 가장 뛰어난 자질이자 인류라는 종으로서의 목표인 텔로스의 핵심이었고, 지구라는 행성에서 인간에게 독특한 지위를 부여해주는 특징이었다. 하지만 이제 이성적인 질문은 위험한 것이 되었다. 종교적인 믿음이 권세를 쥐었다. 그건 모든 호기심이 어느 다른 사상학파들과 함께 침묵해야 한다는 것을 의미했다. 종교적인 사고방식과 우리가 진실을 찾을 때 쓰는 방법 사이에 간극이 커졌다. 논리에 면역이 된 로마인들은 분명 이성적인 사고를 무시하고 우리 마음속에 있는 것만 신경 쓰는 이 새로운 신에 현혹되었을 것이다.

종교가 우주에 대한 해답을 제시해서 더 이상 이성적인 탐구의 필요성이 없어졌음에도 불구하고, 기독교 내에서는 신자들끼리 행복이 어떤 의미일 수 있을지에 대한 고통스러운 논의가 계속되었다. 행복에 관한 기독교의 관점은 이후 천 년에 걸쳐 여러 신학자에 의해 다양한 발전을 겪게 되었다.

첫 번째 주요한 진전은 4세기 성 아우구스티누스Aurelius Augustinus의 업적을 통해 이루어졌다. 그는 우리가 진정으로 행복해질 수 없는 이유가 신과의 완벽한 합일이라는 불가능한 전제를 원하기 때문이라고 여겼다. 스토아학파에서 가르치는 일련의 기술로 진정한 행복을 얻을 수 있다는 주장은 이단이나 다름없었다.

왜 우리는 신과 하나가 될 수 없을까? 아담과 이브가 에덴동산에서 추방된 탓이다. 아우구스티누스는 원죄의 교리를 발전시켰고, 인간은 결국 신에게서 영원히 소외당했다. 최초의 인류가 신을 거역한 죄로 에덴동산에서 쫓겨났고, 이후 인류 역사 속 모든 세대가 악하게 태어남으로써 죗값을 치르게 되었다. 인간 입장에서 깨져버린 신과의 관계를 영원히 치유할 수 없다는 것은 인간의 운명이 정해져 있다는 의미였다. 후세대가 신과 화해하게 될지 아닐지는 우리가 태어나기도 전에 이미 신이 결정해놓았다는 말이다.

원죄는 엄청나게 유독한 이미지다. 한 문화가 만들어낼 수 있는 이야기 중에 모든 구성원이 악하게 태어난다는 설정보다 더 나쁘게 어디 있겠는가. 물론 의도에는 들어맞는다. 거대한 신화의 한 조각으로서 원죄는 우리에게 선해지려고 애쓰고 미덕과 조화를 이루는 삶을 살라고 격려한다. 하지만 솔직히 말해 그런 전제는 종교이기에 가능한, 인간의 삶을 터무니없이 부정하는 발상이기도 하다.

원죄는 우리 문화의 서사에 스며들어 오늘날 우리에게 익숙한 수많은 이야기에 마수를 뻗쳤다. 알다시피 백설 공주는 금지된 열매를 먹고 아이 같았던 순수함을 잃어버렸다. 자기 자신을 원초적이고 특정할 수 없는 죄인이라고 인식하는 인물이 등장하는 카프카의 작품에서 우리는 에덴동산에서 추방된 아담과 이브의 자취를 엿볼 수 있다. 이런 비유는 공포 영화나 소름 돋는 이야기에서도 자주 등장하는 소재다. 〈엑소시스트〉〈오멘〉〈악마의 씨Rosemary's Baby〉 같은 영화들이 전통적으로 성과 자손에 관한 죄의식에서 탄생한 작품들이다. 그런 죄의식은 본질적으로 날 때부터 우리 내면을 장악한 필연적인 악이라는 개념과 떼려야 뗄 수 없다. 아돌프 히틀러Adolf Hitler가 쓴 《나의 투쟁》의 몇몇 구절에서 볼 수 있듯이, 원죄는 히틀러가 유대인을 악마화했던 가장 주된 요인이었다.

"낙원에서 행해진 원죄에는 언제나 죄인들의 추방이 뒤따르기 때문에…"[14]

"피와 인종에 대한 죄는 이 세상에서 세습되는 죄이며 그 죄를 저지르는 모든 국가에 재앙을 가져오고…"[15]

"한 세대에서 다음 세대로 꾸준히 전해지는 이 인종 오염이라는 진정한 원죄는 반드시 종식되어야 한다."[16]

심지어 다윈의 자연선택설을 해석하는 방식에서도 원죄의 흔적을 엿볼 수 있다. 아우구스티누스 교리의 기초가 되는 서사에서 명백하게 기독교적인 맥락을 제거하면, 우리는 야만적이고 원시적이며 타락한 상태에서 출발해 점차 가장 완벽한 상태로 나아가는 존재라는 이야기가 된다. 마찬가지로, 우리는 흔히 자연선택이 인간을 동물인 상태의 낮은 지위에서 "유기체 계층구조 최상층에 올려놓았다"고 생각하는 경향이 있다.[17] 진화에 일종의 우월성이 작용한다고 섣불리 넘겨짚은 다음 다윈의 시스템을 아무렇지 않게 (그리고 부당하게) 아우구스티누스의 가치 필터로 걸러서 해석한다. 나치즘은 약자보다 강자를 선호하는—우생학, 인종차별주의, 파시즘, 제국주의 같은—여러 운동과 함께 사회학과 정치학에 생물학 이론을 대단히 의뭉스럽게 적용한 사회적 다윈주의의 산물이었다. 사실, 사회적 다윈주의라는 이름을 사용한 창조론자들은 비록 오류이긴 하지만 종종 사회적 다윈주의를 자연선택의 논리적 귀결이라고 주장한다. 역설적으로 원죄론과 사회적 다윈주의의 연관성은 아담과 이브가 에덴동산에서 추방된 이야기에 기인한다. 아우구스티누스 이후 2천여 년이 지난 지금도 원죄는 알게 모르게 우리 주위에 메아리치고 있으며, 새롭게 부상하는 사상의 서사를 가치중립적이어야 할 생물학 이론 탓으로 돌린다.

20세기 초 선구적인 정신분석학자 지그문트 프로이트Sigmund Freud의 업적 역시 인간 개개인의 수준에서 보면 음흉하고, 파괴적이며, 공격적이고, 성적인 유아기 단계에서 이상적인 건강한 성인으로 발전해간다는 생각을 전제로 하고 있다. 여기서도 우리는 아우구스티누스에게 인간은 악하게 태어나는 존재라는 개념을 빚졌다. 원죄설이 우리 의식에서 완전히 지워진 적은 단 한 번도 없었다.

## 우리는 더 나은 삶을 살 자격이 있다

사실 원죄론은 너무 억압적이어서 후대 신학자들이 인간이 지상에서 할 수 있는 노력을 통해 행복해질 수 있는 방법을 찾도록 자극했다. 하지만 그런 시도는 자칫 이단으로 몰릴 위험이 높았기 때문에 세심한 주의를 기울여 조심스럽게 발을 내디뎌야 했다.

혁명은 13세기에 일어났다. (이 시기 내내 동양 사상가들에 의해 보존되어온) 아리스토텔레스의 사상과 작품들이 재발견되고 번역되었다. 토마스 아퀴나스Thomas Aquinas라는 도미니크회 수사는 아우구스티누스를 다시 불러내 기독교화해서 현대적인 경건한 독서에 적합하게 만들었다. 이 과정에서 아퀴나스는 아리스토텔레스의 낙관적인 비전에 행복이 이 세상에 설 자리를 접목함으로써 신에게서 영원히 소외당할 뻔한 타락한 인간이라는 우울한 그림을 수정할 수 있었다. 아퀴나스가 펠리치타스felicitas(행복)라고 불렀던 이 세속적인 행복은 죽음 이후에 우리를 기다리는—이번에는 그가 베아티투도beatitudo(참된 행복)라고 부른—지고한 행복의 불완전한 형태였다. 아퀴나스는 우리가 이 세상을 살아가는 동안의 여정을 돕기 위해 아리스토텔레스의 지혜, 용기, 절제, 정의라는 기본적인 미덕에서 끌어온 신학적 미덕으로 믿음, 소망, 사랑을 제시했다.

이제 기독교인들은 신의 은총 안에서 더 나은 삶을 살기 위해 애쓰고 노력한다는 느낌을 받을 수 있었다. 아리스토텔레스에 대한 관심이 커지면서 인간이 노력하면 이 세상에서도 어느 정도 행복을 성취할 수 있다는 희망이 퍼져나갔다. 아리스토텔레스의 텔로스(인간의 삶이 목적을 향해 앞으로 나아간다는 생각)가 복귀했고, 이제 우리는 아담과 이브의 수치심만 바라보는 것이 아니라 기꺼이 앞을 보고 나아갈 수 있게 되었다. 드디어 행복해지기 위해 우리의 미덕을 이용할 수 있었다. 신은 더 이상 우리 운명을 정해놓은 엄격한 존재가 아니었다. 인간에게 은혜를 베풀어 우리가 이 세상을 살아가는 동안에도 펠리치타스를 경험하는 것을 허락했다.

아리스토텔레스의 재발견 이후, 다른 고대 작가들에 대한 관심이 싹텄고 그와 함께 새로운 인본주의 운동이 등장했다. 서구 세계에서 인본주의를 새로운 사상으로 받아들이는 일이 무척이나 기이하며, 인간의 이성을 사용할 수 있는 얼마나 매력적이고 정교한 수단인가. 종교는 이성적인 탐구를 집 밖으로 내쫓았었다. 그런데 평화롭게 동거하는 방법을 찾으려고 애쓰기 시작했다. 이것이 15, 16세기 르네상스—인간의 존엄성을 찬양하며 전 세계를 휩쓴 광범위

한 문화 운동—로 이어지는 위대한 아이디어였다. 인간이 이 세상에서 (비록 완전한 형태는 아니지만) 행복을 누릴 수 있다는 토마스 아퀴나스의 제안이 더욱 대담하게 천명되었다. 사상가들과 예술가들은 그리스도교 이전, 그리스와 로마의 고전 시대를 이성과 미美의 황금기로 되돌아봤다. 대린 맥마흔이 지적했듯, 초상화에 등장하는 속세 인물들의 표정에 미소가 나타나기 시작한 것이 바로 이때부터였다. 이 시기에 〈모나리자〉의 얼굴에 떠오른 불멸의 미소는 행복을 대하는 태도에 있어서 하나의 전환점이 되었다.

하지만 오래 가지는 못했다. 종교가 다시 반발을 일으켰는데 이번에는 그렇게 처참하진 않았다. 16세기 수도사 마틴 루서Martin Luther는 인간이 자기 자신을 자유로운 존재라고 여기고 자신의 운명을 책임진다는 불경한 생각을 하면서, 오만하고 이단적으로 변해가고 있다고 생각했다.

루서의 종교개혁은 오늘날 구원의 수단으로서 개인의 믿음을 강조하는 결과를 낳았다. 이는 가톨릭교회의 월권행위와 신의 은총을 돈으로 살 수 있다는 암시에 대한 반발이었다. 중요한 점은 루서가 우리 인간이 원죄를 가지고 태어났다는 점을 의식하고 있는 한, 스스로 행복을 추구하는 일이 정당하다고 인정했다는 사실이다. 루서 이후, 이제는 믿음과 성실함이 구원의 열쇠를 쥐었고 우리는 마침내 고통 자체를 위한 마음을 접을 수 있게 되었다.

## 신의 도움 없이 살기

이렇게 행복은 천 년 반 동안—행복의 근원인—신과 우리의 관계에서 명확히 구별할 수 없는 문제였다. 그러다 르네상스의 신중한 낙관론이 끼어들어 까다로운 신학의 문제로 남게 되었다. 그리고 17세기는 계몽주의의 화려한 등장을 앞두고 다시 한번 우리를 조심스럽게 인본주의적인 이상 쪽으로 데려가려 하고 있었다. 영국의 철학자 존 로크 John Locke 는 인간의 정신을 빈 서판에 비유하며 인간은 단지 경험과 사유를 통해 생각을 형성한다고 주장함으로써 뜨거운 논쟁거리를 던져주었다. 오늘날 우리에게는 당연한 말처럼 들릴지 모르는 이 주장—우리가 스스로 생각을 형성하고 우리 자신이 우리가 하는 행동의 원인이라는 주장—은 원죄의 필요성과 신이 우리의 도덕적 동인이라는 생각에 마침표를 찍었다. 로크의 이 대담한 사상은 우리가 쾌락을 좇고 고통을 피하는 삶을 살아가며, 매

순간 이 둘의 균형을 따져 결정을 내려야 한다고 조언했다. 윤리적 선택에 대한 이성적이고 물질주의적인 접근은 에피쿠로스를 떠올리게 한다. 또 우리 삶이 불안으로 물들어 있어 늘 새로운 무언가를 원하게 된다는 로크의 말은 고대인들이 처음 인식했던 쾌락의 쳇바퀴를 연상시킨다.

신은 이제 무대에서 거의 사라졌다. 우리는 성경을 언급하거나 기도를 통하지 않고도 우리가 하는 행동의 실제 결과를 저울질해서 선을 측량할 수 있었다. 로크의 관점은 모든 선은 주관적이고, 신에게서 영감을 얻는 도덕성은 필요 없다는 것이었다.

로크는 아마 신에게 향하는 길과 그가 약속한 영생을 택해야 한다고 조심스럽게 권고하면서, 이것이야말로 행복을 얻는 최고의 거래이자 경제적으로 가장 합리적인 접근법이라고 덧붙였을 것이다. 하지만 이런 첨언은 오히려 후대 사상가들에게 우리가 신의 도움 없이도 행복할 수 있다는 생각을 열어주는 계기가 되었다.

이 놀랍고도 새로운 사상은 17세기 후반에서 18세기 계몽주의로 넘어가면서 절정에 다다랐다. 당시 서구 세계는 거대한 문화적 변화를 겪으며 인간 이성의 힘과 과학의 무한한 잠재력을 찬양했다. 처음으로 신과 화해할 방법에 골몰하는 대신 스스로 행복해지는 방법이 무엇인지 묻기 시작했다. 마침내 우리는 종교에 빼앗겼던 소크라테스의 관점으로 복귀할 수 있었다. 어떻게 하면 행복해질 수 있는가? 대답은 간단했다. 쾌락과 인간의 노력이면 됐다. 더 이상 신의 계획을 넋 놓고 쳐다볼 필요가 없었다. 우리의 주체적인 노력으로 행복한 개인으로서의 운명을 거머쥘 수 있었다.

행복을 정의하던 신비로운 기운이 쾌락과 감각으로 확실하게 대체되는 것과 더불어 농업기술의 발달, 도시의 급속한 발전, 소비문화의 급성장을 목격했다. 사람들의 수명이 늘어났고 모두가 돈을 더 많이 쓰려고 안달이었다. 삶은 투쟁이 아닌 순탄한 항해였다. 키는 인간이 잡고 있었다.

인간과 행복 사이에서 일어난 이 엄청난 관계의 변화는 고대인들이 찬양했던 이성을 기독교가 신앙으로 대체한 이래 가장 중요한 사건이었다. 물론 계몽주의는 우리가 자신의 노력을 통해 발전할 수 있다는 스토아철학의 관점으로 돌아간다는 것을 의미했다.

신앙을 지식으로, 신의 은총을 인간의 노력으로 기세등등하게 대체하는 것과 2천 년 동안 기독교 서사에 물들었던 사고방식에서 벗어나는 것은 전혀 다른 문제였다. 문화의 흐름이 갑자기 바뀌면 표면적인 부분은 새로운 것으로 쉽게 대체되더라도 이전 양식의 심층구조는 그대로 남는 경향이 있다. 부모에게서 독립하는 순간을 생각해보라. 그전까지 우리는 가족이라는 틀 안에서 아이 같은 기분으로 살아왔다. 그러다 마침내 당당한 어른이 된 것처럼 틀 밖으로 나온다. 드디어 독립이다. 이때 우리는 분명 알을 깨고 나온 것처럼 과거의 허물을 벗어던지고 새로이 펼쳐진 미래를 향해 나아가지만 우리의 무의식은 과거의 패턴을 재현하고 만다. 먼저 부모를 대신할 새로운 롤모델이나 권위 있는 인물을 찾는다. 물리적으로 가족의 틀을 벗어나도 우리는 여전히 아이인 채로 한 걸음도 나아가지 못한다. 물론, 무언가에 저항하는 행동은 반항이라는 용어를 어떻게 정의하느냐에 따라 달라지겠지만.

어쨌거나 계몽주의 역시 여러 면에서 종교를 성공적으로 극복한 종교의 산물이었다. 과거 천국을 향한 분투는 이제 일종의 세속적 구원, 즉 우리를 약속의 땅으로 데려가줄 과학적 발견을 향한 개념으로 대체되었다. 이성이 신의 빈자리를 확실히 꿰차긴 했어도 과거의 틀은 고스란히 남아 있었다.

우리는 로크가 기독교가 최선이라며 조심스레 달아놓았던 단서를 떼어버렸다. 그 임무는 영국 철학자 제러미 벤담Jeremy Bentham이 해냈다. 벤담은 로크의 사상에서 종교적인 내용을 걷어내면서 공리주의를 발견했는데, 공리주의에서는 최대 다수의 최대 행복을 실현하는 능력을 선으로 보았다. 벤담은 쾌락과 고통의 엄격한 범주를 정하려고 했다. 각각의 지속 시간, 강도, 순도 같은 기준을 고려해 둘의 균형점을 측정할 정확한 수단을 만들려고 애썼다. 성공한다면 우리의 어떤 행동이 얼마나 선한지 확인할 수 있게 되는 것이다. 과학의 정밀한 언어로 행복을 밝혀낼 수 있다는 이런 자신감은 계몽주의가 부리는 허세의 전형이었다. 벤담 이전에도 여러 사상가가 비슷한 시도를 해왔다. 심지어 프랜시스 허치슨Frances Hutcheson은 1725년에 발표한 《미와 덕에 대한 우리 관념의 기원에 관한 탐구Inquiry into the Original of Our Ideas of Beauty and Virtue》에서 공공의 이익과 개인의 도덕성을 계산하는 방정식을 만들기도 했다.

$M = (B+S) \times A = BA + SA$; 따라서 $BA = MSA = M-I$, 그리고 $B = (M-I)/A$

후자의 경우에 있어서, $M = (B-S) \times A = BA - SA$; 따라서 $BA =$

M+SA=M=I,

그리고 B=(M=I)/A

B=이타심(또는 덕), M=공익의 양, I=사익, S=자기애, A=능력

계몽주의 시기에는 스토아학파와 에피쿠로스 학파 사상 쪽이 우세하긴 했지만, 허치슨의 터무니없는 공식을 보면 고대 사상의 정교함이 대부분 사라졌다는 것을 알 수 있다. 대신 골치 아픈 질문이 쏟아지기 시작했다. '만약 행복이 주관적인 것이고 좋음이 단지 어떤 행동이 얼마나 행복을 가져다줄지 계산하는 인자일 뿐이라면, 미덕이란 무엇인가?' '좋음의 역할은 단지 쾌락을 저울질하는 것뿐인가?' '인간에게 생명을 주고 이끄는 신의 숨결이 없다면 인간은 그저 영혼 없이 움직이는 일종의 자동 기계가 아닌가?'

당시는 프랑스의 발명가 보캉송Jacques de Vaucanson의 똥 싸는 오리와 헝가리의 발명가 켐펠렌Wolfgang von Kempelen의 체스 두는 터키인이 등장한 위대한 자동인형의 시대였다. 사람들은 기계로 작동하는 인형, 태엽 장치의 잠재력, 그리고 인형이 생물을 모방하는 능력에 사로잡혔다.

신이 사라진 시대에, 인간의 잠재력에 대한 새로운 비전과 새롭게 강조되는 대중의 유희가 이런 공연장에서 하나로 융합되었다. 오늘날만큼 명백하진 않아도 분위기가 꽤 불경했을 것이다. 게이비 우드Gaby Wood는 그의 책 《살아 있는 인형Living Dolls》에서 자동인형의 역사가 어떻게 시작되었는지 이야기했다. 그는 인간을 단순한

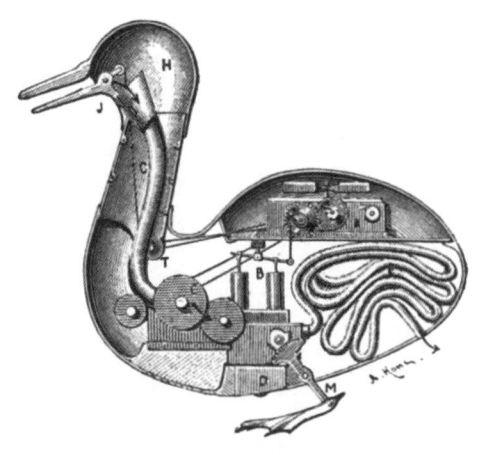

기계로 이해하려는 일시적인 토대를 마련했던 프랑스 철학자 르네 데카르트René Descartes에 얽힌 이야기를 들려준다. 데카르트는 인간과 다른 동물을 구별할 방법은 이성적인 영혼뿐이라고 주장해왔다. 하지만 그에게서 영혼이라는 관념이 제거되던 시기였다. 그는 일종의 짧은 도약으로 우리 자신을 이성이 없는 짐승과 마찬가지로 윙윙거리고, 삐걱대고, 신을 믿지 않는 기계장치와 같은 범주로 보았다. 우드가 전하는 일화에 따르면, 데카르트는 그와 철학에 대해 논하고 싶어 하는 스웨덴의 크리스티나 여왕의 부름을 받고 마지못해 장거리 여행길에 올랐다고 한다. 그는 딸과 함께 배를 타고 여행하는 것으로 되어 있었는데, 한 번도 그 딸을 보지 못했던 어느 선원이 의심을 품고 그의 객실에 몰래 숨어들었다. 객실에는 딸 대신 소녀의 모습을 한 자동인형뿐이었다. 선원들은 자동인형이 부리는 흑마법 때문에 배가 폭풍을 만났다고 생각해 그 인형을 바다에 빠트려 버렸다.

어쩌면 우리는 무생물인 기계에 사악한 힘이 있다고 믿었던 선원들의 마술적 사고를 은근히 재미있다고 여길지 모른다. 오늘날 무신론자들 역시 특정 신의 조각상이나 어떤 성상에 초자연적인 힘이 있어서 그 신과 자신을 연결해준다고 믿는 종교인들을 비웃을지 모른다. 하지만 누구나 쉽게 미신적인 사고에 빠질 수 있다.

앞서 도덕성을 산출하는 일련의 방정식을 살펴보면서 어느 순간 무언가 빠진 점이 있다고 느꼈을 것이다. 사실 우리에게는 종교적 권위의 횡포와 함께 기세등등하게 내던졌던 영성이 어느 정도 필요했다. 따라서 계몽주의 이후에는 부족한 영성을 채우려고 시도했을 것이고, 대체로 종교가 예전에 제시했던 우주적인 해답의 세속적인 버전이 탄생했을 터였다. 여기서 나는 부모의 울타리를 벗어나 당당하게 독립해놓고 부모를 대신할 롤모델을 찾아 두리번거리는 젊은이의 모습이 또다시 떠오른다. 이름만 바뀔 뿐 우리가 갈망하는 것은 언제나 동일하다.

다시 맥마흔의 개관으로 돌아가자. 프랑스 혁명은 표면적으로 기독교를 세속적인 대안으로 대체하려는 시도였다. 하지만 결과적으로는 개인의 노력을 강조한 스토아철학에 기독교 모델의 요소를 결합한 행복의 비전을 내놓았다. 이런 움직임은 계몽주의가 일반적으로 개인의 행복에 초점을 맞춘 것과는 달리, 마르크스의 후기 모델처럼 공동체의 비전에 가까웠다. 하층민을 동원하고 저 먼 곳의 행복을 가리키는 이 혁명은 확실히 종교의 조상에게서 물려받은 분위기를 물씬 풍겼다. 신의 왕국이 공화국의 황금빛 비전으로 대체되었다.

계몽주의 전까지 우리는 신의 계획 앞에서 이단의 죄를 짓지 않고 우리가 가진 자원으로 행복해지려고 노력해왔다. 그러다 세속적인 계몽주의 혁명 이후에는 신을 우리가 만족할 만한 세속적인 비전으로 대체하려는 시도가 많았고, 그 비전은 우리에게 의미감sense of meaning을 주고 옛 미덕에 대한 새로운 이해를 제공하는 것이어야 했다. 이 흐름은 놀라운 일이 아니었다. 종교의 본질은 우리에게 쉬운 대답을 제공하는 것이고, 종교가 없으면 삶의 의미를 찾는 일이 좀 더 복잡하고 개인적인 문제가 되기 때문이다. 그러니까 이제 우리 안에는 신만의 빈자리 대신에 일상적이고 물질적인 차원을 비롯해 형이상학적 차원에서 일어나는 만족에 대한 끊임없는 욕구, 로크가 말하는 불안 등이 숨어 있었다. 우리는 이야기를 짓는 동물이기 때문에 의미로만 채워지는 구멍을 가지고 있다. 그 이야기는 무의미하게 흐르면 안 된다.

한편, 미국은 삶과 자유, 행복의 추구라는 계몽주의 원칙을 바탕으로 평등하고 열망이 넘치는 새로운 문화를 창조했다. 프랑스의 정치철학자 알렉시 드 토크빌Alexis de Tocqueville은 당시 미국에서 행복해지려는 사람들의 성급한 시도로 인해 생겨나는 불만과 불안감을 빠르게 지적했다. 이 현상은 자원과 기회가 그 어느 때보다 평등한 운동장에 있는 사람들 사이에서 벌어지는 일이었다. 토크빌은 이렇게 썼다.

"미국에서 나는 누구보다 자유롭고 가장 계몽된 사람들이 세상에서 가장 행복한 환경에서 사는 것을 보았다. 그런데 내 눈에는 마치 그들 이마에 늘 먹구름이 드리운 듯했고, 심지어 즐거울 때조차 진지하거나 슬퍼 보일 지경이었다. (…) 미국인들에게서 행복을 추구하는 뜨거운 열정과 함께, 행복에 이르는 지름길을 선택하지 말았어야 한다며 끊임없이 스스로를 괴롭히는 막연한 두려움을 보는 것은 무척 묘한 일이다."[18]

평등은 그 자체로 사람들에게 좌절감을 안겨주었다. 하지만 좀 더 긍정적인 관점에서 보면, 평등과 더불어 토크빌이 갈채를 보냈던 시민 의식, 자제력에 대한 도덕적 감각, 자비심도 강조되었다. 미덕은 일종의 사회복지처럼 인식되었다. 19세기로 넘어가면서 영국의 공리주의자 존 스튜어트 밀 John Stuart Mill은 인간의 궁극적인 목적이 행복이라는 생각에 반대했다. 그렇다면 무엇이 행복을 대체할 수 있었을까? 행복보다 가치 있는 게 무엇이었을까? 그가 염두에 둔 것은 자유였다. 심지어 자유를 위해서라면 행복도 희생할 수 있다고 생각했다. 밀은 루서주의 Lutherism에서 발전한 경건하고 까다로운 칼뱅주의 Calvinism를 고수하거나 만연한 자본주의의 평준화 정신을 맹목적으로 따르는 대신, 자기실현 self-realisation과 개인의 자유에 집중해야 한다고 주장했다.

"세상이나 주변 환경이 우리를 대신해 우리 삶의 계획을 선택하도록 내버려둔다면, 그 사람에게는 원숭이의 흉내 내는 능력 외에는 필요하지 않을 것이다. 삶의 계획을 스스로 선택하는 사람만이 자신의 모든 능력을 사용할 수 있다. 보기 위해 관찰력을 사용해야 하고, 앞날을 예측하기 위해 추리력과 판단력을 사용해야 하며, 결정에 필요한 자료를 모으기 위해 활동력을 사용해야 하며, 결정하기 위해 분별력을 사용해야 하고, 그 결정을 따르기 위해 확고한 의지력과 자제력을 사용해야 한다. (…) 인간의 본성은 모형대로 찍어내고, 정해진 대로 따라 하는 기계가 아니다. 그보다는 숨을 불어넣는 내면의 힘에 따라 사방으로 자라고 발전하려고 하는 나무와 같다."[19]

밀은 인간의 잠재력, 번영과 발전에 대한 전망, 그리고 우리의 지력과 품위를 통한 실현을 지지했다. 그가 말하는 자기실현은 단순히 개인의 독특한 자질을 계발하라는 요구가 아니다. 개인의 발전으로 인류를 더 풍요롭게 만들자는 요청이다.

> "모든 개별성을 마모시켜 획일화함으로써가 아니라, 다른 사람들의 권리와 이익에 의해 제한된 한계 안에서 개별성을 양성하고 발현시킴으로써 인간은 고귀하고 아름다운 존재가 된다. 인류의 일원이라는 사실이 한없이 자랑스러울 만큼 인류가 발전하면, 인간의 삶도 풍요롭고 다채로우며 생기 넘치게 될 것이다. 고매한 생각과 고결한 감정에 더 풍부한 영양분을 제공할 수 있게 되며, 모든 개인을 하나로 묶어주는 끈도 더 탄탄해질 것이다. 각자의 개별성이 발전하는 것에 비례해 저마다 자기 자신에게 더 가치 있는 존재가 되고, 나아가 다른 사람들에게도 더 가치 있는 존재가 될 것이다."[20]

밀의 비전은 우리가 다른 사람들 사이에서 왠지 겉도는 느낌이 들어 머쓱할 때 유용하다. 사람들은 누구나 나만 소외된 것 같은 기분을 느낀다. 그런 경험은 인간의 주된 관심사이기도 하다. 우리는 특정한 사람들 주위에서 자신이 낄 자리가 없다고 느끼거나 모두 공유하는 일반적인 경험의 기본적인 요소가 자신한테만 없는 것 같아 비참해질 때가 있다. 우리는 거기에 적응하려고 애쓸 뿐, 왜 그래야 하는지, 그렇게 하는 것이 맞는지 의심하지 못한다. 그런 상황에서 우리가 스스로 다르다고 느끼는 이유는 남들을 하나로 묶어주는 공통점이 자신에게 없다는 점뿐이다. 그런데 밀은 이 차이를 축하할 만한 일이라고 말했다. 다른 모든 사람에게 있는 공통점이 자신에게는 없더라도 말이다. 우리는 사회에 적대적인 입장에 서는 것이 아니라, 독특하고 고유한 개인으로서 사회에 더 많이 기여할 수 있다는 따뜻한 시선으로 우리를 타인과 다르게 만들어주는 그 특징을 가꾸고 강화해야 한다. 궁극적으로 세상에 더 쓸모 있는 개인이 되어야 한다.

사람들 사이의 관계를 생각할 때도 밀의 관점은 유용하다. 우리는 종종 친구나 연인 또는 배우자, 우리가 사랑하는 사람들이 우리와 같기를 바란다. 그래야 우리가 인정받는다고 느끼기 때문이다. 살면서 가치와 감각을 공유할 수 있는 사람을 만난다는 건 정말 멋진 일이다. 하지만 서로의 차이를 존중하고 소중하게 여기는 것 역시 그에 못지않게 중요하다. 우리가 정말 자기 자신을 떠올리게 하는 사람과 관계 맺는 것을 원할까? 그런 관계는 매일 리치 초콜릿케이크를 먹는 기분이지 않을까? 우리가 자신과 닮은 사람을 특별히 좋아할까? 어쩌면 상대를 꿰뚫어 볼 수 있다고 확신하며 그의 속내를 냉소적으로 바라보지는 않을까?

사랑에 정해진 틀은 없을 것이다. 자신의 이상형을 확신하던 사람도 어느 날 문득 전혀 다른 이유로 사랑에 빠지기도 한다. 자기실현을 위해 노력하는 서로 다른 개인들이 사회를 더 가치 있게 만든다는 밀의 관점과 같은 맥락에서, 관계를 맺고 있는 두 사람의 차이가 바로 그 관계를 가치 있게 만들어주는 본질일 수도 있다. 이때 당신이 중요하게 생각하는 가치에 맞춰 상대를 바꾸려고 하기보다 당신과 그 사람을 구별해주는 개성을 존중하려고 애써야 한다. 그런 특성이야말로 당신의 부족한 부분을 채워줄 수 있기 때문이다. 이를테면 당신의 느긋한 태도가 상대의 적극적이고 의욕 넘치는 태도와 부딪칠 수 있다. 이런 경우, 상대를 당신의 롤모델로 삼으면 유용하다. 다시 밀의 관점에서 보면, 우리의 연인이나 배우자가 자기만의 개성을 개발할 때 스스로 더 가치 있는 사람이 되고 둘의 관계 역시 더 가치 있어지는 것이다.

여기에는 아주 중요한 또 다른 핵심이 있다. 밀은 우리가 행복 그 자체를 목표로 삼으면 안 된다고 주장했다. 행복을 직접 추구하는 건 실수다. 행복은 개인이 사회가 정해놓은 틀에서 자유로워지는 과정을 통해 간접적으로 얻게 되는 것이다. 이쯤에서 한 사람이 떠오른다. 바로 아리스토텔레스다. 행복은 자기만의 고유한 특성을 활용해 최고의 목표(여기서는 미덕이 아니라 자유)를 확인하고, 자신의 이성과 능력을 발휘해 올바른 방향으로 목표를 향해 나가는 과정에서 얻어진다. 스스로를 해방시키고, 자유롭게 살면서, 그 과정에서 성취감과 행복을 찾아라.

# 스스로
# 신이 되는 법

빈 서판으로 요약되는 로크의 해결책에는 당시 유행했던 낭만주의 운동의 조짐 이상의 기운이 서려 있었다. 18세기 프랑스의 철학자 장자크 루소 Jean-Jacques Rousseau 는 현대 문명이 인간의 진정성 authenticity 을 파괴한다며 현대 문명을 비난했다. 우울한 성향에 관습을 잘 따르지 않던 이 선동가는 문명이 성급하게 행복을 약속해놓고 오히려 그 기반을 약화시켰다고 주장했다. 우리의 진정한 삶에 이바지하는 것은 자연 상태의 생활 방식이라고 설파하면서 계몽주의 사상에 정면으로 맞섰다. 로마의 가장 위대한 시인들이 근심 걱정 없이 자유로운 전원생활을 찬양했다면, 루소는 이런 로마 사회의 비전을 비난하면서 자연 상태야말로 인간이 완벽한 만족감을 얻을 수 있는 조건이라고 강조했다.

어느 날 문득 일과 스트레스 때문에 도시가 아닌 어딘가로 훌쩍 떠나 휴대전화 없이 소박하게 쉬고 싶다면, 우리는 무의식중에 루소에게 빚을 지는 셈이다. 또 요즘 목욕 용품 업체들이 자연에서 얻은 유기농 약초를 썼다고 주장하면서 열대지방에서 나는 건강에 좋은 성분이라고 광고하게 된 데에는, 루소가 과거의 목가적 시절을 우리가 잃어버린 행복과 동의어로 사용한 것에 일부 책임이 있다. 그런 제품들은 현대 문명이라는 악으로부터 우리를 구하겠다고 약속한다. 몽글몽글 거품 나는 향기로운 해독제로 말끔히 씻어주겠다고 속삭인다. 현대인들은―해독이라는 개념 자체가 마케팅 신화임에도 불구하고―우리를 해독해준다고 주장하는 제품에 너무 많은 돈을 쓰고 있다. 이런 현대 문명을 향한 루소의 불신은 오늘날 수많은 광고주가 '자연이 곧 선'이라는 우리의 오랜 직관을 이용하게 이끌었다.

루소의 사상은 쾌락의 쳇바퀴, 또는 로크의 불안과 관련이 깊다. 문명사회는 새로운 욕망의 불씨를 만들고 그 욕망이 더 많은 욕망을 부채질하며 결국 불안을 낳게 한다. 반면, 자연 상태의 삶은 욕망을 줄이고 욕망과 함께 좌절감도 줄어들게 한다. 따라서 우리는 더 행복해진다. 루소는 우리의 불행한 상태를 해소할 방법으로 사회계약론Social Contract을 제시했다. 이는 이기주의를 줄이고, 부를 억제하며, 욕망을 제한하는 방향으로 사회를 개편하자는 이야기다. 자연 상태의 행복을 되찾을 순 없어도 새로운 유형의 사회적동물로 거듭나야 한다는 것이다. 여기서 우리는 조상들이 수렵채집 생활을 통해 원시 공산주의 사회를 이루고 살았다고 주장했던 공산주의의 선구자 마르크스를 떠올릴 수 있다.

루소의 명제에는 옛 체제의 망령들이 떠돈다. 첫째, 그는 우리가 노력을 통해 행복을 얻을 수 있다고 믿었는데 그 믿음은 그가 비판하던 계몽주의의 산물이다. 어떤 흐름에 반작용으로 생기는 현상은 이전의 틀을 이어받는 경향이 있다. 둘째, 루소는 인간이 자연 그대로의 상태로부터 타락했다고 말했는데 여기서 또 한 번 우리는 에덴동산 이야기의 유산을 본다. 어린아이 같은 순수함―낭만주의자들이 보기에 우리가 진정한 기쁨을 얻는 데 필요한 것―에 대한 낭만주의자들의 숭배에는 아담과 이브가 에덴동산에서 쫓겨나기 이전 상태에 대한 향수가 느껴진다. 놀랍게도 아우구스티누스가 주창한 원죄설은 1,500여 년이 지나서까지 인간의 잃어버린 순수함이라는 탈을 쓰고 여전히 힘을 발휘했다.

행복에 대한 애틋한 갈망, 남과 다른 길을 걷는다는 자의식, 자연으로 돌아가고 싶은 욕망으로 들끓었던 루소. 그가 이끌었던 프랑스 낭만주의 운동은 당시 전 유럽으로 퍼져나가고 있던 거대한 파도의 일부였다. 이 무렵 독일에서는 사랑에 빠진 남성이 자살을 택하는 이야기를 다룬 괴테Johann Wolfgang von Goethe의《젊은 베르테르의 슬픔》이 출판됐다. 이후 소설 속 주인공과 자신을 동일시한 젊은 낭만주의자들 사이에 우울증과 자살이 유행병처럼 번졌다. 이런 현상은 당시 시대적 전형처럼 보일지 몰라도 베르테르 효과는 지금도 유효하다. 이따금 대중매체를 통해 널리 알려진 유명인들의 자살이 갖는 파급력을 보면 깜짝 놀랄 정도다. 예를 들어, 미국의 유명한 배우 매릴린 먼로Marilyn Monroe의 자살은 미국의 자살률을 10퍼센트 끌어올렸다(게다가 이 수치는 요즘처럼 아무 때나 뉴스를 접할 수 있는 환경도 아니었고 소셜미디어도 보급되기 이전의 일이다). 이 효과를 입증하는 예는 수없이 많았다. 흥미롭게도 미국의 록 음악가 커트 코베인Kurt Cobain의 자살은 이런 효과를 낳지 않았다. 아마 언론이 자살 보도에 관한 지침에 주의를 기울이고 철저히 지킨 덕분일 것이다.[21]

낭만주의의 중심에는 자아의 경계를 초월해 자연과 우주의 질서에 연결되기 위해 자기 안으로 침잠하려는 충동이 자리 잡고 있었다. 그보다 앞선 계몽주의에서는 개인의 쾌락은 물론이고 과학 지식의 발전(그리고 그에 따른 소비문화)도 행복의 열쇠였다는 점을 기억해라. 이 두 사상은 우리의 마음을 괴롭히는 공허함을 남겼다. 그렇다면 만족감보다 더 중요한 게 뭘까? 이런 질문 속에서 낭만주의자들의 거대한 충동은 또다시 우리를 우주의 신비로움과 연결시켰고, 유원지와 쇼핑보다 더 근원적인 답을 원하는 사람들에게 자아의 초월을 해결책으로 제시했다.

계몽주의 철학자 이마누엘 칸트Immanuel Kant는 우리가 우리 인식 너머에 존재하는 물자체things-in-themselves의 세계를 절대 알 수 없다고 단언했다. 이성적인 탐구로는 결코 객관적인 현실을 이해할 수 없는데, 우리 정신이 하는 일 대부분이 우리가 주관적으로 인지하는 세계를 구조화하고 사유하며 판단하는 것이기 때문이라고 덧붙였다. 따라서 과학은 사물들 사이의 관계를 탐구할 때, 우리가 인지한 사물들의 세계를 구조화하기 위해 사용하는 시간과 공간, 그리고 구조화에 필요한 다른 수단의 언어에 제한을 받는다. 이러한 지식의 축적은 우리가 가능한 한 잘 살아나가기 위해 세상을 체계화하고, 세상의 물질들이 어떻게 반응할지 예측하는 최선의 방법이었다. 하지만 그런 지식이 절대적 진리라고 온 세상에 마구 떠들어대는 바람에, 낭만주의자들은 계몽주의의 기반을 흔들어놔야겠다는 의지가 솟구쳤다.

낭만주의자들은 주체와 객체 사이, 인간의 제한적인 인식과 사물의 진정한 본질 사이의 간극을 좁히기로 작정했다. 이성으로 안 된다면 내적 경험에 대한 깊은 성찰과 자기애적인 감정의 고취가 통하리라 판단했다.

그래서 예술이 그 간극을 좁힐 수단으로 떠올랐다. 지금껏 예술의 임무는 거울처럼 삶을 모방해서 미美나 덕德처럼 우리에게 가치 있는 사색의 대상을 가르쳐주는 것이었다. 하지만 이제는 독창성이라는 신성한 불꽃으로 작품을 창조하는 새로운 임무가 주어졌다. 오페라하우스와 박물관이 세속의 성당처럼 유럽 전역에 속속 들어섰다. 예술가들은 천재라며 숭배의 대상이 됐고 지금도 그런 시선은 여전하다. 18세기 후반 독일의 철학자 겸 시인인 노발리스Novalis는 "시를 비평하는 건 어리석은 짓이다"라고 썼다. 음악에서는 그 누구보다 바그너의 음악이 사람들의 감정을 휘젓고 우리를 어떤 심오한 무언가와 연결시켜주는 매개체 역할을 했다. 이제 주관이 객관의 영역에 들어섰다. 인류는 그동안 가려져 있던 진리의 발치에 다다랐다. 감정은 계시의 통로로 신격화되었다. 세상은 너무나 오랫동안 고전 예술을 모방하고 작품의 엄격한 규칙과 차가운 이성을 떠받들어왔다. 이제 그런 냉혹한 활동은 경멸의 대상이었다.

쇼펜하우어의 지적처럼 예술은 기본적인 욕망만 충족시키려고 하는 의지의 횡포에서 우리를 해방시켜줄 수 있었다. 넘쳐나는 종교음악 사이에서 바로크 시대 초기 바흐Johann Sebastian Bach의 범상치 않은 음악은 여러 면에서 합리주의의 축포였다. 그 후 겨우 100년 만에 바그너가 경이로운 전임자 바흐의 대척점에 서서 그토록 열정적이고 정교하게 짜인 극적인 작품을 탄생시켰다는 것은 정말 놀라운 일이다.

바흐의 음악은 풀어내야 한다. 그 안에 든 감정은 발견한 감정 그 자체이고, 음악 고유의 영역에 머문다. 그리고 그 감정은 대개 깊은 참회다. 이와 대조적으로 낭만주의의 음악은 사랑에 빠지고, 민둥산에서 밤을 지새우고, 혼란에 빠져 고통받거나, 난간에서 몸을 던질 때의 심정 같은 보다 폭넓은 정서적 풍경을 펼쳐내는 듯하다. 직접 체험하지 않더라도 음악은 우리에게 비슷한 감정을 불러일으키고 우리를 흥분시킨다. 이런 이유로 낭만주의 음악의 후렴부는 보통 사람들이 쉽게 호응하도록 구성되어 있고 효과도 꽤 즉각적이다. 과거의 음악을 선호하는 사람들은 감정을 건드리는 방식이 단지 경험의 대용품이며 음악의 고유하고 사적인 역할은 줄어들었다고 말한다.

칸트는 인간의 정신이 언제나 우리가 인지한 세계를 구조화하는 작업을 하고 있다고 지적했다. 동시에 우리가 처한 현실을 쉴 새 없이 구성하는 주관적인 경험을 보여주었다. 그보다 앞서 로크는 인간의 정신을 세상에 드러나 있는 것을 수동적으로 받아들이는 빈 서판으로 보았다. 계몽주의의 몰락으로 종교 역시도 내면으로 눈을 돌려 주관적인 경험을 들여다보며 검증하게 되었다. 18세기 중반 이래로, 대각성 운동Great Awakening은 개인의 경험을 구원에 이르는 길이라고 강조함으로써 기독교의 방식에 도전했다. 개종, 신앙심, 죄와 감정이 기독교인의 삶에 지극히 중요한 측면으로 인식되었다. 1835년 다비드 슈트라우스David Friedrich Strauss가 쓴《비평적으로 연구한 예수의 생애The Life of Jesus Critically Examined》가 출판되면서 성서 고등비평이라는 새로운 분야가 등장했다. 이들은 성서를 역사적 분석의 대상으로 삼고 성서가 완벽하지 않다는 사실을 발견함으로써 기독교 신앙의 핵심을 뒤흔들었다. 이런 과정이 없었다면 성서는 많은 사람에게 여전히 신화처럼 영적인 가치를 지녔을 것이고, 새로운 종류의 감상적인 종교 경험을 부추겼을 것이다. 실증주의 철학을 창시한 오귀스트 콩트Auguste Comte의 인류교Religion of Humanity 같은 사회 운동들은 기독교의 비전 없이 같은 동료로서의 남성 그리고 (특히) 여성에 대한 사랑에 의지하라고 격려했다. 루소 역시 자신의 유명한 소설《에밀》에 등장하는 사부아 신부의 입을 통해 영적인 진리의 문제에 있어서는 자기 자신의 마음을 따르라고 충고한다. 바야흐로 나르시시즘의 시대였다.

계몽주의 이전에 종교적 황홀경은 소수의 전유물이었다. 대다수의 사람들에게 신은 우리가 날 때부터 진정한 기쁨으로부터 소외되었다는 사실을 상기시켜주는 냉혹한 존재였다. 그런 천상의 기쁨은 우리가 죽고 나서 신과 재회를 해야만 경험할 수 있었다. 그런데 이제 낭만주의가 신 없이도 모두가 신비로운 황홀경을 경험할 수 있게 해주었다. 우리는 자연과 직접 교감하면서 스스로 기쁨과 영혼을 되찾았다. 더 이상 신은 필요치 않았다. 우리 각자가 신이 되면 그만이었다.

# '무슨 일 하세요?'
## 라는 질문

19세기, 우리는 여전히 구원받지 못했다. 신의 자리는 다른 대안으로 여러 차례 대체됐지만 행복은 여전히 종교적인 이야기 틀 안에 머물러 있었다. 인류는 저 멀리 희미하게 반짝이는 열반을 향해 나아갔음에도 불구하고 구원받을 방법이 없었다. 시간이 지나도 마찬가지였다. 마르크스주의자들이 인류를 사회적 제약으로부터 해방시켜주고 행복을 얻게 해준다는 다음 대안을 제시했다.

   무신론자인 마르크스는 종교적 틀을 고수한 채 과학의 언어로 구원을 묘사하고 약속했다. 그의 철학은 계몽주의에 뿌리를 둔 철학들이 할 수 없었던 방식으로 평범한 사람들에게 실체substance와 의미meaning를 제공했다. 여기서 우리는 다시 한번 만족 지연이라는 기독교의 원리를 엿볼 수 있다. 지금 받는 고통(고된 노동)은 저 멀리 황금빛 낙원의 형태로 아른거리는 보상을 얻기 위한 것이었다. 또 마르크스 철학에서 프롤레타리아는 그리스도에 해당하는데, 미래에 영광스러운 종말론적 구원자로 거듭나기 위해 인류의 짐을 짊어지는 역할을 했다.

마르크스는 그가 인식한 대로 인간과 신, 인간과 노동, 인간과 동료 인간들 사이의 소외를 해소하기 위해, 무게중심을 단순한 행복에서 좀 더 심오한 개념인 가치로 옮겨놓았다. (낭만주의자들이 장려했던 것처럼) 자아로의 여행을 통해 초월을 경험하는 게 아니었다. 자아라는 개념 자체가 소유라는 개념을 암시하기 때문에 위험한 것으로 여겨졌다. 자아는 공동체라는 개념으로 승화되었다.

마르크스가 보기에 부르주아사회는 보상이나 창의적인 노동에서 노동자 계급을 소외시키고 그들의 인간성을 강탈했다. 당시 사회주의자들은 노동 환경의 개선을 외쳤지만, 마르크스는 노동자들을 위한 보다 근본적인 해방에 관심을 쏟았다. 최하층 계급인 프롤레타리아가 반란을 일으키기 위해서는 자신들의 상황과 잠재력에 눈을 떠야 한다는 입장이었다. 마르크스의 사상은 여러 면에서 인간의 역사가—절대정신의 실현이라는 목적을 향해 나아가는—목적론적 과정이라고 보았던 독일의 후기 계몽주의 철학자 헤겔Georg Wilhelm Friedrich Hegel의 사상에 뿌리를 두고 있다. 헤겔은 인류의 역사가 폭력과 혁명의 역사라고 생각했다. 그 임무의 주역은 선견지명이 있는 혁명가들과 변화의 적기를 감지한 투사들이었다. 마르크스의 관점에서 이 헤겔식 영웅은 프롤레타리아 계급이었다. 이 계급이 역사 속에서 자신들에게 주어진 역할을 깨닫기만 하면 혁명을 일으킬 터였다. 하지만 혁명은 단순히 한 계급이 다른 계급을 대체하는 순환의 연속이 아니었다. 그 혁명의 규모와 삶을 긍정하는 성격으로 인해 인류 패러다임의 승리가 되어야 했다.

마르크스가 창시한 과학적 사회주의는 마침내 루소에게 답을 하듯 유토피아의 상을 제시했다. 루소는 현재 우리의 파괴적이고 비인간적인 사회의 원인이 인간이 반드시 일을 해야 하는 현실 때문이라고 보았다. 그 탓에 우리는 등 떠밀려 자신의 사회적 지위를 성찰하게 되고 질투심과 허영심을 키우게 된다. 노동의 분업이 뒤따른다. 정부의 역할이 부의 불균형과 부에 대한 인위적인 소유권을 보호하기 위해 점점 커진다. 여기서 역사의 일부 과정인 이런 상황을 근본적으로 변화시키는 것은 인간에게 달려 있었다.

마르크스는 행복과 관련해 한 가지 새로운 개념을 내놓았다. 그는 일을 우리에게 행복과 인간성을 부여해주는 활동으로 보았다. 당시 자본주의를 향한 반작용으로 생긴 낯선 개념이었지만 오늘날 자본주의 신념의 일부로 자리 잡은 듯 보인다. 많은 사람들이 자신이 워커홀릭이라고 자랑스럽게 이야기한다. 일과 자신을 동일시하는 사람이 무척 많다. 게다가 자신의 일을 싫어하는 사람을 두고 무언가 잘못되었다고 보는 경우도 많다. 계몽주의 이전 시대처럼, 일은 더 이상 목적을 위한 수단이 아니었다. 행복의 원천이자 행복 그 자체였다.

너무나 당연하게 자기 일을 즐기고 거기서 의미를 찾는 게 좋다고 여긴다. 앨런 와츠는 순전히 더 오래 살기 위해 더 많은 돈을 벌려고 좋아하지 않는 일을 억지로 계속한다는 건 터무니없는 일이라고 지적했다. 물론 꼭 즐길 수 있는 일을 해야 하는 건 아니다. 즐기는 일을 하며 먹고 사는 것을 당연하게 여기는 순간 그렇지 못한 수많은 사람에게 좌절감을 안긴다. 우리가 누군가를 만났을 때 맨 먼저 하는 말은 아마 '무슨 일 하세요?'일 것이다. 그 질문은 보통 '어떤 직업으로 생계를 꾸리세요?'라는 의미로 해석된다. 우리가 직업을 기준으로 평가하고 평가받는 데에 익숙해진 건 아마 이 질문 때문일 것이다. 습관처럼 직업을 물어보면서도 상대가 자기 일을 어떻게 생각하는지는 절대 묻지 않는다. 이를테면 '좋아하는 다른 활동을 하기 위한 돈을 벌려고 직장에 다니는 건 아니세요?' 같은 질문 말이다. 아마 우리는 이런 질문이 불편할 텐데 스스로 대답할 말이 마땅하지 않기 때문일 것이다.

'요즘 어때요?'처럼 직업을 특정하지 않는 질문을 하거나, 직업 얘기는 아예 하지 않는 것이 나을지도 모른다. 그나마 인간의 역사에서는 전반적으로 자기 일을 꼭 즐겨야 한다고 여기지는 않았다는 점이 위안이 될까? 매일 어떤 일을 한다고 해서 그게 우리의 정체성이 되어야 하는 건 아니다. 좋아하는 일을 한다는 것이 멋진 보너스 정도는 될 수 있겠지만 말이다. 더 중요한 건 완벽한 직업이라는 낭만적인 이상에 휩쓸리지 않고 인생이나 경력에서 부딪치는 난관이나 실망감을 어떻게 헤쳐나가고 극복할지 아는 것이다. 완벽한 직업이라는 이상을 고수하는 건 자기 일을 사랑하지 않는 모든 사람을 실패자로 만들어버린다. 다시 말해 '당신은 뭐든지 될 수 있어요'라는 만트라는 기쁨보다는 고통을 줄 때가 더 많다.

중요한 것은 일이 아니라 일과 우리의 관계다. 쇼펜하우어는 일보다 여가 시간에 무엇을 하느냐가 훨씬 중요하다고 생각했다. 그가 묘사한 이상적인 상태는 자유 시간을 넉넉히 쓸 수 있을 정도의 부와 그 시간을 인류를 위한 활동과 사색으로 채울 수 있는 지적 능력을 갖추는 것이었다(그는 자본을 현명하게 축적해서 이자로 살아가는 방법을 자세히 설명한다). 우리의 진정한 자존감은 우리가 하는 일이 아니라 일하지 않는 시간에 하는 활동에서 나오는 것인지 모른다. 우리는 취미로 하는 패러글라이딩이나 좋은 부모가 되기 위해 매일 들이는 노력, 거기서 얻는 보람에서 자존감을 찾겠다고 선택할 수 있다. 또 '무슨 일 하세요?'라는 질문이 무의미하다는 것을 깨닫고 더 이상 하지 않겠다고 선택할 수도 있다.

한편, 마르크스주의는 현대 사회의 경제적 불평등 문제를 해소하기 위해 좋은 의도에서 생겨난 해독제일지도 모른다. 다만 종교의 대안으로서 초월에 대한 우리의 깊은 욕구를 기껏해야 인위적으로 충족시켜줄 수 있을 뿐이었다. 실제로 마르크스주의자들은 그들의 이념을 강요하기 위해 압제를 일삼기도 했다. 물론 오늘날 소비문화 역시 압제의 필요성은 피할 수 있을지 몰라도 제대로 된 만족감을 주지 못하고 있다.

# 니체는
# 이렇게 말했다

마르크스의 비전을 감연히 비난할 만한 사람은 또 다른 독일 낭만주의 철학의 거장 프리드리히 니체Friedrich Wilhelm Nietzsche였다. 니체는 사회 권력층 때문에 행복한 미개인들이 타락했다는 루소의 비전도 비슷한 이유로 혐오스럽게 여겼다. 그는 노예 반란slave revolt이라는 개념에 개탄했는데, 그 개념이 하층민들의 상승 본능 혹은 르상티망ressentiment(약자가 강자에게 느끼는 시기심)에 뿌리를 두고 있다고 보았기 때문이다. 니체가 보기에 특권에서 소외된 반항적인 계층의 충동은 그들을 억압하는 세상을 부정하는 것뿐이었다. 그들의 유일한 선택지였다. 니체는 이런 식의 부정이 가장 심하게 나타나는 곳이 기독교라고 생각했다. 기독교는 "인간과 동물에 대한 혐오, 심지어 물질에 대한 혐오, 감각과 이성에 대한 공포, 행복과 아름다움에 대한 두려움, 출생·성장·죽음·소망으로부터 달아나고자 하는 열망, 그리고 열망 자체로부터 달아나고자 하는 열망―즉, 무에 대한 의지, 삶에 대한 혐오, 삶의 가장 근본적인 전제 조건에 대한 저항―"[22] 같은 금욕주의적 이상을 조장했다.

니체는 인간의 더 큰 행복은 삶에 대한 부정이 아니라 긍정을 통해 도달할 수 있다고 보았다. 우리에게 필요한 즐겁고 강력한 영웅은 미래의 초인Übermensch이다. 현재의 인류는 단지 우리의 영광스러운 이상형, 미래의 인류로 가는 다리일 뿐이다. 니체는 힘주어 명령했다. "네 자신이 되어라(Become who you are)!"

니체에 따르면, 소크라테스는 우리를 위험한 길로 이끌어 본능적이고 창의적인 충동을 이성적으로 탐구하게 했다. 이제 니체가 내세운 새로운 영웅이 다시 한번 우리를 풍요로운 직관의 영역으로 안내한다. 한때는 그리스 비극을 통해 도달했었지만 한참이나 소원했던 그 영역으로 말이다. 더 이상 우리는 이런저런 유형의 도덕이 옳으냐 그르냐를 따질 필요가 없었다. 공리주의나 현대의 자유주의 같은 시시한 이념은 집어치우고, 기독교의 금욕주의는 포기하고, 우리 스스로 진실을 만들기 시작했으니까. 과거의 철학자들은 인간의 본성을 탐구했다. 니체는 그 모든 이론은 제쳐두고 우리에게 주체적으로 진실을 보라고 요구했다. 우리 자신이 우리 본성의 작가이며 반드시 그 책임을 이해해야 한다고. 또 그렇게 하는 사람들이 우리를 미래의 발전된 종으로 이끈다고.

# 보통의 불행으로 돌아가기

20세기 들어 느닷없이 막을 내린 낭만주의적 감성의 공백은 행복에 대한 다소 회의적인 시각으로 대체되었다. 과거에는 사람들이 자기 성찰이나 자연 또는 일을 통해 진정으로 행복할 권리를 되찾곤 했다. 지그문트 프로이트 Sigmund Freud는 그런 목표가 위험할 정도로 순진하다고 생각했다. 정신분석학의 창시자이자 무의식의 발견과 동의어로 통하는 프로이트는 보통의 불행 natural unhappiness을 우선시해야 할 목표로 삼았다. 당시 획기적이었던 그의 상담 치료의 목표는 내담자의 신경증 또는 부자연스러운 불행 상태를 제거하고 (지금은 좀 놀랍게 들리지만) 일상적인 수준의 불만족 상태로 회복시키는 것이었다. 삶은 결코 순탄한 항해가 아니었다.

프로이트에 따르면, 인간은 어릴 때 형성된 다양한 무의식적 요구를 충족시키려고 하지만 불행히도 문명의 요구에 굴복할 수밖에 없는 존재다. 여기서 생기는 긴장은 우리의 진정한 동물적 욕구를 인정하지 않는다. 우리는 어쩔 수 없이 우리 목표와 사회의 요구라는 두 충동의 양극단 사이를 오락가락한다. 그로 인해 내면의 갈등이 좌절된 충동으로 이어져 우리를 괴롭히는 골치 아픈 증상들로 나타난다.

여기서 떠오르는 게 있지 않나? 이 갈등은 쾌락 욕구와 현실의 요구를 두 축으로 하는 x=y 방정식의 대각선 이미지를 암시한다. 행복과 불행, 성취와 좌절이 균형을 이룬 평범하고 건강한 삶은 x=y 대각선을 그린다. 프로이트는 쇼펜하우어의 다음과 같은 말에 동의했다. "보통의 경우 외적인 사건과 우리의 주된 목표는 서로 다른 방향으로 당기는 두 힘에 비유할 수 있다. 그 결과로 생기는 대각선이 삶의 방향이 된다."[23]

쇼펜하우어는 프로이트가 무의식을 공식적으로 선언하기 이미 반세기 전에 무의식과 정신 능력 intellect 의 관계를 설명하면서 무의식에 대해 언급했다.

"정신 능력은 그 자신의 의지가 내리는 진정한 결단과 비밀스러운 결정들로부터 철저히 배제되어 있어서, 때로는 마치 낯선 사람처럼 몰래 훔쳐보고 불시에 덮쳐야 겨우 알 수 있다. 그리고 의지의 진짜 의도를 알려면 정체(정신 능력)를 드러내서 의지를 놀라게 하는 수밖에 없다."[24]

프로이트 전에 진짜 의도라는 영역을 언급했던 사람은 쇼펜하우어 외에 니체도 있었다.

프로이트는 (아마 솔직하지 못했던 것 같은데) 인생 후반까지 쇼펜하우어와 니체 중 누구의 글도 읽은 적이 없다고 주장했다. 쇼펜하우어의 비관론과 니체의 낙관론 둘 다 마음의 무의식적인 동요를 잘 담고 있었다. 프로이트의 이드id(우리의 원초적 욕구를 드러내는 본능적 자아)는 쇼펜하우어의 의지와 밀접한 관련이 있는 것처럼 보인다. 하지만 우리에게 욕망을 일으키고 우리의 가장 여린 심성과 이타적인 충동을 손상시키는 이런 성취되지 못한 충동에 관한 못다 한 이야기를 전해준 사람은 다름 아닌 프로이트였다. 프로이트의 이론은 디킨스Charles John Huffam Dickens를 망쳐놓기도 했다. 예술 작품 속의 뻔한 정서는 더 이상 그럴듯하지도 흥미롭지도 않았다. 과거를 파헤쳐 현재의 문제를 파악하려는 새로운 경향이 생겨난 것이다. 요즈음 《올리버 트위스트》는 당시 사람들이 받아들인 것과 전혀 다른, 어린 시절 어머니의 부재로 영향을 받은 성심리적psychosexual 성격 발달의 이야기가 될지도 모른다.

프로이트는 활기찬 산문 작가이자 미래를 내다볼 줄 아는 혁명적인 사상가였다. 하지만 이후 그의 이론은 많은 비난을 받았고 진부한 데다 심지어 성차별적이라는 딱지가 붙었다. 오늘날 그의 정신분석은 희극의 소재가 될 만큼 길고 지루한 자아 탐구 과정이라는 말과 동의어로 쓰인다.

"난 정신분석을 받고 있었어요. 머릿속에 자살 충동이 사라지질 않았거든요. 사실, 자살할 수도 있었지만 꽉 짜인 일정에 따라 프로이트식 분석을 받고 있어서, 자살을 했다간 못 채운 상담 비용까지 청구될 게 걱정이었죠."

— 우디 앨런Woody Allen

특히 미국에서 신프로이트주의neo-Freudianism가 등장해 관심의 초점이 내담자 개인의 마음속에 억압된 트라우마에서 내담자와 심리치료사 간의 관계로 옮겨갔고, 궁극적으로 현재에 가장 큰 무게를 두게 되었다. 요즘 인기 있는 심리치료사인 스티븐 그로스Stephen Grosz와 어빈 얄롬Irvin D. Yalom은 타인의 내면세계를 이해하는 작업에 대해 아름다운 글을 썼다. 둘 다 창의적 치료 개입의 섬세하고 겸손한 태도에 대해 날카로운 통찰력을 제공한다. 얄롬의 《나는 사랑의 처형자가 되기 싫다》와 그로스의 《때로는 나도 미치고 싶다》에 실린 두 사람의 풍부한 치료 사례와 소품문을 읽다 보면, 오랜 치료 기간 동안 내담자의 욕구를 확인하고 탐색해온 작업에 감동하게 된다.

지난 백 년 동안 치료 산업에는 여러 혐오스러운 것들이 많이 생겨났다. 신중하지 못한 치료사들이 성적 학대에 대한 잘못된 기억을 부추겨 내담자들의 삶을 피폐하게 만들거나, 엄연히 한 개인인 내담자의 삶을 희생해 진단의 광풍을 일으켰다. 미심쩍은 학교가 우후죽순 생겨나 쓸모없는 자격증을 발급하고 개인적 일화를 근거로 황당한 주장을 일삼았다. 프로이트의 수많은 이론이 수정되었다. 그럼에도 그가 남긴 특별한 유산은 정신병 치료의 흐름을 완전히 바꿔놓았고, 당시 대책 없이 감금되거나 거세당하거나 죽도록 방치되었을 환자들의 존엄성을 회복시켜주었다. 프로이트의 진료실은 내담자가 솔직하게 이야기할 수 있는, 그리고 아마 태어나서 처음으로 성性과 내적인 고통에 대해 털어놓고 이해받고 치유받을 수 있는 은밀한 장소였다. 이 자체만으로도 행복을 향한 도약이었다. 특히 스스로 불행하다고 생각하는 사람들에게는 역사상 처음 있는 긍정적인 발전이었을 것이다.

이제 우리는 자신의 성가신 충동과 선호가 어릴 적 트라우마 때문일 수 있다는 사실을 이해하고 받아들인다. 우리 자신과 우리의 복잡한 내면을 더 잘 이해할 수 있는 사회에 살게 되었다. 마찬가지로, 다른 사람들을 더 세심하게 이해하고 아이를 키우는 방법에 대해 그 어느 때보다 신중하게 생각할 수 있게 되었다. 프로이트의 욕구는 우리 주위에 누군가가 비이성적인 행동으로 우리를 놀라게 할 때, 그들의 내적 기제를 파악하려는 유사한 충동을 우리에게 물려주었다.

프로이트의 사상이 (그리고 조금 뒤에 등장할 융의 사상이) 널리 알려진 덕분에 우리는 인간의 조건을 이해할 수 있다고 느낀다. 이 이해는 우리를 나머지 인류와 연결해준다. 프로이트가 남긴 최고의 유산은 아마 공감일 것이다.

물론 요즘처럼 바쁘게 돌아가는 치유 시장에서 프로이트의 정신분석학처럼 상담을 통해 그저 '보통의 불행' 상태로 회복시켜주겠다고 약속하는 치료사가 성공을 거두기는 힘들지도 모른다. 하지만 x=y 대각선을 기억하는 건 정말 중요하다. 프로이트는 고통받는 사람들을 치료해준 것 외에도, 우리에게 인간은 누구나 어떤 식으로든 문제를 겪는 영혼들이며 우리가 누구보다 부러워하는 활기차고 성공한 사람들도 회의에 빠지거나 패배감에 시달릴 수 있다는 점을 상기시켜준다. 우리 삶에 평범한 불행을 허락하는 것, 그리고 불행을 느끼는 자신을 질책하지 않는 것이야말로 우리 일상을 포위한 긍정적인 사고에 맞서는 길이다.

심리치료라는 선물은 단지 정신병을 앓는 사람들을 치료하는 일에 그치지 않는다. 우리가 과거 어느 시점에서 저자권을 잃었는지 알려주고, 그 이유를 의식하게 해주며, 치유로 향하는 친절한 길을 보여준다.

프로이트와 쇼펜하우어가 제안한 삶의 $x=y$ 대각선 이미지를 잘 생각해보자. 대각선이 인간의 경험, 자기가 바라는 삶과 완벽하게 일치한다는 건 말이 안 되는 얘기다. 또 그래프가 가파른 하향 곡선을 그리기 전까지 일시적으로 괜찮아 보일 수 있다. 인간에게 행복할 권리가 있다고 가정한 게 최근의 계몽주의라면, 프로이트는 그보다 더 정확한 그림을 우리에게 일깨워주었다. 이 정신의 고고학자는 자기 환자들을 능숙한 솜씨로 세심히 살폈던 것처럼, 동시대 사람들에게 계몽주의 이전의 진실이라는 유물을 되찾아주었다. 우리는 만족을 위한 존재가 아니라는 진실 말이다.

# 지금 우리는 행복 알약 시대에 산다

오늘날 우리는 행복과 관련한 여러 분야에서 낭만주의의 적통 후계자로 남아 있는 듯하다. 무엇보다 사랑과 영성의 문제는 감성적인 뿌연 안개에 휩싸여 있다. 그 어느 때보다 관계 맺기에 골몰해 있는 이 외로운 시대에, 이런 주제들에 대해 지적인 토론을 벌이고 잘못된 정보나 믿음을 깨부수는 일이 우리에게 훨씬 이로울 것이다(알랭 드 보통의 《낭만적 연애와 그 후의 일상》과 샘 해리스 Sam Harris의 《나는 착각일 뿐이다》는 두 권 모두 딱 그런 계기를 만들어주고자 한 탁월한 시도였다).

앞서 프로이트가 현대에 진단을 향한 열정을 불러일으켰다면, 지금 우리는 행복 알약 시대에 산다. 치료 개입이나 열정적인 병증 진단에 더해, 이제는 행복의 영역에서도 약물 치료가 큰 부분을 차지한다. 단극성 및 양극성 우울증 진단이 광범위하게 확산되면서, 항

정신성 약물 치료에 대한 수요도 나란히 증가하고 있다. 우리는 원하기만 하면 언제든 기분을 더 좋게 해줄 약이 있다는 사실을 안다. 이런 경향이 계속되고 왜 멈추지 않는지 생각해볼 강력한 이유가 없으면 어떻게 될까? 우리 이야기는 인생의 다음 챕터, 규정하기 힘든 행복의 질이 단순히 기분과 동일시되는 장으로 넘어갈지 모른다. 미덕이나 공동체, 신비주의, 의미는 삶과 무관해진다. 대니얼 카너먼의 경험하는 자아에 관심이 집중되는 동안 우리 이야기를 구성하는 기억하는 자아는 영양부족에 시달릴 것이다. 맥마흔은《행복의 추구》에서 모든 사람에게 '소마'라는 마약성 환각물질을 투여하는 올더스 헉슬리Aldous Huxley의《멋진 신세계》의 공포에 버금가는 악몽을 그렸다. "헉슬리는 인간이 끈덕지게 행복을 추구하다가 결국 그들의 본질, 운명의 마지막 보루인 유전적 구조를 바꾸려고 노력할 거라는 점을 알고 있었다."[25] 이 이야기의 비극적인 주인공 존처럼 인생에서 무엇을 놓치고 있는지 확인하고 더 만족스러운 답을 찾기 위해 상황을 반전시키려면 새로운 유형의 인간이 필요할 것이다.

T. S. 엘리엇T. S. Eliot은 "인간은 너무 많은 현실을 견딜 수 없다"[26]고 말했다. 지금 우리는 그 어느 때보다 더 근시안적이고 건망증 심한 경험하는 자아의 공상에 영합하는 마약과 오락거리들의 눈부신 행렬을 맞고 있다. 물론 그런 것들도 제각기 역할이 있다. 또 잠깐은 유용하거나 재미있기도 하다. 우리는 곤경에 처한 가장이 플레이스테이션에 몰두하거나, 직장인이 기분전환 삼아 떠들썩한 술자리를 즐기는 모습을 못마땅한 눈으로 보지 않는다. 우리 마음을 자극하

거나 누그러뜨리기 위해 그런 활동이 없는 삶은 훨씬 단조로울 것이다. 하지만 그런 즐길 거리는 우리가 자기 이야기에 깊이 관여하는 데에 도움이 되는 메커니즘과는 정반대다. 이런 주도적인 메커니즘 없이는 쇼펜하우어의 고통과 지루함의 양극단을 왔다 갔다 할 뿐이다. 치료 없는 자낙스Xanax(신경안정제), 대화 없는 플레이스테이션은 우리에게 별 도움이 되지 않는다.

이게 다가 아니다. 우리는 종교나 의미를 찾고자 하는 깊은 욕망과 서투른 노력을 비웃는다. 더 이상 심오함을 추구하지 않는다. 여차하면 다른 데 정신을 팔고 쉽게 무시해버린다. 하지만 인생은 여전히 성장과 동의어이며, 최고의 성장은 영혼의 열망과 위기를 인식하는 데서 출발한다. 지금 우리의 위기는 자신의 깊은 욕구를 어떻게 존중해야 하는지 모르고 여흥을 행복으로 착각하는 것에 있다.

우리는 굽이굽이 이어지는 이 이야기를 시작함으로써 훨씬 유용한 답을 찾을 수 있을 것이다. 이제 그 답을 확인하고 앞으로 어떻게 우리 삶에 적용할지 알아볼 시간이다.

4장

나는 나를 파괴하지 않을
권리가 있다

## '필요는 없지만 갖고 싶어'

삶을 좀 더 깊이 성찰하며 살고 싶다고 생각하는 것과 실제로 어떻게 실천할지 아는 건 다른 문제다. 우리의 삶은 스스로 작가가 되어 써야 하는 이야기다. 궁극적으로 자기 자신의 것이다. 고대인들은 이미 오늘날 우리가 시도해볼 만한 몇 가지 중요한 기본 원리를 이해하고 있었다.

도시 저 멀리 담을 높이 쌓아 세상으로부터 단절된 정원. 이곳에서 에피쿠로스는 우리가 더 행복해지려면 세상 모든 것에 대한 우리의 애착을 재평가해야 한다고 설파했다. 우리를 불안하게 만드는 (혹은 그럴 가능성이 있는) 모든 것을 다른 관점으로 봐야 한다는 말이다. 우리는 되도록 고통과 걱정이 줄어들기를 바란다. 자기만의 방식으로 인간의 무의식을 알아차렸던 에피쿠로스는 우리가 더 행복해지려면 우리의 감정적 경험이 달라져야 한다고 생각했다. 아리스토텔레스처럼 순전히 지적인 접근만 해서는 우리에게 필요한 변화를 끌어낼 수 없다고 보았다.

우리가 더 행복해지는 핵심은 감정의 재평가다. 진정 행복하게 살고 싶다면 우리가 가장 흔히 저지르는 실수, 즉 대중적인 성공을 과시하는 일에 무심해져야 한다. 그런 목표는 실행하기가 어렵고 아무리 애써도 끝이 없다. 대신 우리는 작은 것에도 만족하도록 자신을 단련해야 한다. 그래야 비교적 안정적인 행복에 도달할 가능성이 훨씬 커진다. 행복이 우리가 욕망하는 것과 가진 것 사이의 문제라면 지금 우리 사회는 이 방정식의 첫 번째 요소인 욕망하는 것에 집중하기를 권한다. 물론 우리는 '작은 것에 만족할 줄 알아야 해'라는 말을 들으면 고개가 갸우뚱해진다. 성공적인 삶, 진취적인 삶, 스스로 책임지는 삶이라고 알고 있는 모든 것과 정반대로 느껴지기 때문이다. 얼핏 안일함과 비전 없음을 암시하는 말 같기도 하다. 하지만 우리는 게을러서 이런 철학적 결론에 도달한 것이 아니다. 작은 것에 만족하는 삶의 엄청난 잠재력을 알기에 신중하게 선택한 것이다.

몇 해 전, 아프리카 북서부 아틀라스산맥 산기슭을 여행할 일이 있었다. 그때 현지인 모하메드가 데려왔던 노새가 떠오른다. 모하메드는 탐험을 마친 뒤 그의 소박한 집으로 나를 초대했다. 그 집에는 그의 아내와 여동생, 그리고 다른 여덟 식구가 살고 있었다. 그의 가족은 가진 것이 별로 없어 보였다. 내가 본 대로라면 다음 목록을 크게 벗어나지 않을 것이다.

무릎 깔개 몇 장

문 위에 걸어놓은 코란 인용문 액자 한 점

주전자 하나와 컵 몇 개, 민트 티 약간

도기 아이템 몇 개

초와 촛대

찬장

러그 두 장

기본적인 가구와 옷가지

모하메드가 자기 노새 근처에서 찍어준 여행객들의 빛바랜 사진 몇 장

노새 한 마리.

나에게 달콤한 민트 티를 따라주는 그에게 다른 나라에 가본 적이 있냐고 물었다. 그는 진흙 벽 네모난 작은 창 너머로 보이는 산맥을 가리키면서 웃으며 말했다. "뭐 하러요? 날 행복하게 해주는 건 여기 다 있는데." 순간, 호텔 와이파이가 자꾸 끊긴다고 짜증 냈던 그날 아침의 기억이 떠올라 치미는 자괴감을 억눌러야 했다. 우리는 에피쿠로스의 말을 기억한다. "우리에게 필요한 건 얻기 쉽지만, 필요는 없지만 갖고 싶은 건 얻기가 어렵다."

우리는 과시적 소비 Conspicuous Consumption(경제적 성공을 보여주기 위해 물건을 사는 행태)와 불유쾌한 소비 Invidious Consumption(사람들의 시샘을 받으려고 물건을 사는 행태)가 너무 흔해서 자기도 그들 중 하나라는 사실을 알아채기 힘든 시대에 산다. 광고는 일반적으로 우리에

게 무언가 부족하다고 느끼게 만들어놓고 그것을 채워줄 수단을 제공하는 원리로 작동한다. 소설가 데이비드 포스터 월리스David Foster Wallace는 광고의 목표가 "구매 행위로 줄일 수 있는 불안을 만들어내는 것"²⁷이라고 설명한다. 따끈따끈한 신상은 광고에서 그 물건을 사용하는 아름다운 사람들처럼 그럴듯해 보이고 싶은 욕구든, 그들만큼 좋은 기분을 느끼고 싶은 욕구든, 아니면 그 순간까지도 우리가 쓰던 물건의 질이 그렇게 형편없는지 몰랐다는 자괴감에서 벗어나고 싶은 욕구든, 그 욕구를 채워줄 것이다.

다이슨 선풍기를 예로 들어보자. 이 제품의 매력은 뭐니 뭐니 해도 날개가 없는 색다른 디자인이다. 프로펠러를 회전시켜 바람을 일으키는 익숙한 방식이 아니라 커다란 플라스틱 원에서 알 수 없는 원리로 공기를 방출하는 방식이다. 포장 박스와 광고에 사용된 문구는 '날개 없음, 진동 없음'이었다. (다이슨 웹사이트의 설명을 빌리자면) 진동은 기존 방식의 날개가 만들어내는 일정하지 않은 공기의 흐름이었다. 광고주는 이 멋진 문구 하나로 소비자들에게 인위적인 결손을 만들어냄과 동시에 그것을 채우는 데 성공했다. 오랫동안 우리는 일정하지 않은 바람을 내보내는 가정용 선풍기의 희생자였다. 이제야 마침내 바람에서 해방이다.

자본주의의 특징인 과시적 소비와 불유쾌한 소비는 우리에게 막강한 영향을 미친다. 기업이 자사 제품으로 시장을 가득 채우고 광고를 하도 크게 외쳐서, 자원의 지속 가능성이나 노동 환경 같은 진지한 문제를 지적하는 작은 목소리는 우리에게 전혀 들리지 않는다. 우리는 휴대전화 생산 공장 직원들의 자살을 막기 위해 안전망을 설치한다는 새로 업데이트된 기사를, 그 공장에서 생산된 휴대전화로 읽는다. 그러다 또 와이파이가 끊겨서 반려동물 유튜브 채널로 바로 넘어가지 않으면 그 휴대전화를 쓰레기라고 비난한다.

더욱이 최근 몇 년 사이 제품의 평균수명을 일부러 짧게 만드는 게 흔한 일이 되었다. 1901년 캘리포니아 리버모어의 한 소방서에서 전구의 스위치를 켠 이래로 100년 넘게 켜져 있다는 사실이 믿기지 않을 정도다. 계획된 노후화의 가장 이른 예는 1950년대 전구 제조업자들이 모여 소비자들이 주기적으로 전구를 사지 않을 수 없게 만들기 위해 전구 수명을 수년으로 제한하기로 합의한 일이었다. 그때부터 전구 수명이 점점 단축되어, 지금은 마치 전구의 실제 사용 가능한 시간의 극히 일부가 아닌 것처럼, 포장지에 지속 시간 200시간이라고 당당히 표기해놓는다.

신제품 컴퓨터를 돋보이게 해주는 사소한 기능은 이미 쓰고 있는 이전 모델에 간단히 끼우기만 하면 똑같아지는 것임에도 불구하고, 우린 늘 최신 컴퓨터를 사고 싶은 충동에 시달린다. 우리는 생각해볼 생각조차 못할 정도로 자신의 취향을 깨끗이 잊어버렸다. 이를테면 우리는 자신이 고를 수 있는 다양한 디자인의 아이폰 케이스에서 개인적 선호라는 환영을 본다. 기업이 제공하는 다양한 색깔 또는 세련된 디자인의 덮개 중에서 어떤 게 우리 개성을 세상에 제일 잘 전달해줄지 고민한다. 그러다 원목 케이스 아니면 배트맨, 그것도 아니면 빈티지 유니언 잭(영국 국기)으로 마음이 기운다.

한편 우리가 탯줄로 연결된 것처럼 휴대전화에 집착하지 않으면 삶이 더 나아지지 않을지, 편리하고 재미있는 휴대전화 탓에 불행해지는 건 아닐지, 우리 스스로 정직하게 이런 질문을 던지는 일은 훨씬 어렵다. 개척 정신과 호기심으로 무장하고 이따금 휴대전화를 집에 두고 나가면 좀 더 진정한 우리 자신의 모습을 되찾을 수 있지 않을까?

고정관념이 너무 은밀하고 단단하게 뿌리박혀 있으면 고정관념을 깨는 참신한 질문을 던지기가 힘들다. 게다가 실패하거나 아웃사이더로 찍히기라도 해서 조롱거리가 될까 봐 걱정한다. 언어학자 노암 촘스키 Noam Chomsky는 이렇게 말했다. "사람들을 수동적이고 순종적으로 유지하는 영리한 방법은 받아들일 수 있는 견해의 범위를 엄격히 제한하고, 그 안에서 아주 활발한 토론을 허락하는 것이다."[28]

날로 번성하는 자본주의 모델은 취향을 만들어내고 통제하면서 누구나 엇비슷한 테마로 나온 다양한 제품을 사면서 그것을 사지 않았다면 과연 어떤 선택을 했을지 까맣게 잊어버리게 만든다. 오늘날 심리치료가 누리는 인기는 소비사회의 요구 때문에 우리가 자신의 관점을 무시하게 됐다는 사실로 상당 부분 설명할 수 있을 것이다. 우리는 자기 삶의 무게중심이 우리 바깥으로 옮겨가는 것을 방관했고 그동안 우리가 진짜 원하고 좋아하는 것이 무엇인지 잊어버렸다.

휴대전화나 컴퓨터처럼 (미친 듯이 업그레이드할 수 있는 소프트웨어나 애플리케이션과 더불어) 기능은 엄청나게 진보했지만 거의 일회용에 가깝게 수명이 짧은 제품 개발은 새 제품의 매력을 한층 강화한다. 새것은 흥미롭다. 새것은 강렬하다. 새것은 쾌락의 쳇바퀴의 (회전을 멈출 순 없지만) 단조로움을 희석시키고, 우리가 어떤 결단을 내리지 않는 한 삶이 다소 지루하고 뻔하다는 사실에서 잠시 한눈을 팔게 해준다. 우리는 강렬한 느낌을 즐기도록 구조화되어 있지만 그런 욕망을 충족시켜주는 영화나 소설, 오락거리들은 우리 영혼에 필요한 영양분을 안정적으로 공급해주지 못한다.

우리는 신제품이 출시될 때마다 늘 비슷한 욕망이 불끈대는 것을 경험한다. 제품에 대한 기대감과 흥분에 못 이겨 허겁지겁 선주문 대기 행렬에 합류한다. 시간이 멈추고 현실이 고조된다. 일인칭 시점으로 당장 손에 쥐어진 듯 그 제품을 상상하며, 제품의 강렬한 색깔로 머릿속 이미지를 물들이고 배율을 확대한다. 직접성과 관여의 시각언어다.

경험하는 자아를 위한 탐스럽고 중독성 있는 행복감이다. 이런 일인칭 시점과 색깔 및 크기를 충실하게 반영하는 광고 이미지들은 우리 신경 시스템이 보상과 강화 학습을 일으키도록 고안된다. 이런 학습 능력은 좋은 쪽이든 나쁜 쪽이든 특별한 방향성 없이 확장되어, 우리 생활 방식을 정의해 스릴을 찾아다니거나 익스트림 스포츠를 즐기거나 종교와 신비한 체험에 무비판적으로 빠져들게 만든다. 사이비 과학이 매력적인 이유는 흥미진진하고 강렬하기 때문이다. 반대로 전통 과학은 느리고 지루하다. 하지만 우리는 더 이상 장난감 무기를 들고 집 안을 휘젓고 다니거나 머릿속으로 멋진 가상의 세계를 만들었다 허물었다 하는 꼬맹이가 아니다. 혹시 그렇다고 하더라도 언젠가는 결국 지쳐 쓰러질 것이다.

만약 당신이 지구에 남은 마지막 생존자라면 날개 없는 선풍기나 얄궂은 아이폰 케이스 따위는 신경 쓰지 않을 것이다. 남에게 강한 인상을 남기고 싶은 욕구가 사라지면 진정한 에피쿠로스식 삶에 성큼 다가설 것이다. 그리고 다시 한번 강조하지만 에피쿠로스가 멋진 선풍기 같은 물건을 거부할 거라고 생각하는 건 오해다. 대신 에피쿠로스는 애초에 그런 욕구를 차단해서 물건을 망가뜨리거나 잃어버리거나 도둑맞았을 때 느끼는 고통이 그 물건을 가지고 있을 때의 쾌락에 영향을 미치지 않게 한다.

우리는 불필요한 물건에 집착한다. 물건 하나하나가 우리에게 고통을 안기거나 궁극적으로 우리 행복에 영향을 미칠 위험이 있다. 에피쿠로스식 전략을 엄격하게 따라서 삶에 가장 단순한 욕망 이상을 채우지 말라는 건 너무 무리한—심지어 바람직하지 않은—요구일 수 있지만, 이 접근법의 유용한 점을 기억하는 것만으로도 도움을 받을 수 있다. 꼭 필요한 것도 아니고 가격도 부담스러운 뭔가를 사고 싶을 때 에피쿠로스식 논리로 그 마음을 떨칠 수 있다. 그런 물건을 사면 잠깐은 기분이 좋겠지만, 결국 그 짧은 쾌락보다 오래 지속되는 고통—집에 와서 생각해보니 애꿎은 돈을 썼다는 것을 깨닫는 고통, 망가지거나 누가 훔쳐 가면 어쩌나 하는 불안, 그것만 있으면 세상을 다 가진 듯 행복할 줄 알았다는 착각을 씁쓸하게 인정할 때 느끼는 죄책감—에 시달리게 된다. 반면 여유가 있지만 사지 않는 쪽을 택하면 '내가 정말 좋아하는 게 뭘까?' '어떤 게 나한테 딱 맞는 걸까?' 같은 질문을 던지고 자신을 좀 더 명확하게 파악할 기회를 얻을 수 있다.

# 욕망을 단순화하라

에피쿠로스의 조언은 이게 다가 아니다. 그는 불필요한 것을 더 많이 욕망하기보다 이미 가지고 있는 것에 집중하라고 일깨워준다. "가지고 있지 않은 걸 욕망해서 가지고 있는 걸 망치지 마십시오. 지금 가지고 있는 것도 한때 당신이 갖고 싶어 했던 거라는 걸 기억해야 합니다." 그는 광고의 유혹을 뿌리치고 불필요한 물건에 너무 집착하지 말라는 순전히 부정적인 접근법을 제안하는 것이 아니다. 이미 소유한 것을 재평가하라고 권한다. 새로 나온 아이폰 생각이 간절하다면 지금 가진 아이폰에 애정을 쏟아보면 어떨까? 가지고 있는 것을 당연하게 여기거나 형편이 되자마자 탐욕스럽게 새것으로 갈아치우기보다, 잠시 그것과 함께 행복했던 순간을 떠올려보면 어떨까? 휴대전화 지도 앱 덕분에 친구 결혼식에 무사히 도착한 날이나 데이트 앱으로 꿈에 그리던 연인을 만난 기억 말이다. 아마 당신이 힘들 때 곁에 있어준 그 특별한 기계는 외형과 기능이 살짝 다른 신제품이 출시되자마자 헌신짝처럼 버려져서는 안 될 것이다.

단단히 마음먹고 휴대전화를 집에 두고 저녁을 먹으러 가거나 산책에 나서보자. 그런 다음 집에 오면 휴대전화가 더 소중하게 느껴질 것이다. 휴대전화에서 눈을 못 떼는 사람들을 보며 느끼는 우쭐한 기분은 기본이고, 진짜 세상과 연결된 듯한 기분을 만낀한 뒤에 다시 휴대전화를 집어 들었을 때의 고마움은 전보다 더 클 것이다. 스토아철학은 사랑하는 무언가를 얼마나 아끼는지 새삼 깨닫기 위해 그것을 잃었을 때를 미리 연습해보는 것에 대해 할 말이 많다.

우리 목표는 자기 이해와 만족할 줄 아는 태도다. 여기서 이야기하는 만족은 적어도 약간의 노력과 자기반성이 필요하다. 안주하는 것과는 다르다. 욕망하는 것과 가질 수 있는 것 사이에 좀 더 편안하게 느껴지는 균형점을 찾으면 결국 만족감이 커지고 행복도 커진다. 욕망을 단순하게 유지하면 고대인들이 운이라고 부르던 것을 덜 두려워하게 된다. 걱정거리가 줄어들고 예측 불가능한 삶의 본질에 덜 괴로워하게 된다. 정말 필요한 것에만 관심을 두면 불행의 영향을 덜 받을 수 있다.

에피쿠로스는 또 인간관계에 대한 불건전한 애착은 피하는 것이 좋다고 말한다. "이웃들에게서 자신을 완벽하게 지킬 줄 아는 사람이 그들과 가장 행복하게 지낸다. 자기를 지킬 수 있다는 확신이 있기 때문이다."[29]

이건 결핍에 대한 경고다. 로마의 시인 루크레티우스 Lucretius(에피쿠로스를 후대 로마 사람들에게 알린 인물)에 따르면 결핍은 사랑의 파괴자다. 결핍은 또 다른 헛된 목표를 낳는다. 애정이 결핍된 사람은 다른 사람에게 충분한 애정을 쏟지 않는다. 어쩌다 한번은 애정을 쏟을 수 있지만 좀처럼 계속되지는 않는다. 또 애정을 기대했다가 좌절을 겪으면 곧장 불안에 빠지고 만다. 따라서 이런 식의 불필요한 애착, 에피쿠로스식으로 구분하자면 부자연스러운 애착은 만족시키기가 어렵다. 또 애착이라는 욕망에는 끝이 없다.

대신 어느 정도 적응 기간을 거친 뒤에 문제가 될 만한 애착 없이 그럭저럭 행복하게 살 수 있다는 확신이 들면, 상대방이 주려는 것보다 적게 바라고 거기에 만족하는 일이 훨씬 쉽다는 점을 깨닫게 될 것이다. 상대 없이도 충분히 살 수 있다고 느끼면 오히려 두 사람의 관계는 훨씬 좋아질 수 있다. 상대가 없으면 안 된다고 확신할 때 강렬한 질투심과 걷잡을 수 없는 불안이 훅 끼어든다. 우리가 느끼는 애착의 본질을 잘 파악하면 불안을 줄이고 만족감을 높일 수 있다. 물론 단순히 자족할 수 있어야 한다는 사실을 아는 것과 그 상태에 도달하는 건 전혀 다른 문제다. 특히 성격이 신경질적인 사람은 더 그렇다. 그럼에도 불구하고 이런 관점의 중요성을 인식하는 것만으로도 조금 더 다르게 생각하고 느끼는 계기가 될 수 있다.

사람들과의 관계에서 자족을 강조하는 특징은 에피쿠로스 철학의 강점이자 약점인 또 다른 특징으로 눈을 돌리게 한다. 에피쿠로스와 그의 제자들은 정원에 머물며 다른 사람들의 행복은 신경 쓰지 않았다. 에피쿠로스 철학에는 자연과 더불어 사는 은둔 생활과 이기심이 배어 있다. 반대로 스토아학파는 사람들이 가능한 한 최고의 시민이 되기를 바랐다. 이런 생각은 오늘날 우리에게 다소 익숙한 기독교에서 말하는 '시민으로서의 (사회적) 책임'이라는 개념에 영향을 미쳤다. 에피쿠로스학파에는 사회적 의무나 책임이라는 개념이 전혀 없었는데 당시에는 그런 주장이 어느 정도 설득력이 있었다. 에피쿠로스는 이렇게 말했다. "평온한 사람은 자기 자신이나 다른 사람들에게 골칫거리가 되지 않고, 눈에 띄지 않게 살아야 한다."[30] 에피쿠로스주의자들의 철학은 내향적인 사람들과 소극적인 사고방식에 제일 잘 맞는 철학일 것이다. 작가인 수잔 케인Susan Cain의 "자극의 역치가 더 낮은"[31] 사람들이라는 표현이 더 어울릴지도 모르겠다.

그런데 과연 아무리 우리가 비교적 내향적인 사람들이라 해도, (보통은 이성의 개입에 완강히 저항하는) 에피쿠로스의 가르침을 받아들일 정도로 유연해질 수 있을까? 이렇게 느끼는 것이 더 낫지 않느냐는 주장에 동의하는 것과 그 주장을 심리적으로 받아들여 진정한 변화를 경험하는 것은 전혀 별개의 문제이지 않을까? 우리는 누구나 자기 삶의 특정한 면에 대해 다르게 느꼈으면 하는 경험을 한다. 하지만 감정을 통제하기가 그렇게 쉬웠다면 지금쯤 우리는 근심 걱정 없이 행복한 관계를 즐기고 있어야 할 것이다. 에피쿠로스는 감정을 통제하는 성공의 비결로 암기와 만트라를 제안했다. 스토아학파는 이 난제에 더 풍부한 답을 준비하고 있었다.

# 나를 지키는
# 심리적인 힘

스토아학파는 에피쿠로스학파와 같은 시기인 기원전 3세기경에 시작되었다. 에피쿠로스학파의 에피퀴르epicure가 오늘날 미식가라는 의미로 쓰이는 것처럼, 스토아학파의 스토익stoic 역시 원래 뜻과 조금 다른 금욕주의자라는 의미로 쓰인다. 많은 사람들이 이 단어를 들으면 좀처럼 감정에 흔들리지 않는 냉정하고 매몰찬 사람을 떠올리지만 조금 억울한 오해다.

스토아학파는 경쟁 상대였던 에피쿠로스학파와 아타락시아나 평정에 도달해야 한다는 목표는 공유했지만, 달성 방법의 경우 에피쿠로스학파의 쾌락 추구가 아니라 아레테arete나 미덕이 기본이 되어야 한다고 보았다. 그런데 스토아학파에서 사용하는 이 미덕이라는 말은 (중세 기독교의 유산인) 도덕적 의미의 미덕이 아니라 일종의 심리적인 힘을 의미한다. 여기에는 우리가 다소 이해하기 어려운 미묘한 뜻이 담겨 있다.

스토아학파의 미덕은 "인간은 이성이라는 미덕이 있어서 독특하다"라는 말을 곱씹어보면서 이해할 필요가 있다. 이때 사용된 미덕은 어떤 윤리적인 고매함을 가리키는 표현이 아니다. 앞의 문장을 달리 표현해보면 이렇다. "인간은 자기가 가진 이성의 능력을 발휘할 때 미덕이 있다." 또 이렇게도 바꿔 말할 수 있다. "집을 야무하게 짓고, 그 집이 제 역할을 잘할 때 미덕이 있다." 따라서 사람이나 사물에 미덕이 있는지 판단하려면 먼저 각각의 본성 혹은 존재 목적이 무엇인지 이해하고, 최선을 다해 그 목적을 달성해내고 있는지 확인해야 한다. 인간만이 가지고 있는 고유한 자질은 이성적으로 사고하는 능력이다. 또 그 능력을 제대로 발휘하고 있을 때 우리는 외부의 소란으로부터 우리 자신을 보호할 심리적인 힘을 얻는다. 이러한 주장은 무엇을 판단할 때 고유한 역할을 얼마나 잘 수행하고 있는지 따져봐야 한다고 했던 아리스토텔레스의 생각과 일맥상통한다.

한편 스토아철학의 미덕과 오늘날 우리가 사용하는 미덕 사이에 흥미로운 차이점 하나는 전자는 의도에, 후자는 행동에 의미의 뿌리를 두고 있다는 것이다. 고대인들이 생각하는 미덕의 핵심은 사람의 사고방식에 포함된 것이어서 특정한 이미지를 떠올리기가 쉽지 않았다. 이런 한계를 잘 알고 있던 스토아 철학자들은 아리스토텔레스에 이어 활쏘기 비유를 자주 사용했다. 설명의 핵심은 의도였다. 스토아철학은 학생들에게 과녁을 정확히 조준하라고 강조했다. 단 활시위를 떠난 화살이 과녁에 명중할지는 운에 달린 것이지 학생들이 걱정할 문제가 아니었다.

여기서 커다란 물음표가 떠오른다. 가령, 우리가 운전을 하고 있다고 상상해보자. 아픈 친구를 최대한 빨리 병원에 데려가는 중인데 도중에 아이를 치었고 결국 아이가 죽었다. 이 이야기를 들은 친구들이 "와, 친구를 돕다니 정말 대단해. 아이는 너무 신경 쓰지 마. 죽일 의도는 없었잖아"라고 말할 리는 없다. 일상 속 행동은 그 의도와 무관하게 우리에게 엄청난 영향을 미칠 때가 많다. 때로는 명백한 해를 입히기도 한다. 아이를 죽음에 이르게 한 우리에게 스토아학파가 해줄 만한 조언은 사고를 신고하고, 재판을 기다리고, 필요한 경우 과실치사에 대한 형량을 참을성 있게 채우라는 것일 가능성이 크다. 의도하지 않은 일로 끔찍한 기분을 느낄 필요도 없지만, 다른 한편으로는 국가가 법으로 정한 거라면 책임을 회피할 생각도 하지 말라는 뜻이다. 중요한 것은 우리가—쾌락을 추구하는 것과 반대로—미덕의 관점에서 행동하는 것이고, 여기서 말하는 미덕은 심리적인 강인함이다.

스토아학파와 에피쿠로스학파는 몇 가지 중요한 차이점이 있다. 먼저 앞서 말했듯이 스토아학파는 사회로부터 단절되지 않았다. 오히려 스토아학파는 대단히 활동적이었고 그 가운데 부유한 시민이나 귀족, 지도자들도 있었으며 (정원 안에 머무는 에피쿠로스학파 사람들과 달리) 공정하고 덕 있는 사회를 만드는 데 관심이 많았다. 또 에피쿠로스학파의 독단적인 교수법에 의지하지 않았다. 현재까지 작품이 남아 있는 몇 안 되는 스토아 작가 중 한 명인 세네카는 그의 생각과 가르침을 제자들이 자신들의 삶에 적용하기를 바랐다. 학생과 자상한 스승이 대화를 통해 그들의 영혼을 서서히 물들이기[32] 전까지 철학은 불완전하다고 보았다. 스토아학파는 수련의 도구로 이성을 적극 활용했는데, 감정에 무게를 두는 에피쿠로스보다는 아리스토텔레스에 훨씬 가까운 방식이었다. 스토아학파 역시 에피쿠로스의 정원처럼 남성과 여성, 사회의 모든 계층 사람들에게 열려 있었다. 마찬가지로 신들을 두려워할 시간이 없었다. 세네카는 인생에서 미덕을 성취하기 위해 "기도하는 건 어리석은 짓"이라고 일갈하며 우리 "스스로 성취할 수 있기 때문"[33]이라고 설명했다.

스토아철학에는 우리가 삶의 일부로 수용할 수 있고 또 그래야만 하는 몇 가지 기본 가정이 있다. 스토아학파의 목표는 불안을 줄이고 숙고하는 삶을 사는 것이다. 우리가 고대 사상가들의 지혜를 받아들인다면 평온한 삶과 행복한 삶의 뼈대로 삼을 수 있다. 지금 우리는 고대 문헌에서 반복적으로 언급되는 첫 번째 기본 원리를 살펴볼 것이다. 바로 놀라운 힘에 대한 사유로, 그 잠재력이 너무나 크다. 2,000년이 넘은 지금까지도 살아남았고, 가짜 구루들에게 납치되어 남용되고 있으며, 이미 많은 사람들이 푹 빠져 있어 오히려 익숙하게 느껴질 지경이다.

# 나는 왜 나를
# 괴롭히는가

스토아철학, 그리고 평온한 삶의 중심이 되는 첫 번째 기본 원리다.

① 네가 외적인 일로 고통받는다면, 너에게 고통을 주는 것은 그 외적인 일이 아니라, 그 일에 대한 네 자신의 판단이다. 즉시 그 판단을 멈춰서 고통을 없앨 힘이 네 안에 있다.[34]

바로 로마 황제 마르쿠스 아우렐리우스가 남긴 말이다. 하지만 백성을 향한 연설이나 제자들에게 가르쳐준 철학적 통찰이 아니었다. 세상에서 가장 위대한 권력자가 자신의 일기장에 쓴 내용이었다. 마르쿠스는 기원후 161년부터 180년까지 로마제국을 통치했는데, 이 기간 내내 로마는 분쟁이 끊이지 않았다. 동쪽의 페르시아를 무찔렀으며 길고 긴 마르코마니 전쟁에서 게르만족과 싸웠다. 마르쿠스는 살아 있는 동안 철의 황제로 유명했다. 그가 전장에서 군대를 지휘하는 동안 남긴 일기를 모은 《명상록》은 가장 오래되고 감동적인 스토아 사상의 정수다.

스토아학파처럼 마르쿠스 역시 우리가 겪는 문제가 외적인 사건에 의해 생기는 것이 아니라 우리가 그 사건을 해석하는 방식에서 생긴다고 보았다. 그 해석에는 순간적인 판단이나 우리 자신에게 들려주는 좀 더 복잡한 이야기가 영향을 미칠 수 있다. 즉 외부에서 일어난 어떤 한 가지 사건이 나와 다른 사람에게 전혀 다른 방식으로 영향을 미칠 수 있다는 얘기다. 언뜻 보면 다른 사람에 대한 우리의 판단은 상대가 우리에게 어떤 기분이 들게 하는지에 달려 있는 듯하다. 하지만 그 누구도, 그 무엇도 우리 자신의 판단을 대신 내려줄 수 없고 우리에게 특정한 감정이 들게 하지 못한다.

우리는 새로운 정보나 사건이 생겼을 때 삶에 도움이 되지 않는 감정을 스스로 얼마나 빨리 바로잡을 수 있는지도 생각해봐야 한다. 이를테면 연인, 배우자나 직장 동료가 우리를 퉁명스럽게 대하면 우리는 거절당한 듯한 기분을 느낀다. 그러다 그 사람이 개인적으로 힘든 일을 겪었다는 사실을 알고 나면, 그동안의 태도가 이해되면서 자신이 느꼈던 자기 연민과 분노가 금세 동정심으로 바뀐다. 심지어 너무 과민반응을 보인 것이 머쓱해진다. 우리는 이런 경우에 새로운 정보가 들어오면 어떤 감정을 느끼는 대상(배우자나 연인, 또는 친구와 그들의 행동)에 대한 믿음을 수정한다. 지적인 수준에서 일어나는 변화는 거의 자동적으로 감정적인 수준의 변화에도 영향을 미친다.

우리는 자신이 느끼는 감정의 책임을 밖에서 찾는다. 우리가 직장에서 불행한 건 우리를 대하는 직장 상사의 모욕적인 태도 탓이고, 우리가 지금 화가 나는 건 휴대전화를 잃어버린 탓이다. 지금 날아갈 듯 기분이 좋은 건 방금 우리가 응원하는 팀이 경기에 이겨서, 또는 원하던 승진을 하거나 뿌듯한 시험 성적을 받아서다. 그런데 정말 우리 감정이 외부 사건에 좌우되는 걸까?

다른 사람이 우리 입장이었다면 같은 상황에도 다른 감정을 느꼈을지도 모른다. 휴대전화를 잃어버리고도 화를 내지 않을 수 있고 자신의 승진 소식에 시큰둥한 반응을 보일 수도 있다. 다시 한번 생각해보자. 우리는 전적으로 외적인 사건이 우리에게 특정 감정을 불러일으킨다고 말할 수 있을까? 아마 아닐 것이다. 우리는 각자 자기만의 방식으로 반응하고 우리가 우리 자신에게 들려주는 이야기를 따른다.

친한 친구가 갑자기 우리를 차갑게 대하거나 실망시키면 우리는 거절당한 느낌이나 분노를 느낄 것이다. 또는 두 가지 감정을 모두 느낄 수도 있다. 그런데 그 친구의 행동 자체가 자동으로 우리의 감정을 불러일으켰을까? 그렇지 않다. 행동의 인지가 감정의 촉발로 이어지려면 몇 단계를 거쳐야 한다. 먼저 우리는 자신에게 들려줄 약간의 이야기를 짓는다. 예전에 그 친구가 비슷하게 행동했던 사례를 머릿속으로 빠르게 재생해본다. 이제 그 이미지로 분노를 극대화할 만한 패턴을 만든다. 그와 대화하는 장면을 머릿속으로 돌려본다. 거기 등장하는 그는 역시나 우리 신경을 건드리고 부아가 치밀게 만든다. 우리 자신에게 이런 이야기를 들려줄 때 어느 정도의 강도로 할지는 그 순간 우리의 기분에 달렸다. 이미 다른 일로 짜증이 난 상태라면 친구의 태도를 더더욱 용서할 수 없다고 느낄 것이다. 다른 날, 다른 시간, 기분이 좋았을 때라면 똑같은 행동을 용서하거나 심지어 웃어넘길 수도 있을 텐데 말이다.

우리는 스스로 '걔는 항상 이런 식이야. 정말 미치겠어'라는 이야기를 만들고 있다는 사실을 전혀 깨닫지 못한다. 상대의 불합리한 행동에 너무 집중한 나머지 그 과정에서 우리 자신이 하는 역할은 알아채지 못한다. 게다가 여기에는 우리가 전혀 깨닫지 못한 완전히 무의식적인 이야기도 포함되어 있다. 친구의 냉랭한 태도는 우리 자신이 초라하다고, 거절당했다고, 무시당했다고 느끼게 만든다. 거절이나 화에 보이는 우리의 반응은 미래에 받을지 모르는 상처받은 느낌으로부터 우리 자신을 지키기 위한 보호 수단이다. 이런 무의식 수준의 이야기는 우리의 정서적인 삶의 분위기를 조성하고 우리가 일상의 사건에 반응할 때 어떤 점을 어떻게 연결할지 정하는 방식에 크게 영향을 미친다.

그러니 이제 다른 사람들 때문에 화가 치밀고, 짜증 나고, 당황스럽고, 슬프고, 두려운 마음이 든다면, 우리가 자신에게 스스로 보여주는 과장된 그림들이 만들어내는 감정이라는 사실을 인정하자. 그림이나 목소리는 (우리가 1초라도 전에 일어난 어떤 일에 대해 나쁜 감정을 느낄 경우) 과거나 (우리가 두려워하는 대화나 회의처럼, 앞으로 일어날지도 모르는 무언가를 두려워하는 경우) 미래를 언급할 수 있다. 이런 중재적 판단이 개입해 외부에서 일어난 사건을 기분이 나빠야 할, 불같이 화를 내야 할, 두려워해야 할 만한 일이라고 해석한다. 즉, 우리 자신이 그 외적 사건을 판단하고 평결해 반응한다는 얘기다.

이 판단은 앞서 설명한 것처럼 부정적인 방향으로도, 아주 긍정적인 방향으로도 흐를 수 있다. 우리는 현재 쓰고 있는 휴대전화나 자동차의 최신 버전이 출시된 것을 보고 신제품에 대한 기분 좋은 욕망을 느낀다. 마침내 그 차를 사면 벅찬 감동에 젖는다. 그런 기쁨이 금세 사라진다는 건 잘 알지만, 광고를 처음 본 순간 '와, 대박! 진짜 멋지다! 나도 저런 거 하나 가졌으면'이라는 탄성이 절로 나온다. 새로 산 휴대전화를 내보이는 순간이나 신차를 몰면서 흐뭇해하는 자기 모습이 떠오른다. 그런 장면에 등장하는 우리는 왠지 키도 커 보이고 빛을 발하는 것 같기도 하다. 주위 사람들이 너나없이 넋 나간 표정으로 우리를 돌아본다. 여기서도 우리는 판단을 내린다. 자기 자신에게 들려줄 짧은 이야기를 짓고 반응한다. 이렇듯 우리 기분을 들었다 놨다 하는 건 우리 자신이다.

판단이 개입해 감정을 불러일으킨다는 이 관점과 정반대이면서 좋은 호응을 얻는 관점이 있다. 감정이 지적인 영역과 분리된, 인간의 내면 어딘가 깊고, 동물적이며, 비이성적인 곳에서 생겨난다는 관점이다. 이 학설에서는 지성은 정신의 영역에 속하고, 감정은 신체의 영역에 속한다. 슬퍼하고 분노하며 절망하는 능력은 타고나지만 추론은 사회를 통해 배운다. 이런 식의 접근법은 심리학 분야에서 힘을 잃었지만 우리가 여전히 감정을 이성과 분리된 것처럼 생각하는 경향에는 그 힘을 미친다. 하지만 그리스인들이 선호했던 관점은 우리가 사건을 해석하는 방식에서 감정이 생겨난다는 것이었다. 오늘날 역시 이 관점이 우위를 차지하고 있다.

## 우리는 스스로
## 고통을 만들어낸다

감정이 우리 생각과 믿음에 연결된 것이라면 본질상 인지적이다. 믿음이 수정되면 감정도 함께 바뀐다는 의미이기 때문에, 감정은 기본적으로 이성적인 영역에 있다고 볼 수 있다. 우리는 불러일으킨 감정과 믿음 사이의 논리적 관계에 따라 그 감정이 이성적인지 비이성적인지, 진짜인지 가짜인지 등을 더 깊이 따져보고 결정할 수 있다. 반면 지적인 능력과 감정이 분리되어 있다는 관점으로 바라보면? 이를테면 데이비드가 제인을 모욕한 순간을 가정해보자. 이때 제인이 느끼는 분노라는 원초적 반응은 제인에게서 촉발된 것이며 그녀의 이성적 사고와 무관하게 생겨났다고 볼 수 있을 것이다. 이번에는 제인이 느낀 분노가 데이비드의 말에 대한 제인의 판단 또는 그녀 스스로 자신에게 들려준 내적인 이야기에 대한 반응이라고 가정해보자. 제인은 데이비드의 말(아마 그는 그녀에 대해 말도 꺼내지 않았거나 그런 의도로 이야기한 것이 아니었을 것이다)을 자신이 오해했다는 사실을 깨달으면 화가 가라앉는 것이 타당하다. 여기서 우리는 제인의 감정이 그녀의 생각과 믿음에 의해 움직이며 이성의 개입에 영향을 받는다는 사실을 알 수 있다.

우리에게 욕망의 대상을 바꿔야 한다고 했던 에피쿠로스도 중간에 개입하는 이런 내적인 판단에 대해 알고 있었다. 그가 제자들에게 불필요한 것에 애착을 느낄 때 즉각 대처하기 위한 쉽고 빠른 기술, 즉 "작은 것에 만족하지 못하는 사람은 어떤 것에도 만족하지 못한다"[35] 같은 경구를 암기하고 활용하라고 가르쳤던 것이 그런 이유에서였다. 이 기술의 핵심은 자기 자신에게 들려주는 이야기와 반대되는 생각을 끼워 넣는 습관을 들임으로써 내면의 목소리가 들릴 때마다 효과적으로 차단하는 것이었다. 한마디로 인지적 연장을 사용하는 것이다. "네가 갖고 있지 않은 걸 욕망함으로써 네가 갖고 있는 걸 망치지 마라. 지금 가진 것도 한때는 갖기를 욕망했던 거라는 걸 기억해라."[36]

감정이 이성의 판단으로 촉발된다는 개념을 처음 소개한 사람이 에피쿠로스였다면, 이 개념을 진지하게 받아들이고 발전시킨 주체는 스토아학파였다. 물론 에피쿠로스학파와 아리스토텔레스학파도 이 관점을 공유하긴 했다. 하지만 스토아 철학자들은 자기 자신에게 관심을 두고 한층 평온한 삶을 살아가는 데에 감정이 하는 역할을 근본적으로 재해석했다. 그 출발점은 감정이 이성에 민감하게 반응한다는 것을 이해함으로써 갖게 되는 힘이었다. 스토아학파의 세 번째이자 아마도 가장 위대한 수장이었던 크리시포스Chrysippus는 이렇게 질문했다. "우린 우리 감정을 어디에 두는가?" 꿀렁이는 배 속에 있을까? 다른 동물들과 같은 장소에 있으니 우리 감정도 동물들의 감정과 같다고 말하는 것이 옳을까? 물론 아니다. 인간의 감정은 틀림없이 훨씬 복잡하게 작동할 것이고 우리는 분명 자신의 감정을 평가하고 선택할 수 있을 것이다. 그런 감정을 두기에 이성보다 적합한 곳이 어디 있겠는가?

폭력과 혼란의 시대였던 마르쿠스 아우렐리우스 치하에서는 이런 사고방식이 사람들에게 위안을 주었을 것이다. 매일 목숨을 위협하는 전쟁을 겪고 있지만 그런 외부의 압력에 어떻게 대처할지는 본질적으로 우리에게 달려 있다는 것. 스토아철학은 고난의 시기에 탄생했는데 그 시대에 끊이지 않던 갈등은 스토아철학이 누렸던 지속적인 인기를 증명해준다. 물론 그보다 평화로운 시대에 사는 우리 역시 그들 못지않게 평온한 삶을 살기가 어렵다는 것을 잘 안다. 옛사람들처럼 걸핏하면 목숨의 위협을 느끼며 사는 건 아니지만 현대인들도 여전히 고통스러운 상황을 숱하게 맞닥뜨리고 두려움과 분노에 잠식당하곤 한다. 스토아철학은 이런 현대인의 삶, 그리고 그 삶이 초래하는 무수한 스트레스와 비극에 변함없이 강력한 치료제다.

"판단을 지우고 '상처받았다'라는 말을 없애면, 상처 자체가 없어진다."[37] 마르쿠스의 말이다. 말처럼 간단할까? 얼핏 보기에 위험한 처방 같기도 하다. 자기 자신에게 '괜찮아. 고통은 곧 사라질 거야'라고 말하라고? 부정적인 감정은 솔직하게 표현하는 것이 좋다고 익히 들어온 현대인들의 사고방식에는 잘 들어맞지 않는다. 우리는 화가 나면 솔직하게 말하거나 최소한 베개를 두드려 패기라도 해서 어떻게든 화를 표출해야 한다. 괜찮은 척하는 건 전혀 답이 아니다.

'기분, 화, 스트레스 등을 풀다/열을 식히다letting off steam(있는 그대로 풀이하면 '증기를 내뿜다'라는 의미다—옮긴이)'라는 말은 놀랄 필요도 없이 증기기관차 시대에 나온 표현이다. 요즘 뇌와 관련된 표현이 컴퓨터 용어나 재프로그래밍reprogramming이라는 컴퓨터 언어에서 파생되는 경우가 많은 것과 비슷하다. 프로이트의 시대에는 사람의 정신에 열기가 지나치게 쌓이는데 해롭지 않게 표출할 방법이 없어서 신경증을 일으킨다고 믿었다. 오늘날에는 어떤 사람의 뇌가 메시지를 특정한 방식으로 처리한다거나 뇌에 재배선이 필요하다는 표현은 세련되게 들린다. 증기와 컴퓨터에 빗대어 만들어낸 이런 눈부시고 복잡한 표현은 어느 정도 이해할 수 있는 기술 모델을 통해 인간의 이해를 넘어서는 무언가를 파악하기 위한 서로 다른 시대의 시도라고 할 수 있다. 공상과학 소설의 대가 아서 C. 클라크Arthur C. Clarke는 "충분하게 진보한 기술은 마술과 구별할 수 없다"[38]는 법칙을 제시했다. 이런 시도 덕분에 우리는 끊임없이 우리를 어리둥절하게 하는 뇌의 복잡성, 그리고 뇌와 우리의 감정적인 삶의 관계를 어느 정도 이해할 수 있게 되었다. 하지만 각 비유의 한계는 어쩔 수 없이 각각의 방식으로 우리에게 오해를 불러일으킨다. 전자기기나 컴퓨터 언어는 우리가 뇌에 어떤 데이터를 정확하게 입력하면 반드시 예측 가능한 결과를 내놓는 신뢰할 수 있는 기계로 보도록 부추긴다.

감정의 분출은 감정적인 문제의 해결책이 아니다. 20세기 중반,

인간 잠재력 개발 운동the human-potential movement은 우리 마음속에 있는 고통을 내보내는 방법으로 마음껏 울고, 소리 지르고, 스펀지 검boffers(쿠션을 덧댄 기다란 봉)을 실컷 두드리라고 권했다. 1970년대 심리치료실과 심리치료 모임은 주먹으로 쿠션을 내리치는 소리로 떠나갈 듯했다. 최근 오하이오주립대학교 커뮤니케이션 및 심리학과 교수인 브래드 부시먼Brad Bushman과 그의 연구진은 이런 식의 행동이 기분을 나아지게 하는 데 도움이 된다는 신화를 제대로 무너뜨렸다. 연구 결과, 그런 행동이 오히려 우리를 더 공격적으로 만드는 경향이 있다고 밝혀졌다. 베개를 치는 행동은 우리가 느끼는 분노를 정당화할 수 있고, 나중에 다시 그 기분을 경험하도록 부추길 수 있으며, 기대만큼 위안을 얻지 못하는 것을 알면서도 그 행동 자체에 지나치게 집착하게 될 수 있다.

감정 분출이 효과가 없다고 판명이 난 인간 잠재력 접근법과 스토아학파의 입장은 극명한 차이를 보인다. 스토아학파—이 문제에 관한 한 에피쿠로스학파 역시—는 부정적인 감정을 정당화하는 일을 끝까지 하고 싶지 않았을 것이다. 여기서 우리는 고통을 만들어내는 건 우리의 판단이지 외적인 사건이 아니라는 점을 인정해야 한다. 그래야 고통에서 벗어날 길을 찾을 수 있다.

# 부정적인 사건을 재해석할 것

반대로 내적인 사건은 어떤가? 신체적인 질병이나 정신적 질환으로 고통받을 땐 어떻게 하나? 물론 이 경우에도 모든 수준의 고통을 일으킬 수 있다. 우리가 재산상의 손해를 입거나 승진에서 제외됐을 때조차 그 상황을 외적인 사건으로 보고 감정을 판단해서 반응하는 게 맞는 것인가? 스토아학파에서는 우리 자신에게서 어떤 사건이 출발한다고 해도 그 사건을 외적인 것으로 다룬다. 즉, 집에 불이 났을 때 감정을 선택할 수 있는 것처럼, 몸을 다쳤을 때도 어떤 감정으로 반응할지 선택할 수 있다는 얘기다. 우울증이 심한 사람들은 이 말에 도무지 공감할 수 없을 것이다. 이런저런 불안과 가벼운 우울에 시달리는 사람들에게는 도움이 될 수도 있지만, 이미 우울증을 앓고 있는 경우 그 상태를 빠져나오는 데 필요한 인지적 거리를 확보하는 건 대단히 힘들 것이다. 그럼에도 불구하고 우울증 환자가 스토아철학의 지혜를 받아들인다면 큰 도움을 얻을 수 있을 것이다. 심지어 제한적으로만 사용한다 하더라도 말이다.

마르쿠스의 말처럼 우리에게는 어떤 사건을 자신에게 유리한 방식으로 보여줄 힘이 있다. 2,000년이 지난 지금 우리는 이 힘을 관점 바꾸기라고 부른다. 부정적인 사건을 긍정적인 무언가로 재해석하는 것이다. 한 줄기 희망을 찾아내는 일. 우리는 '늘 긍정적인 면을 보려고 애써야 한다'는 말을 들으면—삶의 실망스러움을 인정하는 것을 신경증적으로 거부하는 사람에 대한 묘사로도 볼 수 있는—미소 띤 폴리애나(미국 작가 앨리노 포터의 《폴리애나》라는 소설 속 주인공으로 지나친 낙천주의자를 의미하기도 한다—옮긴이)를 떠올리는 경향이 있다. 그래서 우리는 관점 바꾸기를 좋은 게 좋은 거라는 식으로 까다로운 주제에 관한 토론을 피하면서 상대에게 도움이 되고 다정하게 보일 수 있는 임시방편으로 여기고 있을 것이다.

마찬가지로, 마르쿠스의 가르침을 '밝은 면을 봐라'라는 격려쯤으로 이해한다면 그 말이 지닌 힘을 놓치는 셈이다. 마르쿠스는 우리가 자기 자신에게 스스로 내리는 판단에 책임을 지고 자신에게 도움이 되는 방식으로 판단을 재고해야 한다고 강조했다. 마르쿠스의 조언을 따르려면 나와 내가 살면서 겪게 되는 모든 일, 나와 내가 느끼는 온갖 감정 사이의 관계가 근본적으로 바뀌어야 한다. "기운 내!" 같은 공허한 희망의 메시지와는 거리가 멀다. 이런 얄팍한 선언이 대부분 실패하는 이유는 우리가 내면 깊은 곳에 가지고 있는 확신과 충돌하기 때문이다. 어떤 사건이 우리에게 주는 고통은 우리의 선택과 판단에 의한 것이며, 사건에 대해 어떻게 느낄지는 그

선택과 판단에 달렸다는 것을 먼저 이해하지 않는 한, 어떤 강력한 암시로도 그 사건에 대해 긍정적으로 느끼겠다는 결론에 제대로 도달할 수 없다. 다시 정리하자면 내면 깊은 곳의 영역이란 우리가 자기 자신에게 이야기를 들려주는 곳인데 밝은 면을 보라는 격려가 우리 이야기와 충돌한다면 효과를 내기가 어려울 것이다.

로마의 노예 출신이면서 스토아학파의 저명한 스승이었던 에픽테토스는 《편람》 혹은 《안내서》에서 마르쿠스와 같은 맥락의 중요한 메시지를 남겼다. "인간을 괴롭히는 건 사물이 아니다. 사물을 바라보는 자신의 관점 때문에 스스로 자신을 괴롭히는 것이다."[39]

나중에 에픽테토스는 이 말을 덧붙였다. "따라서 누군가가 불행하다면 그가 그 자신만의 이유로 불행하다는 점을 상기시켜줘라."[40] 어릴 때 학대당했거나 자신의 신념, 혹은 성별과 인종 때문에 참혹하게 박해받은 사람들이라면? 정말 이런 고통도 그들 자신의 탓이라는 건가?

하지만 스토아철학은 그와 비슷한 폭력이 비슷한 이유로 많은 사람에게 일상적으로 행해지던 시대에 탄생했다. 에픽테토스가 말만 그럴듯하게 한 것처럼 느껴진다면 그를 한참 잘못 본 것이다. 노예였던 그가 얼마나 혹독한 삶을 살았을지 상상해봐라. 주인이 일부러 에픽테토스의 다리를 부러뜨려 그가 평생 불구로 살았다는 이야기는 이미 유명하다. 그의 조언은 그 끔찍한 고통을 몰라서가 아니었다. 고통받는 사람들에게 힘이 되어주기 위해서였다. 심지어 스토아학파에서는 현자(미덕을 추구하는 사람들을 위한 가상의 역할 모델)는 고문대에 누워 고문을 당하는 동안에도 웃으며 이렇게 생각할 수 있는 사람이라고 말했다. '이건 내 몸에 일어나는 일이지 나한테 일어나는 일이 아니야.' 그때나 지금이나 너무 억지스럽게 들리는 말이지만, 고문이나 학대를 당하는 사람들에게는 스토아철학에서 말하는 고통과 자아의 분리가 유일한 위안이었다.

이 말의 참뜻은 '당신 자신을 탓하지 말라'다. 당신이 무슨 일을 겪든 스스로 택하지 않는 한 그 일은 당신의 본질적인 자아에 영향을 미칠 수 없다는 의미다. 제대로만 이해한다면 이 조언은 핍박받는 사람들에게 주는 강력한 희망의 메시지이자 결정적인 생존의 기술이 될 수 있다. 정신과 의사이자 심리학자인 빅터 프랭클Viktor E. Frankl이 아우슈비츠수용소에서 쓴 회고록 《죽음의 수용소에서》는 이 사실을 증명하는 놀라운 기록이다. "인간에게서 모든 것을 빼앗을 수 있지만 마지막 한 가지, 자유만은 빼앗아갈 수 없다. 어떠한 상황에서도 삶을 대하는 태도, 자신이 걸어갈 길은 자유롭게 선택할 수 있다."[41]

즉흥적인 감정에서 한발 물러나 그 감정이 우리의 책임이라는 것을 깨닫는 일은 행복한 삶을 살기 위한 아주 좋은 출발점이다. 스스로 자기 감정에 책임을 지는 것이 다른 사람들과의 관계를 유지하고, 문제를 해결하며, 행복하게 살아가기 위한 지름길이기 때문이다. 우리 주위에는 모든 일이 남 탓이고, 언제나 자기만 옳다고 우기는 사람들이 있다. 또 다른 사람들에게 공감을 얻으려는 욕망에 사로잡혀 사는 듯 보이는 사람들도 있다. 그런 사람들은 언제나 표현을 과장하고, 자기 연민을 드러내며, 늘 억울한 것처럼 군다. 이들이 치료를 받지 않고 스스로 문제를 풀어나가거나 해결하는 일은 좀처럼 드물다. 흥미로운 점은 우리가 그런 사람들을 돕고자 할 때 가장 효과적인 전략은 한 걸음 물러서서 그들이 자신의 감정을 바라보도록 하는 것이다. 정확히 스토아식 원리다. 이 전략이 어느 정도 훈련이 되면 단지 그들의 불평에 공감하고 맞장구쳐주는 것만으로도 그들을 더 건강한 방향으로 이끌 수 있다.

만약 우리가 어떤 상황의 순수한 피해자라거나 자신이 느끼는 고통의 원인이 전적으로 외부의 사건에 있다고 여길 경우, 다른 사람이 우리와 비슷한 입장이었다면 좀 더 긍정적으로 대처하지 않았을지 생각해봐라. 그러면 우리의 감정적인 반응이 외부의 사건이 아니라 자신이 그 사건을 바라보는 관점에서 비롯된다는 사실을 깨달을 수 있을 것이다. 다른 사람이 같은 상황에 어떻게 반응할지 상상해보는 것은 정신적으로 미리 경험해보는 훈련이 되고 뜻밖의 해결책을 찾아 깜짝 놀랄 수도 있다. 물론 그런 상상을 하기 전까지만 해도 꽉 막힌 기분이었다면 그 차이는 엄청날 것이다.

에피쿠로스는 말했다. "모든 가혹한 현상에 '너는 현상일 뿐, 결코 눈에 보이는 그대로가 아니야'라고 말할 수 있게 노력해라."[42] 이 말은 현상(우리에게 보이는 것 또는 그런 사건)과 우리가 받는 인상(우리가 현상에 대해 내리는 판단)을 구별하도록 우리를 훈련시킨다. 사건을 이런 식으로 구분해서 보는 일에 익숙해지면 앞이 보이지 않거나 혼자 힘으로는 도저히 우울함을 극복할 수 없을 때 큰 도움을 받을 수 있을 것이다.

# 우리를
# 화나게 하는 것들

우리는 기분이 너무 저조할 때면 긍정적인 방향으로 전환해야 할 순간을 좀처럼 눈치채지 못한다. 예를 들어, 배우자나 연인에 대한 불만이 쌓일 대로 쌓여 더는 못 참겠다는 깨달음은 두 사람의 관계에 변화를 주거나 새로운 사람을 찾아 나서기 전에 거쳐야 하는 단계다. 일이 지긋지긋해 당장이라도 사표를 던지고 싶은 마음은 새로운 일을 찾게 만드는 흔한 기폭제다.

하지만 절망에 빠진 우리는 부정적인 것에 집착한다. 《인지행동치료의 철학The Philosophy of Cognitive Behavioural Therapy》을 집필한 도널드 로버트슨Donald Robertson은 르네상스 시대의 인본주의자이면서 16세기 기독교인들을 위해 스토아철학을 부활시키는 데 일조한 유스투스 립시우스Justus Lipsius의 말을 인용했다. 립시우스는 사람들의 기억을 돕기 위해 우리가 부정적인 것에 집착하는 경향을 파리의 행동에 비유했다.

> "파리처럼 불결한 생물은 매끄럽고 윤이 나는 곳에 오래 머무는 법이 없고 거칠고 더러운 구석을 만나면 재빨리 들러붙는다. 마찬가지로 투덜거리는 마음은 온갖 행운에 관한 생각은 가볍게 넘겨버리면서도 부정적이거나 악한 생각은 절대 잊지 않는다. 공글리고 캐물으며 종종 놀라운 기지를 발휘해 증대시킨다."[43]

마르쿠스는 자신을 화나게 하는 것들을 목수의 작업장 바닥에 떨어진 톱밥과 나무토막처럼 보라고 조언했다. 우리에게 방해가 되는 것들은 불가피한 부산물인데, 부산물에 화를 내는 건 말도 안 되는 일이라는 얘기다. 이러한 태도는 스토아 학자들이 자신과 운명(즉, 무엇이든 세상이 그들에게 던져주는 것)을 조율해나가는 전형적인 방법이었다. 우리도 스토아 학자들의 태도를 참고해 적용할 수 있다. 우리가 어떤 외적인 사건에 반응하는 첫 번째 인상을 알아내고, 스스로 화를 불러일으키는 방식으로 그 사건을 해석하지 않도록 말이다.

스토아학파에서는 우리가 내리는 판단(또는 인상)이 우리가 겪는 심리적 동요의 유일한 원인이라고 보았다. 하지만 여러 원인 중 하나로 보는 것이 더 정확할지 모른다. 예를 들어, 당신이 길을 건너다가 차에 치일 뻔한 찰나에 가까스로 위기를 모면했다고 가정해보자. 자동차에 급제동이 걸리며 나는 '끼익' 하는 요란한 소리에 (특히 반쯤은 겁에 질리고 반쯤은 화가 머리끝까지 나서 당신한테 욕을 퍼붓는 운전자의 고함이 배경음으로 깔릴 때) 스스로 어떤 판단을 내릴 새도 없이 반사적으로, 그리고 감정적으로 반응하는 것이 당연하다. 이때 우리에게 나타나는 극심한 공포 반응과 빠르고 얕은 호흡, 미친 듯이 뛰는 심장박동, 아드레날린 폭주 등은 어떤 판단에서 나오는 반응이라고 보기 어려워 보인다. 오히려 일촉즉발의 긴박한 사건이 직접적인 원인이라고 보는 것이 더 정확할 것이다.

세네카는 거의 일어날 뻔한 사건으로 인해 우리가 반사적으로 일으키는 감정의 격발과 그 이후 선택하는 감정을 구분했다. 1950년대에 스토아학파의 원리를 비중 있게 끌어와 합리적 정서행동치료법rational emotive behavioural therapy(현대적 인지행동치료법의 선구자)을 고안한 앨버트 엘리스Albert Ellis는 자동차를 예로 들어 설명했다. 사고를 당할 뻔한 순간에는 공포를 느낄 수 있지만 그 이후에 머릿속에서 사건을 반복 재생하지 않기로 선택하면 끔찍한 기분을 피할 수 있다는 주장이다.

"애초에 그 감정을 수반한 의식적이거나 무의식적인 생각이 없었다고 가정하면, 그 생각을 반복적으로 떠올리면서 감정을 강화하지 않고 감정의 격발을 지속하는 건 불가능해 보인다. 스스로 '와, 세상에! 그 차가 날 치었다면 얼마나 끔찍했을까!' 같은 말을 계속 되뇌지 않는 한 거의 치일 뻔했을 때 느꼈던 두려움은 곧 사라질 것이다."[44]

문제를 지속시키는 건 머릿속에서 사건을 반복 재생 하는 행위 탓이다. 하지만 실제로 그런 일을 겪는다면 그 순간을 자꾸 떠올리게 된다. 바로 트라우마의 본질이다. 그럼에도 불구하고 스토아식 접근법은 우리가 고통스러운 경험을 스스로 반복 재생하면서 감정적인 자해를 하는 행위로부터 벗어날 방법을 알려준다. 다행스럽게도 그런 극단적이고 반사적인 투쟁-도피 반응fight-or-flight responses은 흔한 일이 아니다. 설령 사건이 일어난다 해도 우리에게는 그 후에 우리를 덮치는 혼란을 최소화할 수 있는 통제력이 있다.

이제 첫 번째 기본 원리가 생겼다. 덕분에 어떤 사건에 우리가 보이는 반응, 그 사건에 대해 자신에게 들려줄 이야기에 주의를 기울일 수 있게 되었다. 우리는 어떤 사건에 대해 스스로 혼란을 더하고 애써 부정적인 패턴을 찾아냄으로써 오히려 그 사건 때문에 느끼는 고통을 키우고 있는 건 아닌지 자문해볼 수 있다. 문제의 근본적인 원인은 우리 외부에서 일어나는 사건에 우리가 사후적으로 보이는 반응이라는 사실을 깨닫고 우리 감정에 책임질 수 있다. 여기서 핵심은 자신을 탓하는 것이 아니다. 삶에서 원치 않는 좌절과 불안을 몰아내는 것이다. 우리의 문제에 대해 세상을 탓하는 일을 멈추면 통제력이 생긴다. 우리가 내리는 판단이 우리가 겪는 정서적 고통의 원인이라고 보든 그 원인의 일부라고 보든, 우리의 결론은 마르쿠스 아우렐리우스와 같다. "스스로 판단을 몰아내면 속박에서 벗어날 수 있다. 누가 방해할 수 있겠는가?"[45]

5장

# 모든 것이 괜찮아지는 순간

# 그건
# 아무것도 아니다

만약 우리가 외부적인 것에 감정적으로 휘둘리지 않고 마음의 동요를 피할 수 있다면 스토아학파의 이상에 도달할지도 모른다. 그들이 미덕이라고 부르는 심리적 강인함에서 비롯한 행복한 삶 말이다. 스토아학파의 가상의 역할모델인 현자는 덕의 성취가 무척 높아 부덕한 행동을 하는 것이 불가능했다. 올바른 마음가짐에서 나올 수 있는 건 덕행뿐이었다.

성인의 경지에 오르지 않더라도 현자처럼 되려는 노력만으로도 우리는 최고의 삶, 최고의 행복을 누릴 수 있다. 끊임없이 기쁨이 충만한 삶까지는 아니어도 x=y 방정식의 대각선을 따라 고통과 괴로움, 불안으로부터 자유로워지면서 삶에 놀라운 변화를 일으킬 것이다.

이 대담한 사상을 이해하는 데에 두 번째 기본 원리가 큰 도움이 된다. 물론 오늘날 우리에게 아주 생소한 말은 아니다. 조금은 경건하면서도 거창하게 들리는 진부한 표현 같겠지만 그 안에 숨은 힘은 엄청나다. 에픽테토스의 《편람》에 실린 강력한 첫 글귀를 조금 다듬어보았다.

② 통제할 수 없는 것을 바꾸려고 애쓰지 마라.

우리는 앞서 첫 번째 기본 원리를 살펴보고 그 사용법도 어느 정도 익혔다. 그렇다면 우리가 어떻게 해야 평정심을 얻는 열쇠로써 외부적인 것에 보이는 반응을 가장 잘 판단할 수 있을까?
에픽테토스는 이렇게 설명했다.

> "그러므로, 수양해라. 모든 가혹한 현상에 '너는 현상일 뿐, 결코 눈에 보이는 그대로가 아니야'라고 말할 수 있도록 노력해라. 그러고 나서 당신의 규칙에 따라 검토하고, 무엇보다 당신이 통제할 수 있는 것인지 아닌지를 분별해라. 통제할 수 없다면 그건 당신과 아무 상관이 없다고 말할 마음의 준비를 해라."[46]

무언가가 우리가 통제할 수 있는 범주 밖에 있다면 우리는 그 사실을 인정하고 '그래도 괜찮아'라고 결정할 수 있다. 이 두 가지 기본 원리를 일상에 잘 적용하면 끊임없이 우리를 괴롭히는 걱정으로부터 충분히 벗어날 수 있다. 두 번째 원리를 좀 더 자세히 살펴보자.
에픽테토스는 우리가 통제할 수 있는 것에만 관심을 가져야 한다고 말했다. 다른 모든 것에는 관심을 가지면 안 된다고 말이다. 우리를 몹시 괴롭히는 사회적 불평등 문제는 잠시 제쳐둘 것.

우리가 통제할 수 있는 것과 없는 것의 구분을 스토아식 기로Stoic fork라고 한다. 그렇다면 에픽테토스는 이 기로의 양쪽에 어떤 것들이 온다고 설명하고 있을까? 그는 책 첫 페이지에 이렇게 썼다.

'우리가 통제할 수 있는 것은 우리의 생각과 행동이다.'

'우리가 통제할 수 없는 것은 명성, 권력, 타인의 생각과 행동, 우리의 재산과 평판을 포함한 그밖에 모든 것이다.'

### 우리가 통제할 수 있는 것
우리의 생각
우리의 행동

### 우리가 통제할 수 없는 것
사람들이 하는 생각
사람들이 우리에 대해 하는 생각
사람들이 하는 행동
사람들이 자기 일을 수행하는 수준
사람들이 보이는 무례함
다른 사람들의 습관
다른 사람들의 성공
다른 사람들이 우리의 말을 듣는 태도
배우자 또는 연인이 얼마나 우리의 기대에 맞게 행동하는지

배우자 또는 연인이 두려워하는 것이나 스트레스받는 것
그밖에 다른 모든 것

앞에서 우리는 우리가 통제할 수 있는 것, 주로 우리 생각과 행동을 현상appearances과 인상impressions—외부적인 사건과 그 사건을 바라보는 우리의 해석—으로 구분하여 어떤 식으로 책임지는지 살펴보았다. 이제 결론이 눈앞에 있다. '다른 모든 건 중요하지 않다.' 이를테면 다른 사람들이 우리에게 하는 행동은 우리의 진정한 관심 대상이 아니다. 타인의 행동은 외부적인 것이지 우리의 생각이나 행동의 범주에 들지 않기 때문이다. 가령, 스트레스가 심한 배우자나 연인이 우리한테 무례하게 행동한다면 그 행동은 궁극적으로 그나 그녀에게 속하는 것이지 우리의 것이 아니다. 따라서 그런 행동에 화낼 필요가 없다.

'괜찮아. 아무것도 아니야. 내버려둬.'

이 사상은 2천 년 동안 지혜로운 가르침으로 이어져왔을 만큼 그 힘이 강력하다. 오늘날 우리에게는 1943년 미국 신학자 라인홀드 니부어Reinhold Niebuhr가 발표한 〈평온을 비는 기도Serenity Prayer〉로 잘 알려져 있다.

주여, 저에게 제가 바꿀 수 없는 것을 받아들이는 평온함과
바꿀 수 있는 것을 바꿀 용기와
이 둘을 구별할 줄 아는 지혜를 허락하소서.

# 인간관계를 통제하려고 한다면

통제할 수 없는 것을 통제하려는 부적절한 충동을 알아채려면, 이 충동이 겉으로 드러나지 않으면서 큰 피해를 줄 수 있는 경우를 살펴봐야 한다. 통제할 수 없는 문제를 통제하려고 들면 당연히 실패할 수밖에 없다. 그 과정에서 불안과 좌절을 겪게 된다. 애써 달성하려는 목표가 통제할 수 없는 영역에 있는 거라면 아무리 노력한들 원하는 결과를 얻지 못한 채 실망으로 끝날 것이 뻔하다.

이런 상황이 가장 확연히 드러나는 경우가 아마 연애, 특히 이제 막 사랑이 싹튼 남녀 사이의 역학 관계일 것이다. 사랑에 빠지면 어릴 적 부모에게서 배운 모든 것이 무의식적으로 전면에 드러난다. 우리를 길러준 (오류투성이인 인간으로서) 부모가 갇혀 있던 영역이나 그들이 살지 않은 삶은 마치 우리가 어떻게 살아야 하는지 정해놓은 대본처럼 어느 정도 범위 안에서 우리에게 영향을 미친다. 우리는 부모의 강점도 배우지만 자신도 모르는 사이에 그들의 특정한 두려움과 욕구도 내면화하게 된다. 게다가 내면화한 욕구는 쓸데없이 너무나 정상적이고 합리적으로 느껴진다.

이런 욕구는 나중에 누군가와 중요한 관계를 맺게 됐을 때 표면 위로 나타난다. (연애 초기에) 우리는 상대를 실재하는 인간으로 여기지 못한다. 사랑의 출발점에서 상대는 우리의 욕구를 투사하는 대상일 뿐이다. 우리는 상대가 우리를 만족시켜줄 완벽한 반쪽, 마법 같은 존재가 되기를 희망한다. 잘못된 목표를 정해놓고 그 목표가 틀림없이 자신을 행복하게 해줄 거라고 기대하는 것처럼, 그런 관계는 실패할 수밖에 없다. 우리가 상대를 보며 세운 계획에 우리 연인들이 완벽하게 들어맞는 기적은 일어나지 않는다.

우리의 욕구를 우리 자신의 욕구라고 의식하고 투사하기를 멈춰야 비로소 기대라는 폭압으로부터 상대를 해방시켜줄 수 있다. 연인이 된 두 사람은 각자 자기 내면에 깊이 자리한 틀에 상대를 맞추려고 애쓸 것이고 점차 상대를 통제하려는 마음이 커질 것이다. 가장 불안정한 사람이 가장 많이 투사하고 두 사람을 위한 의제를 주도적으로 설정하는 경향이 있다. 결국 둘은 욕구가 더 강한 쪽의 과거 경험을 바탕으로 쓰인 대본에 따라 살게 된다. 예를 들어, 한 사람이 (어릴 적 가족에게서 학습하고 일련의 불안정한 관계들로 강화된 교훈에 따라) 자기가 사랑스럽지 않고 결국 버림받을지 모른다는 두려움을 갖고 있으면, 그 사람은 필연적으로 상대에게서 그 두려움을 확인할 증거를 찾으려고 한다. 이런 욕구가 강력한 이유는 엄청난 통제력을 휘두르지만 어둑한 무의식의 영역에 있기 때문이다.

연인의 감정적인 폭발이나 교묘한 질문은 통제의 한 형태다. 상대에 대한 환상이 무너질수록 점점 필연적이고 광적으로 변한다. 게다가 우리는 완벽한 상대라는 비극적인 예상을 고집하지만, 무의식의 영역에서는 스스로를 막아 설 방법을 찾지 못한 채 포기한다. 우리는 숨겨진 어린 시절의 대본을 반복적으로 확인하다가 비슷비슷하게 불운한 관계의 도돌이표 안에 갇힌다. 그런 관계들 사이에서 진정한 공통분모가 우리의 두려움이라는 사실을 깨닫지 못하면 비난의 화살은 다른 사람을 향하기 쉽다.

물론 연인들끼리의 통제는 쌍방향이다. 처음에는 상대를 동화 속 꿈같은 존재로 보다가 점점 있는 그대로의 서로를 인정해나간다. 회피형 avoidant 연인은 무의식적으로 상대와 안전거리를 확보하는 방향으로 두 사람의 관계를 설정한다. 통제당하는 것에 대한 두려움은 버림받는 것에 대한 두려움만큼 수많은 연인 관계에 영향을 미친다. 누가 옳고 누가 그르다는 명확한 구분은 없다. 단지 각자의 마음에 내면화한 대본대로 살아가는 두 사람의 복잡다단한 관계일 뿐이다. 서로의 욕구가 부딪칠 때 가장 이상적인 태도는 상대를 통해 우리 개인사의 깊고 그늘진 곳에서 자신을 지배하는 법칙을 의식적으로 이해하려고 노력하는 것이다. 그리고 우리의 욕구에 따라 상대를 통제하기보다 온전히 독립적인 한 사람으로서, 우리가 감당하고 용서해야 할 실망스러운 특징을 지닌 한 인간으로서 있는 그대로의 모습으로 바라보는 것이다.

흔히 우리는 통제할 수 없는 상황이라고 느낄 때 무언가에 대한 통제권을 확보하려고 애쓴다. 충동은 가히 압도적이다. 저녁 만찬

자리에서 오가는 대화가 불편하다고 느껴지면 앞에 흩어져 있는 물건을 가지런히 정리한다. 나쁜 소식을 전하거나 들을 때는 차분하게 옷에 진 주름을 편다. 상황이 한계에 다다랐다고 여겨지면 섭식장애로 고통받는 사람들의 불행한 상황이나 자해에 관심이 쏠린다.

연인과 헤어졌을 때 우리가 가장 흔히 통제하려고 하는 대상은 아마 음식일 것이다. 음식은 자아와의 깊은 대화를 회피하는 데서 오는 신경증적 욕구다. 우리는 연인에게 했던 것처럼 음식에 욕구를 투사한다. 많은 이들이 정신적인 허기를 채우려고 음식을 많이 먹거나 심리적 안전지대를 확보하려고 음식을 거부한다.

현대의 영성은 음식을 통제하려는 강박투성이다. 인기 있는 온라인 영성교육기관인 리빙센터 The Living Centre 는 경고한다. "영적으로 충만한 많은 이들이 특정 음식이나 음료를 식단에서 제거하라는 직관적인 메시지를 받는다. 그들은 그런 재료를 섭취하면 갑작스럽게 부작용이 나타난다."[47] 한편 영성연구재단 The Spiritual Research Foundation 에서 실시한 (접시에 놓이기 전과 후의) 번과 차파티의 상대적인 기운에 관한 연구는 다음과 같은 결론을 내놓았다.

> "번은 주위 환경으로부터 부정적이고 스트레스 많은 진동을 흡수하는 반면, 차파티는 긍정적인 진동을 방출하고 주위 환경의 부정적인 진동을 파괴한다는 사실이 밝혀졌다. 따라서 번을 먹는 것보다 차파티를 먹는 게 더 유익하다."[48]

역설적이게도 이런 유형의 사이비 과학은 무가치하고 얄팍한 편집중을 야기한다. 저마다 제안하는 즉각적인 변화나 구원의 약속도 포함해서 말이다. 모든 게 우상이나 투사로 이어진다. 우리 내면세계를 좀 더 의식적으로 들여다보는 참다운 영성과는 거리가 멀다. 한편 어떤 사람들은 자기 자신에게 신체적 고통을 가하는 방식으로 긴장을 완화하거나 자기 행동이나 생각의 자잘한 소용돌이를 통제한다. 제대로 된 자기 이야기 틀을 쓰지 못한 사람들은 쓸데없는 부분에서 관리와 통제의 욕구를 추구하며 저자권을 내세운다. 이런 부분은 유혹적인 데다 우리 본성의 취약한 점이다.

그러니 우리는 스스로 통제할 수 없는 부분을 좀 더 자세히 살펴볼 필요가 있다. 통제하려는 마음을 내려놓으면 엄청난 해방감이 찾아온다. 우리 자신에게 (혹은 다른 사람들에게) 해를 끼치지 않으면서 확실한 이득을 볼 수 있다. 지금까지 살펴본 에픽테토스의 교훈은 우리가 통제에 관해 생각하고 노력해야 할 유일한 영역은 외적인 사건에 대해 우리가 형성하는 인상—그리고 행동—뿐이라는 점이다. 그 외 다른 모든 것은 전혀 신경 쓸 필요가 없다.

가장 흔한 예를 한번 들어보자. 우리가 승진하지 못해 힘들어하는데 들뜬 목소리로 자기 승진을 자랑하는 동료에게 느끼는 아릿한 질투심…. 앞서 말했듯 질투는 지위가 비슷한 사람들에게서 느끼는 감정이다. 그러니 부정적인 감정을 느꼈다고 해서 부끄러워할 필요는 없다. 이때 써먹을 좋은 방법이 있다. 질투심을 느낀 순간 곧장 동료의 성공이 괜찮다고 인정하라. 동료의 승진이나 그가 거기서 얻는 행복은 우리가 통제할 수 있는 것이 아니다. 동료의 승진을 계속 부정적인 시선으로 본다면 그런 심정을 억지로 참거나 다른 행동으로 자신을 통제하게 된다. 결국 우리 자신을 비참하게 만든다.

괜찮다고 인정하며 통제할 수 없는 것을 내려놓아도 나쁜 일은 일어나지 않는다. 오히려 기분이 훨씬 좋아진다. 우리가 어떤 일에 '괜찮아. 나랑 상관없는 일이야'라고 자신을 타이르고 나서 느끼는 안도감은 어릴 때 '아, 오늘 토요일이지. 학교에 안 가도 되는구나!'라고 깨달았을 때 차오르던 기쁨과 비슷하다.

'그래도 괜찮아'의 힘이 효과를 발휘하는 상황은 많다. 주변에 누군가가 우리를 너무 짜증나게 하더라도 우리에게는 해결할 방법이 있다. 먼저 그 사람의 행동이 우리가 통제할 수 없는 영역에 있다는 점을 인정해라. 그런 다음 자신에게 괜찮다고 상관없는 일이라고 말해라. 이 말이 체화되기까지 시간이 좀 걸릴 수도 있지만 그래도 괜찮다. 우리에게는 조준하고 있는 명확한 목표가 있으니까. 그 사람의 행동을 머릿속으로 반복 재생하거나 그 사람이 항상 그런 식으로 우리를 얼마나 짜증나게 하는지 다른 사람들한테 하소연해서 상황을 악화시키지 마라. 괜찮다는 느낌을 완전히 몸속에 녹아들게 하자.

짜증을 억누르기만 하면 어떻게 될까? 아마 분노를 품고, 공격성을 숨기고, 무리하게 상황을 바꾸려고 애쓰거나, 심지어 복수를 꿈꿀지 모른다. 이런 반응은 하나같이 문제를 키울 뿐이다. 다시 한번 강조하지만 괜찮다고 말해보라. '괜찮아'라는 이 간단한 말은 그저 괜찮은 마음에 이르는 여정일지라도 성가시기 짝이 없는 우리 마음의 법석을 가라앉혀줄 것이다.

# 결과는 통제할 수 없다

앞서 말했던 동료의 승진 예시에서도, 우리는 자신이 바라는 자리로 올라가기 위해 다른 시도를 해보기로 마음먹을 수도 있다. '친구 일은 신경 쓰지 말고 네가 앞으로 나아가는 데만 집중해!' 듣기엔 더할 나위 없이 좋은 반응인 것 같지만 우리는 또다시 흥미로운 난제에 부딪힌다. 승진이 되느냐 안 되느냐는 우리가 통제할 수 있는 문제일까? 통제하려고 애썼다가 성공하지 못하면 불안에 떨게 될까? 아니면 승진을 위해 노력하려는 동기마저 포기해야 할까? 고민을 거듭하다 보면 에픽테토스의 구분 기준이 단순해서가 아니라 시나리오가 얽혀 있다는 사실을 깨닫게 된다. 승진 문제에는 우리가 통제할 수 있는 부분과 통제할 수 없는 부분이 공존한다. 우리 인생에서 성취에 관한 수많은 영역이 모두 마찬가지다. 우리는 성공을 바란다. 그렇다면 이 성공은 우리가 통제할 수 있는 것일까? 통제할 수 없는 것일까? 결론은 둘 다다. 이처럼 우리의 통제력이 부분적으로만 영향을 미치는 상황에서 에픽테토스의 조언을 적용하려면 어떻게 해야 할지 알아보자. 먼저 우리가 책임져야 할 것과 그렇지 않은 것을 구분해야 한다. 이제부터 책임질 부분만 신경 쓰면 된다. 그러면 마법처럼 전체적인 결과가 좋아지는 경험을 할 수 있을 것이다.

에픽테토스는 우리에게 명확한 구분 기준을 알려주었다. 우리 생각과 행동에 관련된 부분. 우린 여기에만 신경 쓰면 되고 나머지는 무시해도 된다. 그러니까 승진을 바란다면 업무 능력, 업무에 들이는 시간과 노력, 그리고 어느 정도 범위 내에서 승진 여부를 결정할 사람들에게 우리가 노력하는 모습을 보여주는 것까지가 스스로 통제할 수 있는 범위다.

하지만 상사가 우리를 승진시킬지 말지는 우리가 통제할 수 있는 영역이 아니다. 상사의 입장에서도 자신만의 사정과 선호가 있을 것이고 그 문제는 우리와 아무 관련이 없다.

승진에 요구되는 태도와 행동을 갖출 수는 있지만 그 이상은 우리가 관여할 문제가 아니다. 사람들이 자기 생각과 행동 말고 외적인 사건을 통제하려고 할 때 그 노력은 오히려 역효과를 낼 때가 많다. 이를테면 우리가 상사를 설득해서 승진하려고 애쓸수록 아마 상사는 우리의 얄팍한 술수를 알아채고 거기에 맞춰 반응할 것이다.

2012년 아카데미 신입 회원 환영회에서 브라이언 크랜스톤Bryan Cranston은 동료 배우들에게 다음과 같은 조언을 건넸다. 스토아 사상에 영향을 받은 그의 대답은 배우가 오디션을 대하는 태도를 넘어 훨씬 광범위하게 적용될 수 있을 것이다.

"동료 배우들에게 해줄 수 있는 최고의 조언은 이겁니다. 여러분이 하는 일이 뭔지 알아야 한다는 거죠… 배우는 설득력 있고 흥미로운 인물을 창조해야 합니다. 대본에 충실한 인물을 창조해서 오디션 장소에 맞게 보여주고 나오면 됩니다. 그게 다예요. 그것 말고 다른 건 여러분이 통제할 수 없습니다. 그러니까 생각하지 마세요. 다른 데 집중하지 마세요. 여러분은 일자리를 얻으려고 오디션장에 가는 게 아니에요. 연기를 보여주러 가는 거죠. 여러분은 연기하는 사람입니다. 그러니까 연기만 하면 됩니다. 그리고 나오세요. 그런 태도에는 힘이 있습니다… '내가 할 수 있는 건 여기까지입니다'라고 몸으로 말하는 겁니다. 누가 그 배역을 맡느냐 하는 결정은 여러분의 통제 밖에 있습니다. (…) 거기에 집착하는 건 쓸데없는 짓이에요… 전 이런 삶의 철학을 갖게 된 후로, 결코 뒤돌아보는 법이 없어졌습니다. 살면서 그렇게 바빴던 적도 없고요."

현대의 스토아 학자 윌리엄 B. 어빈William B. Irvine은 이 통제에 관한 문제를 스포츠에 비유했다.[49] 테니스 경기를 한다고 가정해보자. 우리는 경기 결과를 부분적으로만 통제할 수 있다. 그런데 '꼭 이겨야 해'라는 생각에 집착하는 태도는 우리 능력 밖에 있는 문제를 통제하는 것이다. 상대편 실력이 더 좋을 수도 있다. 그가 우리를 앞지르면 우리는 실망하고 걱정할 것이다. 우린 실패했고 패배감은 불안을 불러일으키는 감정이다.

이와는 달리 '이 경기에 최선을 다하겠어'라는 목표로 경기에 임할 수도 있다. 이 목표는 달성 가능하다. 승패를 떠나서 최선을 다한 좋은 경기를 펼칠 수 있을 것이다. 상대편이 우리를 앞지른다 하더라도 우리는 실패하는 것이 아니다. 이런 태도와 마음가짐이면 불안감이나 부담을 덜 느끼면서 경기에만 집중하기가 훨씬 쉬울 것이다. 언제나 더 좋은 경기를 보여주는 건 우연이 아니다.

스토아 사상이 패배감을 느낄 가능성을 없애준다는 점은 흥미롭다. 통제할 수 있는 목표에만 집중하면 다양한 것들이 우리 통제하에 들어온다. 기대했던 경기 성적을 거두지 못하더라도 그 이유를 찾아내 다음 경기에서 바로잡을 수 있다. 이건 상대편이 승리를 가져가면 그들이 운이 좋았다고 치부하는 것과는 다른 문제다. 에픽테토스는 무언가를 더 잘할 수 있는 방법뿐 아니라 일이 뜻대로 되지 않았을 때 드는 나쁜 감정을 차단하는 방법까지 알려준다.

오늘날 말 많은 동기 부여자들은 자기 신뢰와 명확한 목표 설정(성공하는 모습의 시각화 등등)으로 우리가 자신의 성취, 그리고 운 자체를 완전히 통제할 수 있다고 전제하는 경향이 있다. 하지만 잘 알다시피 이런 맹목적인 낙관주의는 통제할 수 있는 것과 없는 것을 거의 구별하지 않는다. 대신 온갖 미사여구를 동원해 우리가 확신을 갖고 충분히 강하게 원하면 모든 게—심지어 우주조차도—우리 통제하에 있다고 착각하게 만드는 순진한 믿음을 주입시킨다. 삶의 현실—또는 우리가 매일 운과 싸우며 만들어내는 x=y 대각선—은 전혀 반영하지 않는다.

애먼 곳에 통제하려는 노력을 들여 역효과만 내기 일쑤인 또 다른 영역이 있다. 다른 사람들이 우리를 좋아해주기를 바라는 마음, 즉 다른 사람들의 관심이다. 보통 우리는 새로운 사람을 만나면 자신을 좋게 생각하기를 원한다. 그 그룹의 누군가가 슬며시 호감을 보이는 신호를 보내지 않으면 그 사람이 자기한테 넘어오게 하려고 끈질기게 애쓴다. 이 시점에 이미 우리는 스스로 통제할 수 있는 범위를 벗어난다. 그 사람한테 너무 주의를 기울인 나머지 아마 그 사람이 부담스러워하며 어쩔 줄 몰라 할 가능성이 크다. 너무 무리하다가 자기 자신을 멍청이로 만들고 만다.

대신 우리는 스토아식 기로를 떠올린 다음 우리가 통제할 수 있는 영역 너머에 있는 것에 대한 집착을 내려놓고, '이 사람을 제일 친절하고 친근한 모습으로 대해야지'라는 목표를 정할 수 있다. 그 외에 사람들이 우리에게 어떤 반응을 보일지는 더 이상 우리가 신경 쓸 일이 아니다. 이렇게 하면 밤에 이불 킥 하며 그날 했던 말을 후회하는 일도 바보같이 굴었던 자신을 비난하는 일도 없을 것이다.

이제 우리는 에픽테토스의 조언에서 출발해 의외의 결과에 도달했다. 선 바깥에 있는 모든 것을—우리가 통제할 수 없는 모든 것, 우리 생각과 행동 이외의 모든 것을—무시하면 불안을 없애고 심지어 성공도 더 많이 할 수 있다. 압박감을 느낄 때마다 우리가 통제할 수 있는 것과 통제할 수 없는 것을 구별함으로써 평온한 삶을 시작할 수 있다. 고대 철학자들이 현실적이고 성취 가능하다고 주장했던 그 행복한 삶 말이다.

# 선 밖에 있는
# 무관한 것

스토아철학에서는 선 바깥에 있는 외적인 것을 무관한 것이라고 한다. 결국 외적인 것은 우리가 중요하게 여기지 않으면 우리 삶에서 사라져도 크게 고통스러울 일이 없다. 에픽테토스는 말했다. "너의 것이 아니면 무엇에도 애착하지 마라. 너에게서 없어질 때 고통을 남길 만한 건 그 무엇도 늘리지 마라."[50]

무관한 것은 외적인 영역에 속하기 때문에 우리가 통제할 수 없을 뿐 아니라 언젠가 잃어버릴 수도 있다. 우리가 소유한 재산이나 집, 우리가 가치를 두는 모든 것은 선 저쪽 멀리에 있다. 직장을 잃거나 집을 팔아야 하는 상황이 생길 수도 있다. 우리가 소유한 것들은 모두 어느 순간 잃게 될 수도 망가질 수도 있다. 그때부터 우리는 소유했던 것 없이 살아가야 한다. 그런 것들이 우리 삶에 계속 있으리란 보장이 없다. 그런데도 언제나 있을 것처럼 행동하는 건 통제할 수 있다고 잘못 판단하기 때문이다. 우리는 소유한 것에 당연한 권리가 있는 것처럼 느끼는 일을 멈추고 애착을 내려놓아야 한다. 그러고 나면 강력하고 긍정적인 두 가지 결과를 얻게 될 것이다. 모든 것들이 우리 삶에 잠깐 왔다가 사라지는 것일 뿐이라는 점을 인식함으로써 그 소중함을 더 많이 깨닫고, 잃었을 때도 더 담대할 수 있다.

스토아학파에서는 무관한 것에 대해 애착하지 말라고 강조했다. 세네카는 가족과 재산을 포함해 우리가 가진 모든 것을 잃는 상황을 정신적으로 훈련함으로써 우리에게 운이 깃들 때와 불운이 닥칠 순간을 대비하라고 권유했다. 실제로 세네카는 가난에 대비하기 위해 의도적으로 가난한 사람처럼 사치품이나 편리함을 제공하는 물건 없이 지내보라고 조언했을 정도였다.

2012년, 내가 제작에 참여했던 채널4의 2부작 프로그램 〈종말Apocalypse〉의 주인공 스티븐이 맞닥뜨렸던 상황도 마찬가지였다. 자기가 가진 모든 것을 당연하게 여기며 살아온 이 청년은 어느 날 갑자기 그의 가족과 그가 알던 삶이 한순간에 사라지는 놀라운 이야기의 주인공이 되었다. 제작진의 목표는 스티븐이 자기 가족과 삶을 모두 다시 감사히 느끼게 만드는 것이었다. 우리는 한동안 그가 접하는 뉴스를 통제했다. 그의 친구들과 가족이 각자 맡은 역할을 한 뒤에, 그가 거대한 운석이 지구와 충돌해 세상이 곧 종말을 맞게 될 거라고 믿게 만들었다. 통제된 환경에서 방황하던 스티븐은 화려하게 연출된 종말 장면을 목격한 다음 잠들었다가 종말 이후의 세상에서 다시 깨어났다(그가 주인공으로 발탁된 것은 최면감수성이 높아서였다). 제작진이 통제한 일련의 과정을 겪은 스티븐은 자신에게 부족했던 용기, 이타심, 결단력의 본질을 발견했다. 무엇보다 그동안 전혀 관심을 두지 않았던 살아 있음 자체에 감사하는 마음을 갖게 되었다. 그가 깨달은 것은 에피쿠로스학파를 통해 우리에게 익숙한 사상과 일맥상통한다. 이미 가진 것을 욕망하는 법을 배우면 필요한 모든 것을 가질 수 있다는 이야기.

여기에 반전이 있다. 외적인 것과 타인에 대한 애착을 버리면 오히려 그들을 더 소중하게 여길 수 있다는 점이다. 자칫 애착이라는 단어가 오해를 불러일으킬지도 모르겠지만 한번 생각해보라. 가치 있다고 생각하는 것에 꼭 애착을 느껴야 할까? 아마 애착을 덜 느끼면 언젠가 그 사람을 잃었을 때 고통이 줄어들긴 할 것이다. 그렇다면 사랑하는 사람과 정말 심리적 거리두기라도 하라는 말일까?

아니다. 스토아학파에서 무언가를 소중하게 여기는 방식은 우리가 삶에서 통제할 수 없는 부분을 받아들이는 태도에 있다. 이런 태도를 받아들이면 오히려 우리가 살아 있는 동안 더 잘 즐길 수 있다. 영원히 머무는 것이 아니라는 사실을 잘 알기 때문이다. 언젠가 잃을 수도 있다는 사실을 기억하면 소중한 것들을 무엇보다 더 사랑할 수 있다. 우리의 소중한 친구는 언젠가 다른 지역으로 떠나 다시는 못 보게 될지 모른다. 사랑하는 누군가가 세상을 떠나거나 관계가 소원해질 수도 있다. 영원히 사랑하겠다고 맹세한 연인도 언젠가 우리를 떠날지도 모른다. 그건 피할 수 없는 현실이다. 죽음이든 선택이든 아무리 가깝고 소중한 관계라도 언젠가는 끝난다.

이 사실을 기억하고 있으면 지금 당장 우리가 할 수 있을 때 사랑하는 사람들에게 사랑한다고 표현하고, 상대를 결코 당연하게 여기지 않으며, 잘해주지 못해서 뒤늦게 후회하는 일은 없을 것이다. 소중한 사람들을 영원히 잃게 됐을 때조차 우리에게 덮칠 미래의 충격과 절망을 완화해줄 것이다. 에픽테토스는 《담화록》에서 놀라운 조언을 했다.

"네가 사랑하는 건 필멸이고, 너의 것이 아니라는 걸 명심해라. 지금 잠시 너에게 주어졌을 뿐, 제철에 나는 무화과나 포도처럼 되돌릴 수도 없고, 영원하지도 않다. 겨울에 이런 과일을 갈망하는 것은 어리석은 짓이다… 앞으로는 무언가에서 기쁨을 느낄 때마다 정반대의 인상을 떠올려라. 자식에게 '넌 내일 죽을 거야'라고, 친구에게 '내일이면 너나 내가 떠나서 더 이상 볼 수 없을 거야'라고 부드럽게 속삭이며 키스한다고 해서 해가 될 게 뭐가 있겠는가?"

이 조언은 있는 그대로 이해하기보다 혼자 마음속으로 되뇌어보라는 의미로 받아들여야 한다. '우리 모두는 언젠가 죽는다'는 새삼 정신이 번쩍 드는 생각을 떠올릴 때, 우리 삶에 이런 선물 같은 관계가 있다는 것에 감사함을 느낄 수 있다. 이런 관계가 영원히 계속된다면 어떤 노력을 얼마나 오랫동안 하겠는가? 절대 떠나지 않을 사람을 위해 뭐 하러 꽃을 사는가? 앞으로 영원히 함께할 텐데 어떻게 같이 있는 시간을 소중히 여길 수 있겠는가?

아주 소중히 여긴다는 것은 무언가가 대단히 값지며 언제라도 잃어버리거나 빼앗길 위험이 있다는 점을 깨닫고 조심스럽게 붙잡는 것이다. 어떤 관계에서 의미를 부여해주는 것은 서로의 관계가 유한하다는 본질뿐이다. 달콤하면서도 씁쓸한 이런 일회성이 맥락과 가치를 부여한다. 사랑이 시작된 지 여섯 달 만에 앞으로 평생 동안 사랑하겠다는 약속은 우리를 황홀하게 한다. 하지만 혼자 조용히, 그 맹세가 지켜지지 않을지도 모르고 그 평생이 우리가 생각하는 것만큼 넉넉하지 않을 수 있다는 것을 받아들이는 태도 역시 대단한 용기이자 진심 어린 배려다. 그런 지혜는 먼 미래를 숭배하는 대신 현재에 가치를 두고 더 많은 사랑을 쏟아붓게 한다. 불같이 타올랐다가 이내 사그라지는 사랑이 아니라 제한된 시간 안에서 점점 더 밝게 빛나는 사랑을 선사한다.

    스토아학파는 무관한 것이라는 개념에 중요한 단서를 달았다. 집, 수입, 가족이 주는 안락함에 애착을 갖지 말라는 조언이 난감하기만 했던 우리로서는 다행스러운 일이다. 에피쿠로스학파와 달리 스토아학파는 자연으로 숨어드는 고립된 삶이나 소박한 식단을 요구하지 않았다. 스토아학파는 종종 위선적이라는 비난을 들을 만큼 지역사회 활동에 적극적이었고, 정치에도 관여했으며, 대단히 성공한 인물들도 있었다. 어떻게 해야 외적인 것과 무관한 것에 애착을 두지 않으면서 재산 축적이나 사회개혁을 위한 노력을 조화시킬 수 있을까? 답은 바로 그들이 선호할 만한 무관한 것이라고 부르던 것에 있다.

    스토아주의가 하나의 학파로 부상하던 당시는 견유학파의 활동이 철학적 대안으로 널리 알려져 있던 시기였다. 스토아학파의 창시자 키프로스의 제논Zeno of Citium은 아테네로 이주해, 소크라테스의 전통에서 가장 현명한 사람들을 찾다가 견유학파의 사상을 배우는 것으로 자신의 철학 인생을 시작했다. 견유학파는 고대 그리스 사회의 과시적인 행태를 몹시 경멸했던 것으로 유명하다. 견유학파를 이끌었던 디오게네스Diogenes는 길거리에서 아무렇지 않게 자위 행위를 했다. 어느 날은 알렉산드로스 대왕이 찾아와 그에게 무엇을 해주면 좋겠냐고 묻자 그 명망 있는 왕에게 햇빛이나 가리지 말아달라고 대답했던 일화도 유명하다. 초기의 스토아주의는 윤리학이나 좋은 삶 못지않게 자유의지나 논리 같은 까다로운 개념에도 관심이 많았다. 또 견유학파의 영향으로 외적인 소유물에 대한 애착을 거세게 비난했으나 나중에는 태도가 약간 누그러졌다.

따라서 애착만 하지 않는다면 부富, 가족, 사회적 지위 같은 외적인 것들을 선호해도 괜찮았다. 스토아학파에서는 이런 삶의 편의를 회피할 필요가 없었다. 이들의 목표는 자신의 생각과 행동 이외에 삶의 다른 어떤 것도 욕망하거나 통제하려고 하지 않음으로써 심리적인 강건함(미덕)을 얻는 것이기 때문이었다. 마르쿠스 아우렐리우스는 양아버지 덕분에 "오만함이나 미안한 마음 없이 엄청난 부를 누릴 수 있었다"며 그에 대해 경탄하는 글을 썼다. "그는 부가 거기 있으면 그걸 이용했고, 없으면 아쉬워하지 않았다."[51]

이런 맥락에서 좋은 것을 살 여유가 있거나 어떤 식이든 그런 것이 주어졌을 때 누리며 사는 삶을 나쁘게 생각할 필요는 없다. 다만 외적인 것들과 우리의 관계를 끊임없이 살펴야 한다. 사치품을 축적하려는 욕망과 관련해, 그 현상에서 우리가 받는 인상을 끊임없이 점검하고 자신의 감정을 책임지고 있는지 확인해야 한다. 여기서 주의해야 할 점은 내리막길을 달리면 멈추기가 힘들다고 말했던 위대한 스토아 철학자 크리시포스Chrysippus의 지적처럼 우리의 감정이 제멋대로 굴도록 내버려두는 상황이다. 안락한 집, 넉넉한 수입, 사랑하는 가족을 가지려고 애쓸 수 있다. 불공정한 세상을 바꾸는 일에 매달릴 수 있다. 하지만 스토아주의를 지키는 사람이라면 최악의 시나리오를 정신적으로 미리 연습해두고, 무엇보다 애초에 그런 요소가 자신의 통제하에 있는 것이 아니라는 사실을 기억해야 한다. 그렇게 함으로써 무언가를 얻는 데 실패하거나 운이 다해 느닷없이 끝나버리는 상황에 준비가 되어 있어야 한다. 운명의 여신은 어제 우리에게 던져주었던 행운을 오늘 빼앗아버리는 변덕을 멈추지 않을 것이다. 스토아주의는 여신과 싸우는 대신 그녀에게서 스스로를 통제할 수 있는 영역을 조용히 떨어트려놓는다.

# 운명은
# 바닥에 흩어진 톱밥이다

이제 운명이라는 개념을 우리의 힘으로 되찾아보자. 보통 운명이라는 말을 미래의 일이 어떻게 될지 이야기할 때 쓰는데, 앞서 보았듯이 스토아학파에서는 특정 순간의 상황이 어떤지 언급할 때 사용한다. 물론 스토아학파에서 운명을 어떤 힘이라고 여겼어도 우리는 우리가 처한 상황 정도로만 이해하면 된다.

에피쿠로스학파처럼 스토아 철학자들은 신을 두려워하며 살아서는 안 된다고 느꼈지만 그렇다고 무신론을 주장한 것은 아니었다. 이들의 입장은 대체로 범신론에 가까웠다. 간단히 짚어보면 이렇다. 신은 운명과 같은 의미였고 때로는—로고스Logos라고도 하는—우주 전체에 흐르는 강렬한 힘으로 묘사되기도 했다. 후기 기독교에서도 이런 맥락을 엿볼 수 있다. 창세기에는 하나님이 만물에 말씀을 불어넣었다는 묘사가 나오는데, 우리는 이 신비한 힘을 로고스라고 이해할 수 있다. 로고스 또는 신의 말씀은 그의 의도였다. 우주는 신의 원대한 계획과 일치했다. (나중에 기독교가 채택한) 스토아학파의 개념도 다르지 않았다. 신은 만물을 관통하는 우주적 의도였다. 때로 이 힘을 제우스로 묘사하기도 하지만 유대-기독교Judeo-Christian 성서에 나오는 숨결 같은 것으로 의인화하면 안 된다. 대신 일이 진행되어가는 상황이라고 이해할 수 있다. 스토아학파에서 말하는 운명은 우주 자체의 생명력이고, 둘은 따로 떼어 생각할 수 없는 문제였다. 수 세기가 지난 뒤에 쇼펜하우어는 이와 비슷한 우주적 추진력을 의지라는 특별한 표현으로 개념화했다.

스토아철학에서 말하는 운명은 '다 잘될 거야'라는 식의 위로를 하지 않는다. 기독교의 하나님은 '신비로운 방법으로 기적을 행하시지만', 스토아철학의 제우스는 가능한 한 우리에게 호의적인 방향으로 우주를 관장한다는 식의 과장을 하지 않는다. 이를테면 왜 아기들이 끔찍한 질병을 갖고 태어나는 것을 허락하는지, 왜 죄 없는 교회에서 총기 사고가 일어나도록 내버려두는지, 혹은 자연재해를 어째서 방관하는지 같은 일들을 설명하느라 고통스러운 신학적 곡예를 부릴 필요가 없다. 운명은 우리를 보살필 이유가 없고 우리는 운의 보살핌을 받는 척할 필요가 없다.

외적인 것은 무관한 것이다. 에둘러 말하지 말자. 우리가 병에 걸리거나 사랑하는 사람이 죽는다 해도 그건 궁극적으로 운명이나 우주의 거대한 계획에 전혀 중요하지 않은 문제다. 막강한 힘을 지닌 로고스는 우리가 건강하게 지내거나 사랑했던 사람이 아직 살아 있게 할 수도 있겠지만, 그렇다고 그 계획이 지금 우리의 불쾌한 처지

보다 더 중요하거나 덜 중요한 문제는 아닐 것이다. 우리 자신이나 남들의 행복은 우리에게 선호되는 무관한 것이고, 따라서 우리가 편히 즐기거나 얻을 수는 있어도 우리 통제하에 있지는 않다. 우리의 유일한 관심사인 우리 행동과 생각의 영역에 포함되지 않기 때문이다. 모든 일이 다 잘 풀리지는 않을 것이다. 외적인 것들은 우리와 무관하게 계획대로 흘러갈 것이다. 그 사실을 아는 우리는 스토아 철학자들처럼 제한적으로 무심하게 대처하는 태도가 최선일지 모른다.

운명에 대한 이런 식의 접근은 비판에 취약하다. 스토아학파는 모든 일이 운명으로 정해져 있다는 주장을 비판하는 사람들에게 아주 독창적인 답을 내놓았다. 일찍부터 결정론을 지지했던 스토아학파는 우리의 행동을 포함한 모든 사건이 궁극적으로 우리의 의지와 무관한 원인에 의해 결정된다고 생각했다. 일반적으로 사람들이 믿는 자유의지와 정반대로 보이는 이 관점은 이후 2천 년 동안 현기증이 날 정도로 복잡하고 격렬한 논쟁을 불러일으켰다.

스토아학파의 주장이 옳다면 누군가가 한 행동에 대해 그 사람을 칭찬하거나 비난하는 건 말이 안 된다. 그 사람은 특정 행동을 하도록 이끈 자신의 충동에 아무런 책임이 없기 때문이다. 인간의 정신적·육체적 삶의 모든 단계가 정해져 있다면 자기 생각과 행동을 통제한다는 게 어떻게 말이 되겠는가? 지금 우리가 분명 자유롭게 내리고 있는 어떤 결정이 저 먼 과거부터 역사의 이 순간까지 이어져 온 일련의 사건들로 인한 필연적인 결과라면, 우리가 내리는 결정이 무슨 소용이고, 무언가가 '우리한테 달렸다'는 건 도대체 무슨 의미인가? 결국 우리는 모든 결과가 운명으로 정해져 있다면 굳이 무언가를 하려고 애쓸 필요가 없다는 결론에 도달한다. 병에서 회복되느냐의 여부가 운명으로 정해져 있는데 뭐 하러 병원에 가겠는가? 그 탓에 운명론은 에피쿠로스를 비롯한 다른 사람들에게는 도저히 받아들일 수 없는 주장이었다.

위대한 스토아 철학자 크리시포스는 이 주장을 경사에서 구르는 원통에 빗대어 설명했다. 원통을 굴리는 데 필요한 최초의 힘은 원통을 움직이는 부수적인 원인일 뿐이고, 주된 원인은 외적인 사건(예를 들면 파티에서 어떤 유부남에게 다양한 성적 매력을 호소하는 여성)에 대해 우리(유부남)의 마음에 형성되는 인상이다.

그렇다면 그다음은 어떻게 될까? 원통이 굴러가는 방향은 외적인 요인들에 의해서만 결정되는 것이 아니다. 원통형으로 생긴 모양의 직접적인 결과이기도 하다. 크리시포스가 완벽한 원인이라고 부르는 원통의 내재적인 성질은 원통의 지속적인 움직임에 직접적인 책임이 있다. 우리가 우리 자신에게 제시된 가능성에 동의하거나 동의하지 않기로 선택하는 방식이 여기에 해당한다. 유부남은 유혹에 저항하거나 바람피우는 행동을 선택할 수 있다. 이때 내적인 도덕적 기질은 유혹하는 여성만큼이나 유부남이 스스로 취하는 행동이나 태도에 책임이 있다. 따라서 우리는 적당한 수준에서 그를 비난하거나 칭찬할 수 있다.

창의적인 대답이다. 하지만 어쩐지 자꾸 질문을 던지게 만든다. 그렇다면 유부남은 자신의 내재적인 충동과 동의에 책임을 져야 할까? 크리시포스는 어딘가에서 아리스토텔레스에 가까운 입장을 취했다. 교육을 잘 받고 기질이 건전한 사람들은 외적인 현상에 확고한 태도와 고결한 방식으로 대응할 것이고, 무지한 사람들은 굴복하는 것 이외에 더 좋은 방법을 알지 못할 거라고 말했다. 하지만 《동물의 본성과 영혼에 관하여On Nature and Soul In Animals》에서는 이런 미덕과 악덕의 문제가 우주 전체를 관통하는 운명의 결과라고 언급했다. 그러니까 크리시포스는 우리를 원점으로 되돌려, 우리의 좋거나 나쁜 기질—원통 모양과 우리가 책임져야 할 부분—은 운명으로 정해져 있어서 비난하거나 칭찬할 대상이 아니라고 주장했던 것이다. 어째 좀 뒤죽박죽이다. 《크리시포스의 철학The Philosophy of Chrysippus》[52]의 저자 조사이아 B. 굴드Josiah B. Gould가 내린 결론처럼, 이 저명한 스토아 철학자는 운명이라는 주제를 두고 양립할 수 없는 두 관점 사이에서 이점을 모두 취한 것처럼 보인다. 첫 번째 관점은 운명으로 정해진 인과관계가 (스토아학파가 믿었던) 존경받는 델포이 신탁의 신비한 예언에 논리적 근거를 제공하고, 우주에 안정감 있는 질서를 부여한다는 것이다. 두 번째 관점은 도덕적 책임의 존재를 주장하려면 심리적으로 자유의지를 경험해야 한다는 것이다. 하지만 이 두 관점은 잘 조화되지 않는다.

"서양철학의 역사에서 인과율과 도덕적 책임을 조화시키기가 얼마나 어려운지 최초로 깨달았던 크리시포스가 오늘날까지도 사상가들을 괴롭히는 문제를 해결하지 못했다고 해서 쉬이 비난할 문제는 아니다."[53]

어쨌거나 운명에 관한 스토아학파의 주장에서 우리에게 필요한 것은 마르쿠스 아우렐리우스의 《명상록》에 다양한 형태로 반복되는 유용한 사상 정도다. 우리 각자는 우주 전체의 아주 작은 일부다. 온전한 신체를 구성하기 위해 나머지 팔다리와 보조를 맞춰 제 역할을 다하는 한쪽 팔이다. 쉽게 말해 무언가에 분노가 치밀거나 온 우주가 우리를 골탕 먹이려고 작정한 것 같다고 느껴질 때는 그런 자극들이 목수의 작업장 바닥에 흩어진 톱밥이라고 생각하자. 보다 큰 무언가의 자연스러운 부산물로 받아들여라. 우리의 계획에 방해되는 사건이나 사람은 늘 있을 것이다. 그러니 야망에 너무 집착하지 말고, 좌절되거나 실현된 우리의 작은 목표들은 운명이 착착 실현해나가고 있는 원대한 계획의 극히 작은 일부라는 사실을 기억해라.

운명에 어떤 지혜나 텔로스(목적인)가 있다고 믿을 필요는 없다. 오히려 진화론이 도움이 된다. 변이는 무작위로 일어난다. 그중에는 생존에 유리해 다음 세대로 전해지는 것도 있고 아닌 것도 있다. 거기에 무슨 전체적인 설계나 원대한 의미, 즉 어떤 시동자Prime Mover(아리스토텔레스 철학에서 말하는 전 우주의 운동의 제1원인—옮긴이)로부터 뿜어져 나오는 숨결 따위는 없다.

# 비극의 주인공이
# 되지 않으려면

마르쿠스 아우렐리우스가 《명상록》에서 자기 자신에게 일깨우고 니체가 영원회귀라는 개념으로 우리에게 설명하는 것은 외적인 사건을 있는 그대로 받아들이라는 것이다. 운명을 통제하려고 애쓰지 않고 우리 자신을 운명에 조화시키는 것. 이것이 운명에 대한 사랑, 즉, 아모르 파티 Amor fati 다. 우리가 운명을 개선하거나—'너다운 사람이 되어라(Become who you are)'는 니체의 구호였다—중요한 사회적 변화를 끌어내기 위해 노력하는 것은 괜찮다. 하지만 그런 노력에도 불구하고 더 행복한 삶의 핵심은 어떤 일이 일어난 그대로 아주 행복하다고 여기는 것이다. 우리가 통제할 수 있는 것이 자신의 생각과 행동뿐이라는 점을 이해하면 바람직하지 않은 일이 생길 때마다 스스로를 불행에 빠트리지 않고도 어떻게 대처할지 선택할 수 있다. 사람들이 무례하게 굴거나 무지함 때문에 불쾌한 행동을 하는 것도 괜찮아진다. 우리 역시 상대가 지나온 과거와 현재에 그들이 느끼는 압박을 고스란히 느꼈다면 똑같이 행동했을지도 모른다.

어떤 일을 정말 괜찮다고 느끼려면 '괜찮아'라는 말로는 부족하다. 우리는 화가 나면 그 감정을 어떻게든 정당화하고 싶어 한다. 결국 스스로 업신여김당한 이야기를 만들어낸다. 기억하자. 우리가 짓는 이야기가 현실을 있는 그대로 반영하는 경우는 드물다. 그 이야기는 단지 이런저런 불안을 가진 사람들의 서로 다른 우선순위 사이에 생겨난 아주 복잡한 갈등에 관해 우리가 갖는 편향된 인식일 뿐이다. 그러니 불안으로 요동치는 마음에 '괜찮아'라는 생각을 한 방울 떨어뜨려보자. '괜찮아. 정말 괜찮아.' 우리가 지은 이야기에 이 생각이 스밀 때 무슨 일이 일어나는지 가만히 느껴봐라. 우리는 선 저쪽에 있는 것들, 우리 생각과 행동 이외의 모든 것에 대해서 마음놓고 괜찮다고 말할 수 있다. 이따금 걱정스러운 상황이 생길 때에도 우리 자신에게 괜찮다고 말한다면, 무게중심이 우리 안에 단단히 자리 잡은 지금 안도감이라는 따스한 빛을 즐길 수 있을 것이다. 상황을 바로잡으려고 애쓰는 것을 멈춰도 나쁜 일은 일어나지 않는다. 물론 내려놓기가 무척 힘든 일도 있다. 그럴 때는 괜찮다고 생각할 수 있는 작은 부분을 찾아서 그 생각을 스며들게 해보자. 조금만 기다리면 결국 완전한 안도감이 찾아들 것이다.

우리는 우리가 받는 모든 메시지를 자기에 관한 것으로 내면화하는 사람들로 가득한 세상에 태어난다. 우리는 주위 사람들의 관심을 받고, 버림받는 기분이나 압도당하는 느낌을 방어하기 위한 행동 패턴을 학습한다. 그러고 나면 고정된 패턴으로 살아가지만 정작 삶은 느슨하고 변덕스러운 가능성들로 소용돌이친다. 당황한 우리는 소용돌이를 스스로 다룰 수 있는 무언가로 바꾸려고 시도한다. 그리스인들은 인간과 우주 사이의 관계를 잘 이해하고 있었다. 그들의 비극은 우리에게 운명의 변덕스러움 앞에서 겸손해져야 한다는 것을 가르쳐준다. 비극의 주인공들은 자만심과 편향된 비전, 자기기만으로 똘똘 뭉쳐 세상을 향해 나아가지만 결국 운명 앞에 무릎을 꿇고 만다. 여기서 교훈은 운명의 문제가 아니라 우리가 통제할 수 있다고 여기는 대상을 다시 생각해봐야 한다는 것이다.

6장

# 그 무엇도 나를 해칠 수 없다

# 최선의 방식으로 연결하기

프랑스 르네상스 시대를 대표하는 철학자 미셸 드 몽테뉴Michel de Montaigne는 수필 형식을 대중화시켰으며, 아마도 인간의 진정한 의미를 최초로 탐험한 철학자였을 것이다. 그는 우정에서 비롯된 행복, 자신의 성기에 관한 걱정까지 자신에 관한 모든 면을 탐구했다. 그가 어릴 적 그의 아버지는 가족들과 하인들에게 몽테뉴하고는 라틴어로만 대화하라고 지시했는데, 몽테뉴는 아버지의 교육 방침을 즐거운 마음으로 따랐다. 성공적인 정치가이자 활기차고 너그러운 인본주의자로 성장한 그는 서른여덟 살에 은퇴해 자기 집에 있는 원형 탑 3층 서재에서 글을 쓰며 여생을 보냈다. 그의 책장 모서리에는 이런 선언문이 새겨져 있다.

"서력 1571년, 2월의 마지막 날, 서른여덟 번째 생일을 맞은 미셸 드 몽테뉴는 법정과 공직자로 보낸 오랜 세월에 지쳐 그나마 온전한 상태로 은퇴해 학식 있는 처녀들의 품으로 돌아왔다. 이제 이곳에서 절반도 남지 않은 여생을 근심 없이 조용히 보내려고 한다. 운명이 허락한다면, 이 거처, 조상들의 이 아담한 은신처를 완성할 것이다. 그리고 이곳을 그들의 자유와 평정과 안일에 바칠 것이다."

어떤 시스템이 충분한 숙고를 거쳐 건실하다는 점을 알면 좀 더 자신 있게 삶에 적용해볼 수 있다. 이 정도만 받아들여도 변화의 첫 단추를 끼울 수 있다. 스토아철학의 개념에 아무런 감흥이 없는 사람이라면—예를 들어, 자기감정에 충실하게 사는 것만이 행복한 삶이라고 생각한다면—그 개념을 삶에 적용하는 방법을 아무리 설명해봐야 관심이 생기지 않을 것이다. 어느 정도 공감하거나 시도해볼 만한 가치가 있다고 생각한다면 그 개념을 일상에 적용할 수 있는 여러 방법을 살펴볼 수 있다. 다행히, 스토아철학의 개념에는 평온함을 누릴 수 있는 편리하고 실용적인 방법이 가득하다. 단, 우리는 목표를 명확히 할 필요가 있다.

앞서 자동인형 이야기에서 다루었던 철학자 르네 데카르트는 스토아철학의 인기가 정점에 달한 이후 천 년이 지나 자신의 야망에 대해 이렇게 묘사했다.

"우리 관점에서는 성공을 위해 필요하지만 부족한 모든 것에 최선을 다하고 나서야 운이 아닌 나 자신을 정복하려고, 세상의 질서가 아닌 내 욕망을 바꾸려고, 우리의 힘으로 완벽히 통제할 수 있는 것은 우리 생각밖에 없다는 믿음에 스스로 익숙해지려고 애쓰는 것은 절대 불가능한 일이다."[54]

마르쿠스 아우렐리우스도 우리가 목표를 명확히 하는 데에 도움이 될 만한 생각을 남겼다.

"야심 찬 사람은 자신의 행복이 남들의 말이나 행동에 있다고 생각하고, 방탕한 사람은 행복이 자신의 감각에 있다고 생각하며, 정신이 건전한 사람은 행복이 자신의 행위에 있다고 생각한다."[55]

우리는 마르쿠스 아우렐리우스가 자기 자신에게 말했던 것처럼, 최선을 다하는 것을 목표로 삼고, 그 행위를 성공으로 간주해야 한다. 한편 에픽테토스는 이렇게 말했다.

"그렇다면 전혀 흠이 없을 수 있을까? 그건 불가능한 일이다. 하지만 잘못을 저지르지 않으려고 끊임없이 노력하는 건 가능하다. 주의를 집중해서 몇 가지 잘못이라도 피할 수 있다면 그것만으로도 충분하기 때문이다."[56]

우리는 자신에게 완벽함을 기대하면 안 된다. 물론 우리의 최종 목표는 스토아학파에서 미덕이라고 부르는 심리적 강인함을 갖추고 더 행복하고 평온한 삶을 사는 것이다. 그렇다고 스토아적인 삶의 태도가 꼭 자기중심적인 삶으로 이어질 필요는 없다. 통제할 수 있는 것에만 집중해서 생기는 용기는 우리가 더 넓은 세상으로 다가가 관대하고 이타적인 태도로 세상을 경험할 수 있게 해준다. 이러한 생각이 개방적인 태도와 만나면 최선의 방식으로 인류와 연결될 수 있다.

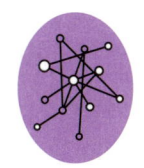

# 스토아철학이 지금도 통하는 이유

에피쿠로스학파나 헬레니즘 시대에 있었던 다른 학파들과 마찬가지로, 스토아철학 역시 전적으로 삶의 기술을 다루는 철학이었다. 심지어 지적으로 숙고하며 사는 삶이야말로 살아가는 최선의 방법이라고 결론 내렸던 아리스토텔레스조차도 우리에게 주어진 짧은 생을 어떻게 해야 가장 잘 살 수 있는지에 대해 이야기했다.

스토아학파 초기의 물리학, 윤리학, 논리학에 관한 논의도 단순히 강의를 위한 이론적인 연구가 아니었다. 스토아학파는 백과사전식 지식이나 세련된 수사학, 난해하고 추상적인 개념에 대한 이해를 자랑스러워하는 유형의 철학자들과는 달랐다. 이론은 실전을 위해서만 존재하는 것이라 여겼다.

운명에 관한 스토아학파의 철학이 모순적이라 해도 그건 그리 중요하지 않다. 우리가 거기서 우리의 목표를 달성하는 데 심리적으로 도움을 받을 수 있느냐가 핵심이다. 이를테면 운명은 우리와 상관없이 역사 전반에 그 힘을 발휘하고 있으며, 일어날 일은 일어난다는 사실을 인정하는 것이 좋다. 반대로 우리가 하는 행동이 차이를 만들고, 우리가 하는 선택이 중요하다는 점을 아는 것도 도움이 된다. 우리는 둘 다 인정할 수 있다.

고대의 기록을 손에 넣은 현대인들은 그 문서를 완벽한 철학 체계로 읽고 싶어 하지만, 대개 (마르쿠스 아우렐리우스의 경우처럼) 자기 자신에게 쓴 메모거나, (에픽테토스의 경우처럼) 제자들과의 대화를 글로 옮겨 적은 것이거나, (세네카의 경우처럼) 특정한 학생에게 쓴 편지인 경우가 많다. 새내기 학생과 이미 어느 정도 배움이 있는 학생에게 전달하는 지식은 분명 그 내용도 달랐을 것이다. 그런데도 그 내용이 항상 일치해야 한다고 나란히 놓고 보면 혼란스러울 수밖에 없다. 여기서 중요한 것은 그런 기록이 우리에게 더 나은 방향으로 변화하는 방법을 알려주고 있다는 점이다. 그러면 모순된 내용보다 본질에 집중할 수 있다.

프랑스 철학자 겸 철학사가 피에르 아도Pierre Hadot는 스토아학파의 저작을 읽을 때 영적인 훈련이라는 것을 전제하고 적절한 맥락에서 이해해야 한다고 힘주어 말했다. 그는 사람들이 영적이라는 단어에 대해 갖는 선입견을 알았다. 그렇지만 스토아학파가 자아의 변화, 자아와 우주의 관계 변화를 추구했다는 사실을 강조하기 위해 그 단어를 사용했다. 요즘은 시들해진 뉴에이지 운동 아니면 현대 사회의 주변부에 만연해 있는 공허한 우주적 사고방식을 언급할 때가 아니면 영적이라는 단어를 듣기 힘들다. 그래서 현대인들은 고대 철학자들이 전했던 인간의 영혼이나 우주 이야기를 들으면 쉽게 관심을 꺼버린다. 하지만 선입견을 없애야 한다. 스위스의 저명한 정신과 의사 폴 뒤부아Paul Dubois는 이렇게 말했다.

> "고대인들의 저술에서 지역적 특색을 암시하는 몇 가지 사항을 제거하고 나면, 세네카, 에픽테토스, 마르쿠스 아우렐리우스의 사상이 당장 우리 삶에 적용할 수 있을 만큼 굉장히 현대적이라는 사실을 발견하게 된다. 이 철학 사상의 영역에서 사람들은 전혀 달라지지 않았다."[57]

아도의 요점은 스토아 사상이 우리에게 제공하는 심오한 변화였다. 아도는 이렇게 썼다. "그런 변화는 쉽지 않다. 바로 여기서 영적인 훈련이 힘을 발휘한다. 서서히 우리 내적인 자아에게 꼭 필요한 변화를 일으킨다."[58] 당시 이런 원리를 택했던 사람들은 철학자였다. 철학자라는 칭호는 단순히 사고 체계를 창안하고 고민하는 사람을 지칭하는 것이 아니라 특정한 방식으로 살아가는 사람을 가리키는 말이었다.

아도는 철학자로서의 삶 또는 숙고하는 삶을 살기가 쉽지 않다고 지적했다. 이 말은 우리가 앞서 논의했던 x=y 대각선의 현실을 반영하고 있어서 우리에게 용기를 준다. 이 노학자는 인간으로서의 삶—끊임없이 관심을 달라고 보채는 불쾌하고 짜증 나는 감정적·심리적 요구로 가득한 현실의 삶—과 철학자로서의 삶 사이에서 끊임없이 갈등했다. 하지만 우리는 마르쿠스 아우렐리우스에게 배운 것처럼 그냥 이 부분을 인정하고 최선을 다하면 된다.

물론 오늘날 철학은 조금 다른 의미로 통한다. 이 단어가 어쩌다 이토록 무미건조하고 학구적인 느낌을 풍기게 됐을까? 아도는 기독교가 자리를 잡기 시작하면서 처음에는 스토아 사상 같은 철학의 영적인 훈련을 받아들여 기독교를 하나의 사상 학파로 제시했다고 지적했다. 하지만 중세에 접어들고 스콜라철학이 부흥하면서 기독교 신학이 최고의 과학으로 받아들여졌다. 모든 다른 형태의 사상은 변혁의 힘을 잃었고 철학은 신학의 시녀로 전락했다. 철학의 역할은 기독교 가르침에 사용할 수 있는 이론적 소재를 제공하는 것이었다.

이 시기가 남긴 유산은 철학이 삶을 극적으로 변화시켜야 한다고 주장하는 니체 같은 몇몇 걸출한 인물들을 탄생시켰다는 것이다. 이들이 없었다면 철학은 여전히 대체로 이론적인 영역에 머물렀을 것이 분명하다. 요즘은 철학자들이 대학 밖에서 일하는 경우가 드물다. 하지만 대학 시스템은 철학의 언어를 영적인 삶의 기술에서 훨씬 멀어지도록 부추길 뿐이다.

스토아철학은 평온한 삶을 위한 공식이다. 어떻게 해야 스토아철학이 우리 삶에 현실적이고, 실용적이며, 혁신적인 가치를 갖게 할 수 있을까?

# 나에게 던져야 할
# 두 가지 질문

우리는 가장 먼저 자기 자신과 내면의 대화를 더 자주 나누어야 한다. 우리는 우리 자신이 어떻게 행동하고 생각할지 결정하는 순간을 알아채서 한 걸음 물러설 수 있어야 하며, 잘못된 선택을 했을 때 그 사실을 인정하고 바로잡기 위해 스스로 반론을 제기할 수 있어야 한다. 화를 내고, 침울해하고, 마음 아파할 수는 있지만 우리가 우리 자신을 잊게 되는 순간이 바로 그때다. 우리가 매일 그런 부정적인 감정을 느끼는 건 어쩌면 당연한 일인지 모른다. 하지만 그런 감정의 원인을 외적인 사건에서 찾고 그 책임을 다른 사람들에게 돌리면서 그 감정이 우리 내면에 점점 뿌리를 내리게 내버려두는 것과 그런 감정에 대한 자신의 책임을 인정하고 내적으로 바로잡을 수 있는 방법을 찾는 것 사이에는 엄청난 차이가 있다. 우리는 이미 화가 치밀거나 불쾌하거나 슬플 때 스스로 던질 수 있는 두 가지 중요한 질문을 알고 있다.

① 외적인 사건에 내가 느끼는 감정은 내 책임이야. 이런 기분을 느끼는 데에 내가 어떤 역할을 하고 있는 거지?
② 지금 나를 화나게 하는 일은 내가 통제할 수 있는 일인가? 아니라면 괜찮다고 마음먹고 이 일을 내려놓을 수 있을까?

우리는 두 가지 질문을 던진 다음 주의를 기울여 정직하게 답해야 한다. 처음에는 다소 싸우는 기분이 들 수도 있다. 여전히 다른 사람, 다른 것을 탓하고 싶기 때문이다. 또 이 과정이 완전히 일상에 녹아들기 전까지는 '괜찮아'라며 그냥 잊기에는 너무 억울한 일도 있을 수 있다. 하지만 가령 아동 학대 같은 최악의 경우를 생각해보자. 만약 이 피해자가 몇 년 동안 대단히 효과적인 치료를 받고 마침내 몸과 마음을 갉아먹던 트라우마에서 벗어난다면, 이 치유를 가능하게 한 핵심은 '괜찮아, 이제 내려놔도 돼' 같은 말일 확률이 높다. 게다가 외적인 일이나 사람에 대한 분노를 내려놓을 때 밀려드는 안도감을 한번 느끼고 나면 그 뒤로는 실천이 훨씬 쉬워질 것이다.

다른 사람이 불평할 때 어떤 생각의 패턴이 우리 내면에 안 좋게 작용하는지 관찰하고 자신에게 해로운 성향을 파악할 수 있다. 이런 패턴은 비슷한 함정에 빠진 다른 사람한테서 알아채기가 훨씬 쉽다. 다른 사람들의 패턴을 알아차림으로써 우리 자신에게 이런 기본 원리의 중요성을 일깨우고 필요한 순간에 '이때다!' 하고 그 원리를 제때 적용할 가능성이 커진다.

하지만 우리의 목적은 남들의 나쁜 패턴을 비난하려는 것이 아니다. 지금 우리의 관심사는 그걸 반면교사 삼아 우리 삶에 적용해 평온한 삶에 한 발짝 더 다가가는 것이다. 이 지점에서 고대인들의 간결한 구호와 경구는 막강한 힘을 발휘한다. 피타고라스 시절 이래로 고대인들은 유용한 경구의 가치를 잘 알고 있었다. 일종의 자기암시인 이 기술은 프랑스의 유명한 심리치료사 에밀 쿠에Emile Coué의 업적을 통해 오늘날까지 이어지고 있다. 그는 "나는 매일, 모든 면에서, 조금씩 나아지고 있다"라는 자기암시 요법으로 유명하다. 하지만 이 특별한 예는 우리에게 별 도움이 되지 않는다. 상황이 매일 더 나아지고 있지 않을 때 스스로 실패했다고 느끼게 만든다. 게다가 이런 암시가 우리에게 해를 끼칠 수 있다는 것 자체가 경구를 내면화하는 행위의 힘을 보여준다. 이때 경구의 의미는 정확히 이해하고 있어야 한다. 그리스인들은 어떤 것이 더 효과적인지 오늘날 우리보다 훨씬 더 잘 알고 있었다.

이성적인 토론과 개인적인 반추를 강조하는 방식으로 철학을 가르쳤던 아리스토텔레스와 달리, 에피쿠로스는 제자들에게 교리의 실천을 강조하고 가장 필요할 때 저절로 떠올릴 수 있는 말들을 암기하게 했다. 스토아학파 역시—우리를 조화롭고 강건한 삶으로 이끌기 위해 이성의 능력을 활용하는 데에 더 적극적이기는 했지만—자신들의 사상을 명확하게 표현해서 쉽게 떠올릴 수 있게 만들었다. 지금까지 살펴본 기본 원리 외에 그밖에 다른 몇 가지 유용한 기술과 핵심도 알아보자.

# 첫 번째 인상에
# 아무것도 더하지 마라

우리는 매일 스스로 확실하다고 착각하는 독특한 관점으로 이 세상과 사람들을 이해한다. 신경질적이거나 불안한 사람은 어릴 때 형성된 불안감이 명탐정 홈스의 냉철하고 명민한 관찰력이나 되는 것처럼 스스로 사람을 볼 줄 아는 통찰력이 있다고 자부한다. 우리는 누구나 깊은 불안의 관점을 지닌 채 살아가며 그 불안을 위협하는 모든 것을 경계한다. 우리가 통찰력이라고 착각하는 것이 바로 이 경계심이다. 우리는 불안 속에서 무엇이 진실인지 결정하고 어디서나 증거를 찾아낸다.

 예를 들어 A가 연인 B에게 낯선 사람에게서 매력을 느낀 적이 있는지 묻는다고 가정해보자. 느닷없는 질문에 긴장한 B는 그런 적 없다고 대답하기 전에 한동안 가만히 침묵한다. 하지만 연인이 다른 사람을 사랑하게 될지 모른다는 자신의 두려움을 확인해줄 증거를 찾고 있는 A는 B가 들이는 뜸을 자기에 대한 불만으로, 자기가 연인에게 부족한 사람이라는 증거로 해석한다. 찾고 있던 증거를 발견한 A는 사람을 꿰뚫어 보는 자신의 아찔한 재능을 자축한다. 한편 B가 잠시 뜸을 들인 것은 사랑하는 마음에서 비롯된 배려였다. 어떻게 하면 연인의 마음에 상처를 주지 않으면서 당황스런 질문에 잘 대답할지 고민하는 시간이었다. 스토아학파는 우리가 현상에 대한 나쁜 인상을 '대단한 기지를 발휘해 크게 부풀린다'고 지적했다. 우리가 문제를 해석하고 윤색해서 자기한테 훨씬 나쁘게 만든다는 것이다.

마르쿠스 아우렐리우스와 세네카가 추천한 간단하면서도 아름다운 대안은 사물에 대한 첫인상을 최선을 다해 유지하는 것이다.

"너 자신이 받은 첫 번째 인상에 다른 것을 덧붙이지 마라. 누가 너에 대해 악담을 했다는 말을 들었다고 해보자. 네가 들은 말은 누가 너에 대해 악담을 했다는 것이지, 그 말에 네가 상처 입었다는 것이 아니다. (…) 그러므로 언제나 첫 번째 인상만 따르고 네 안에서 내놓는 이런저런 생각을 덧붙이지 마라. 그러면 더 이상 아무 일도 생기지 않을 것이다."[59]

첫 번째 인상을 유지하는 건 힘들다. 외적인 사건을 있는 그대로 받아들이고 더 깊이 생각하지 않는 사람은 역할모델로 부적합해 보인다. 우리는 상상력이 부족해서 그러는 게 아니다. 적절한 때를 노리는 것이다. 생각을 덧붙여 이야기를 윤색하지 않으면 어떤 이점이 있는지 확실히 알 수 있기 때문이다. 첫인상을 유지하지 않으면 자기가 가진 최악의 두려움을 확인함으로써 너무 쉽게 불안감을 고착시키고 강화하게 된다.

처음 받은 인상을 유지하면 힘든 일을 겪는 친구의 신호를 무시하게 될까? 그렇지 않다. 우리는 친구의 문제가 뭔지 묻고 공감하면서도 그 고통과 적절한 거리를 유지함으로써 강하게 버틸 수 있다. (오히려 그래서 도움이 필요한 사람들에게 더 많은 도움을 줄 수 있다.) 스토아철학의 조언대로 첫 번째 인상에 아무것도 더하지 않으면 불안이 줄어든다.

직접 나누는 대화든 무응답의 의사 표시든 침묵이나 중립적인 태도를 우리가 얼마나 쉽게 혐오감의 표시로 해석하는지 떠올려보라. 우리는 사건을 열심히 배치해 누군가가 자신을 무시하는 이야기로 만든다. 우리가 보낸 문자나 게시 글을 읽고 눈알을 굴리며 잠깐 생각하다가 일부러 무시하는 상대의 모습을 짧은 동영상처럼 눈앞에 생생하게 떠올린다. 상대가 우리와 있는 것을 지루해하고, 상대에게 좋은 인상을 주려는 우리의 노력이나 불안감을 드러내는 반응을 혐오한다고 짐작한다. 상대의 무응답(또는 침묵)을 우리 가슴에 꽂힌 비수로 바꾸고 종종 우리도 아무 이유 없이 답을 하지 못했던 일은 무시한다. 누구든 답하기 곤란한 타이밍에 받는 문자는 답장을 미루기 일쑤다. 그 시간이 길어지다가 점점 휴대전화 화면 아래쪽으로 밀려 화면에서 보이지 않게 되면 답장하는 일을 까맣게 잊기도 한다. 상대가 그런 상황을 우리가 그를 싫어한다는 뜻으로 받아들이면 우리는 그가 묘한 방식으로 자기 비판적이라는 점을 깨닫는다. 하지만 입장이 바뀌면 그 사람과 똑같은 반응을 보인다. 소설가 데이비드 포스터 월리스David Foster Wallace는 이럴 때 도움이 되는 말을 했다. "남들이 당신에 대해 거의 관심이 없다는 것을 깨닫고 나면, 그들이 당신에 대해 무슨 생각을 하는지 훨씬 덜 신경 쓰게 될 것이다."[60]

다시 강조하자면 첫 번째 인상에 다른 것을 더하지 마라. 물론 바쁜 마음에 엘리베이터 버튼을 자꾸 누르게 되는 것처럼 마음에 어떤 생각이 싹트면 억누르기 힘들다. 대신 우리는 상대의 무응답은 우리가 통제할 수 없다는 사실을 받아들이고 괜찮다고 생각하자. 그러면 불안감이 해소될 것이다. 문자메시지의 경우 답장이 늦어서 미안하다는 사과 문자를 받을 수도 있다.

우리는 상대가 별것 아닌 일에 발끈할 때도 이 방식을 적용할 수 있다. 그 또는 그녀가 우리한테 그런 태도를 보이는 것은 힘든 하루를 보내서일 수도 있고, 우리와 상관없는 수많은 작은 요인들 때문에 누군가에게 짜증이 난 건지도 모른다. 하지만 더 그럴듯한 이유는 우리가 그런 감정적인 반응을 보일만 한 이유를 제공했기 때문일 것이다. 우리는 스스로 잘 숨기고 있다고 생각할 때조차 짜증이나 조바심을 효과적으로 전달할 수 있다. 예를 들어보자. A는 어젯밤 늦게까지 깨어 있다 잠이 들었다. 아침에 문득 집배원 소리를 듣고 가까스로 몸을 일으켜 잠이 덜 깬 상태로 현관으로 나간다. 도중에 거실에서 영상을 보고 있는 룸메이트 B를 본다. 헤드폰을 끼고 있어서 벨 소리를 듣지 못한 것이 틀림없다. A가 B를 부르지만 B는 듣지 못한다. A가 다시 불러도 여전히 대답이 없다. A는 슬슬 짜증이 나서 B를 부르는 목소리에 불만이 가득하다. A가 다시 거실로 돌아와 B의 시야를 막으며 내동댕이치듯 소포 꾸러미를 탁자에 떨어트린다. 흠칫 놀란 B가 헤드폰을 벗으며 A의 눈에서 짜증의 기미를 알아챈다. "헤드폰을 끼고 있었네." A가 화를 억누르며 쏘아붙인다. 사과를 기대하고 한 말이지만 B의 반응은 방어적이다.

"응, 왜?"

B가 출근한 후, A는 온종일 이 상황을 머릿속으로 반복 재생한다. B는 왜 그렇게 말했을까? 그냥 미안하다고, 벨 소리를 못 들었다고 했으면 될 텐데. A가 듣고 싶었던 건 그게 다였다. 그런데 B는 사과는커녕 오히려 발끈해서 A의 아침을 망쳐버렸다. 이제 A는 그날 아침 B의 태도가 B의 일반적인 행동 특성이라 여기고 그로 인해 짜증이 증폭된다. 그날 A는 B가 퇴근할 때까지 내내 아침에 있었던 일을 곱씹는 데 쓴다. 정작 퇴근한 B에게 아무 말도 못한다. 타이밍을 놓친 별것 아닌 일로 꼬투리를 잡는 게 민망하다. 결국 A는 계속 마음에 담아두었다가 일주일 뒤에 다시 이야기를 꺼낸다. A는 B의 입장을 듣는다. B는 자기가 짜증 났던 이유가 A의 짜증을 알아챘기 때문이라고 말한다. A는 자기는 짜증을 낸 게 아니라고 주장한다.

배우가 연기를 할 때 (술에 취함, 분노, 슬픔 등의) 어떤 상태를 전달하는 효과적인 기술이 그 상태와 정반대를 연기하는 거라는 말이 있다. 직접적으로 술에 취한 연기를 하는 건 어색해 보이기 일쑤지만, 잔을 제대로 내려놓으려고 하거나 열쇠 구멍에 열쇠를 똑바로 끼우려고 애쓰는 모습처럼 정신이 멀쩡하다는 것을 보여주는 데 집중하면 훨씬 좋은 연기를 펼칠 수 있다. 마찬가지로 우리는 대화 중에 화가 나면 그 감정을 숨기려고 애쓰며, 목소리를 가라앉히고 차분한 척하려고 노력한다. 하지만 보통 그런 태도가 분노를 더 명백하게 드러내고 어쩌면 목소리를 높이며 화를 내는 것보다 더 강렬한 인상을 준다.

B는 화가 난 A의 얼굴을 보고 뜨끔해서 사과할 생각은커녕 자기합리화에 급급했다. 첫 번째 인상에 다른 생각을 덧붙이는 행동을 멈추지 못해서 많은 고통이 생겨났다. A는 그냥 이렇게 생각할 수도 있었다. '음, B가 방어적이네. 그럴 수도 있지.' B는 이렇게 생각할 수 있었다. 'A가 짜증이 났나 보네.' 물론 둘 다 짜증이 날 수 있다. 그건 괜찮다. 하지만 자기 자신에게 내가 옳다는 이야기를 할 필요는 없다. 누군가와 함께 살면 흔히 부닥치게 되는 이런 상황은 딱히 누구의 탓이 아니다. 우리는 화를 부채질하는 이야기를 만들어내지 않아도 많은 고통을 피할 수 있다. "첫 번째 인상에 다른 것을 덧붙이지 마라." 이 말 하나로 모든 문제를 해결할 수 있는 건 아니지만, 상황을 누그러뜨리는 데는 어느 정도 도움이 될 것이다. 가령, 상대가 방어적인 태도를 취하거나 지레 겁먹게 하지만 않아도 어떤 일에 관해 대화하거나 심지어 웃어넘길 수도 있다.

# 불행은 모두
# 과거와 미래에 있다

우리 불행의 많은 부분은 과거의 일을 반추하거나 미래의 일을 앞당겨 걱정하는 데서 온다. 특히 흔한 것이 죄책감이다. 두려움이 미래에 대한 집착이라면 죄책감은 과거에 대한 집착이다. 자기 자신에게 실망을 안겼다면 힘들겠지만 스스로 잘못을 인정하고 더 잘할 수 있었다는 점을 깨달아야 한다. 똑같은 잘못을 저지르지 않게 이번 일을 기억해두고, 필요한 경우 관련된 사람들에게 사과한 뒤 넘어가라. 인간은 걸핏하면 오류를 범하고 남은 삶도 여지없이 실수를 저지르며 살 것이다.

우리는 지난 사건이 남긴 트라우마의 희생자들인지 모른다. 걷잡을 수 없는 분노와 잘못된 죄책감은 삶의 전반에 영향을 미친다. 하지만 그런 감정은 모두 과거의 것이다. 현재를 살면서 과거에 붙들려 자신이 피해자로 등장하는 이야기로 우리 자신을 정의하면 그 피해는 고스란히 반복된다. 우리는 반드시 그 이야기를 바꾸고 우리가 느끼는 감정을 더 바람직하게 다룰 방법을 찾아야 한다.

미래에 대한 두려움도 비슷한 함정에 빠지기 쉽다. 우리는 자신이 불편해할 것이 뻔한 예정된 어떤 일을 머릿속으로 생생하게 떠올린다. 아니면 이미 싫어하는 누군가와 며칠 뒤 나눠야 할 짜증 나는 대화를 상상한다. 상대의 거슬리고 끔찍한 반응을 미리 짐작해 자신에게 보여준다. 언쟁이 싫어서 아예 대화를 피할 수도 있다. 이 모든 상상은 아직 일어나지 않았거나 아예 일어나지 않을지도 모르는 일에 대해 현재에 우리가 느끼는 나쁜 감정이다. 미래에 일어날지 모를 시나리오들을 한껏 펼쳐서 어떻게 행동하는 것이 가장 좋은지 알아내는 인간의 능력은 축복이자 저주다. 세네카는 이렇게 썼다.

"두려움은 희망과 보조를 맞춘다. 둘이 같이 다니는 건 놀랍지 않은데, 둘 다 미래를 예측함으로써 생기는 긴장된 마음 상태, 불안한 마음 상태에 속하기 때문이다. 두려움과 희망은 우리를 현재에 적응하게 두지 않고 먼 미래에 투사하게 한다. 그 탓에 미래를 예측하는 능력은 저주로 바뀌고 만다. 야생동물은 위험이 닥치면 달아나고 위험에서 벗어나면 걱정하지 않는다. 하지만 우리는 과거와 미래의 일에 똑같이 괴로워한다. 우리가 누리는 수많은 축복이 우리에게 해를 입히는데, 기억은 두려움의 고통을 되살리고 미래를 예측해서 그 고통을 너무 앞당겨 다가오게 만든다. 자신의 불행을 현재에 국한하는 사람은 아무도 없다."[61]

무언가가 걱정되거나 불안해지면 자신에게 이렇게 질문하라. "지금 당장 나한테 문제가 되나?" 아니라면 문제가 생겼을 때 걱정하기로 해라. 이 순간 문제가 된다면 거기서 도움이 될 만한 교훈을 배운 다음 과거로 흘려보내라.

스토아학파를 통해 마음의 평화를 위협하는 다양한 요인을 알아보는 동안 여러 아이디어를 발견했을 것이다. 실생활에 문제가 생길 때마다 그 아이디어를 떠올리고 적용하다 보면 완전히 해결되지는 않더라도 많은 도움을 받을 수 있다.

이게 바로 자아에 주의를 기울이는 것이다. 스토아철학에서는 프로소케prosoche라고 부른다. 프로소케는 현재에 대한 집중을 의미한다. 그들의 근본적인 태도이자 스토아학파를 에피쿠로스학파와 구별해주는 특징이기도 했다. 에피쿠로스학파가 매 순간 자연스러운 쾌락에서 단순한 기쁨을 얻고자 했다면 스토아학파는 태도가 좀 더 단호해서 평정심을 깨트리는 어떠한 위협도 막아내고자 애썼다. 우리는 스토아학파에서 말하는 평정에 도달하려면 어느 정도의 끈기가 필요하다는 점을 명심하고 자기 자신과 끊임없이 대화를 이어나가야 한다.

"열흘 동안 누워 있다가 일어나서 걸어보면 다리가 얼마나 약해졌는지 알 수 있다. 그러니 습관을 들이고 싶은 게 있으면 꾸준히 실천해라."[62]

에픽테토스는 우리에게 연습이 필요하다는 점을 강조한다. 평소 실천하지 않다가 필요할 때 어떤 일을 하는 건 쉽지 않다. 여기서 실패는 중요하지 않다(인생이나 운은 우리 뜻대로 되지 않는 것은 물론 누구나 실패를 맛볼 수 있다). 결국 끈기가 답이다.

스토아학파의 원리를 삶에 적용하려고 애쓰는 동안 끊임없이 좌절을 겪을 것이다. 점점 익숙해지고 쉬워지는 경우도 있겠지만 다른 새롭고 힘든 훈련이 또다시 우리를 찾아올 것이다. 이 모든 것이 숙고하는 삶의 기쁨이자 도전이다. 중요한 것은 개인의 성공이나 실패가 아니라 배우고 발전해나가는 과정이다.

예를 들어 담배를 끊은 지 석 달이 지났는데 하루 이틀 심한 스트레스에 시달려 다시 한 개비를 피웠다고 해보자. 담배에 불을 붙이자마자 실패했다는 생각이 밀려든다. 그리고 일이 주 만에 다시 하루 스무 개비를 피우는 골초로 돌아간다. 이런 때를 대비해 에픽테토스는 완벽함보다 꾸준함을 추구하라고 조언했다. 석 달 만에 피운 한 개비는 몇 년 동안 하루 스무 개비를 피우던 시절에 비하면 엄청난 성공이다. 어쩌면 다음 석 달 안에 다시 담배를 피우게 될 수도 있다. 여섯 달 뒤에 세 번째 담배를 피울 수도 있다. 완벽하지 않아도 괜찮다. 꾸준히 해나가는 것이 핵심이다.

우리 자신에게 주의를 기울이는 것이 첫 단계다. 신경증 환자들의 자기 강박이나 자아에 대한 관심과는 다르다. 프로소케는 자기 자신에게 주의를 기울이면서 스스로 자기 감정에 적절하게 책임지고 있는지 확인하라는 의미다. 무게중심을 우리 내면으로 되돌리고 부정적인 감정의 반응과 거리를 두는 것이다. 우리가 부정적인 감정에 휩쓸리지 않기 위해 필요한 건 프로소케가 전부일 때가 많다.

또한 내적 대화를 하다 보면 긍정적인 감정의 애착에 대해서도 질문을 던질 수 있다. 다른 사람에게 칭찬을 듣거나 새 물건을 사면 기분이 좋아지지만, 우리는 그런 긍정적인 감정 역시 모욕이나 파산 같은 외적인 사건에 대한 부정적인 감정과 똑같이 다뤄야 한다. 우리 머릿속에 사는 스토아철학의 목소리가 마음 편히 우리를 추궁하게 해주면 우리는 자신의 감정을 어느 정도 통제할 수 있게 된다.

## 예측 명상 200퍼센트 활용하는 법

 절실한 순간에만 이런 기술을 사용한다면 삶의 일부로 녹여내기 힘들 것이다. 우리의 목표는 평정심에 도달하는 것이고 조급하게 행복을 추구하지 않으면서 더 행복하게 사는 것이다. 행복하기 위한 첫 단추는 이런 기술을 활용해 이미 생긴 나쁜 감정을 다스리는 것이지만 아직은 갈 길이 멀다. 우리 자신과 대화하고, 스토아철학자의 목소리를 듣고, 어떻게 반응하는 것이 좋은지 아는 데도, 우리는 여전히 기분이 나쁘다.

 이럴 때 적절한 방법은 부정적인 감정이 생기기 전에 미리 부정적인 상황에 대비하는 것이다. 대비보다 더 나은 방법은 없다. 마르쿠스 아우렐리우스는 이렇게 썼다.

 "하루를 시작하기 전에 네 자신에게 말해라. '오늘도 나는 이것저

것 캐묻는 사람, 은혜를 모르는 사람, 난폭한 사람, 기만적인 사람, 시기심이 많은 사람, 인정머리 없는 사람을 만나게 될 것이다.' 이런 특성은 그들이 진정으로 선한 것과 악한 것을 구분하지 못하는 데서 비롯된다. 하지만 나는 선의 본성이 올바름에 있고 악의 본성이 그릇됨에 있다는 점을 알고, 잘못을 저지르는 그 사람의 본성이 내 자신의 본성과 다를 바 없다는 점을 알고 있으므로… 그들 중 누구도 내게 해악을 끼칠 수 없고, 누구도 나를 그릇된 일에 끌어들일 수 없으며, 나도 내 동족인 그들에게 화를 내거나 미워할 수 없다. 우리는 두 발처럼, 두 손처럼, 두 눈꺼풀처럼, 윗니와 아랫니처럼 서로 협력하기 위해 태어났기 때문이다. 따라서 서로 대립하는 것은 자연에 맞서는 짓이고, 서로에게 화내고 등을 돌리는 것은 서로 적대하는 것이다."[63]

마르쿠스는 자신에게 아침마다 그날 하루를 내다보며 불쾌한 사람들을 만나는 상상을 해보라고 충고했다. 싫은 사람을 상대하는 일은 2천 년 전 로마의 황제에게도 그랬듯이 우리에게도 현실이다. 마르쿠스는 단순히 이런 사람들이 유발한 불쾌감에 대해 생각하지 않으려고 애쓴 것이 아니라, 애초에 그들의 넌더리 나는 성격이 자신을 괴롭히지 못하도록 최선을 다했다.

우리는 정말 우리를 불쾌하게 만들 것이 뻔한 사람들만 득실대는 곳에 사는 걸까?

피에르 아도는 《명상록》을 읽을 때 그 글을 필자의 심리적인 자아를 드러내는 표현으로 읽으면 안 된다고 지적했다. 핵심은 그런 것이 아니었다. 마르쿠스는 우리가 일기를 쓰듯 자신의 감정을 적지 않았다. 스토아철학의 수련법을 매일 삶에 적용하고 훈련해서 심리적인 강건함을 유지해야 한다는 것을 스스로 상기하기 위한 목적이었다. 우리는 좋아하지 않는 사람들, 무지하거나 무례한 사람들을 만났을 때, 그들에게 끌려 내려가는 것을 피할 수 있다면 우리 자신에게도 더 도움이 될 것이다.

마르쿠스의 결론은 연민이 넘친다. 그는 우리 각자가 몸의 각 부분처럼 서로 협력하기 위해 태어났다고 말했다. 우리는 모두 전체의 일부분이다. 우리가 제대로 기능하기 위해서는 서로가 필요하고, 사소한 갈등은 대의大義에 도움이 되지 않는다. 그의 목적은 싫은 사람을 피하는 것이 아니라 개성이 다른 사람들 사이의 충돌을 피할 방법을 찾고 모든 사람과 조화로운 관계를 맺는 것이었다. 스토아철학이 멀게 느껴질 때는 이 점을 기억해라. 스토아철학의 목적은 상대에게 냉정하게 거리를 두라는 얘기가 아니다. 고대인들이 자연이라고 부르는 것과 조화를 이루고 인류에 도움이 되는 생산적인 일원으로서 삶을 살아가는 것이다.

매일 아침 오늘 하루를 준비해라. 아침 5분 동안 그날 할 일, 자기 자신을 실망시킬 만한 일, 겪게 될지 모르는 곤란한 상황을 머릿속에 그려봐라. 처음에는 좀 낯설고 부담스럽게 느껴질 수 있다. 하지만 이런 실천 없는 평소의 아침 일상을 떠올려보자. 한 시간 일찍 맞춰놓은 알람 소리에 벌떡 깬다. 하지만 아직 여유가 있다는 것을 확인하고 다시 잠든다. 아니면 침대에서 뒹굴며 그 시간을 가장 시시한 짓으로 때운다. 휴대전화를 집어 들고 인터넷을 검색한다. 소셜 미디어를 둘러보거나 새로 온 메일을 확인한다. 자신을 불특정 다수와 연결한다. 바람에 날리는 비닐봉지처럼 흔들리는 우리 의식에 어느새 불쾌하게 스르르 다가오는 바깥세상의 요구에 질식당하고 있다는 것도 깨닫지 못한 채 또다시 하루를 시작한다. 질투심이 뛰 놀 자리를 깔고 겨우 잠에서 깬 우리 정신이 밤새 메일함에 쌓인 일 걱정으로 채워지는 것을 방치하며 그날을 준비시킨다. 다시 잠들어 꿈으로 돌아갈 수 있을 만큼 암시에 취약한 하루의 처음 몇 분이 우리의 주의를 요구하는 바깥세상의 요란한 간섭에 휩쓸린다. 아직 흡수성이 좋고 반수면 상태인 우리 뇌는 외부의 맹습으로부터 거리를 두는 데 필요한 준비를 하지 못한다. 세찬 물줄기로 샤워하며 잠에서 완전히 깼을 때는 이미 너무 늦었다. 세상의 습격에 속수무책으로 당한 상태로 하루를 연다.

대신 스토아학파의 예측 명상premeditation으로 하루를 시작할 수도 있다. 아침에 반쯤 잠든 상태로 침대에 누워 5분 정도 방해받지 않는 시간을 가지면 가만히 누워 (또는 앉아) 그날 일어날 일을 예상해볼 수 있다. 우리는 오늘 어떤 사람들을 만나게 될지 어느 정도 안다. 그 사람들을 한 명씩 떠올리면서 머릿속에 등장하는 얼굴을 볼 때 생겨나는 감정에 주목한다. 어색한 대화를 나눠야 할 직장 상사, 수줍음이 심하고 말수가 적은 짝사랑 상대, 아무리 잘 지내보려고 해도 번번이 우리에게서 최악의 모습을 끌어내는 시끄럽고 이기적인 동료, 친구들과 저녁 식사 자리에서 우리를 당황하게 만들거나 오는 동안 차 안에서 말다툼을 벌인 뒤 불만과 짜증에 가득 차 잠자리에 든 연인이나 배우자···. 예정된 일도 걱정될 수 있다. 언제나 바짝 긴장되는 수업·시험·프레젠테이션, 끝나고 나면 더 잘하지 못해

늘 후회되는 회의, 걸핏하면 잊어버려서 상대를 짜증 나게 만드는 사소한 집안일….

하지만 이제 우리는 무게중심을 우리 안에 두고 이런 사람들과 이런 일들로부터 한 걸음 떨어져서 생각할 수 있다. 우리가 통제할 수 있는 것과 통제할 수 없는 것은 무엇인가? 오늘 스스로 실망스럽고 후회할 행동을 할 만한 위험이 있는가? 머릿속으로 미리 연습해서 그때 쉽게 적용할 수 있는 대안은 무엇인가? 최악의 사태에 대비하고 있는가? 다른 사람들에게 너무 많은 것을 요구하고 있진 않은가? 비현실적인 기대를 품고 일을 하고 있지는 않은가? 그 기대치를 낮출 수 있나? 어떻게 해야 일이 계획대로 풀리지 않아도 담담할 수 있을까? 계약이 성사되지 않으면, 회의가 성공적으로 끝나지 않으면, 그 밉상이 또 하던 대로 행동하면…? 상대의 행동이 완벽하기를 바라지 않고 우리가 보인 감정적 반응에 대한 책임을 인정하면 어젯밤 안 좋았던 분위기를 푸는 데 도움이 될까? 모든 걸 잃으면 기분이 어떨까? 주변 사람들이 얼마나 소중한지 새삼 깨닫게 되지 않을까?

예측 명상은 불교 명상이나 마음 챙김 명상과 비슷하다. 우리는 스토아학파가 불교와 같은 뿌리에서 나왔다는 사실을 기억할 필요가 있다. 스토아철학은 이후 초기 기독교에 영향을 미치기 전까지 동양의 영적 사상을 따로 떼어 서양의 입맛에 맞게 합리적으로 체계화한 것이었다. 지금 이 순간의 중요성을 강조하는 것이 이 두 사상의 공통점이다. 또 비애착을 연습하라고 가르치며, 세속적인 걱정을 불러일으키는 우리의 열정으로부터 자신을 떨어트림으로써 얻을 수 있는 평정을 목표로 한다.

한편 스토아철학은 사회에서 좀 더 적극적으로 활동하는 경향이 있었다. 두 사상 모두 깨달음의 상태에 도달한 현자가 있지만 스토아학파의 현자는 실제 인물이 아니라 역할모델에 가까웠다. 세네카가 남긴 글의 의미가 바로 이것이었다. "저지할 통치자가 없으면 뒤틀린 것을 바로잡을 수 없다."[64]

불교의 명상과 달리 스토아학파의 예측 명상에서 우리가 목표로 하는 것은 내려놓기가 아니다. 우리는 오히려 이성적으로 생각에 관여하기를 원한다. 물론 생각 내려놓기는 평온함을 얻고 지금 이 순간에 온전히 집중하기 위한 예측 명상에 도움이 된다. 하지만 우리는 지금 온전히 현재에 사는 법이 아니라 미래를 생각하고 있다. 또한 스토아학파의 예측 명상은 마음 챙김 명상의 원칙을 수용하고 강건하면서도 열린 마음으로 그날 하루를 미리 짐작해보는 몇 분간의 조용한 시간을 갖는다.

충분한 샤워와 넉넉한 카페인의 도움으로 마지못해 사회를 받아들이고 생각이 또렷해지는 정오가 되기 전까지는 울컥 치미는 화밖에 경험하지 못하는 요즘 사람들을 위해, 세네카라면 아침의 예측 명상 대신 밤에 하는 성찰을 제안했을 것이다. 그날 하루 자신의 행동을 차분히 돌아보고 나면 더 편안하게 잠들 수 있다. 세네카는 피타고라스학파 철학자 섹스티우스Sextius가 사용한 방법이라고 덧붙이며—아마 섹스티우스가 학생들에게 가르쳤던 방법일 것이다—이 훈련을 설명했다.

"하루가 저물고 밤의 휴식을 위해 자기 방으로 물러난 그는 자신의 영혼에게 물었다. '오늘은 어떤 해악을 바로잡았는가? 어떤 악덕과 싸웠는가? 너의 어떤 면이 더 나아졌다고 느끼는가?' 이렇게 그날 하루의 품행을 점검하는 것보다 좋은 게 어디 있겠는가?"[65]

피타고라스학파는 추종자들에게 "어떤 일도 미리 숙고해보지 않고서는 행하지 말라. 아침에 그날 해야 할 일을 계획하고 밤에 그날 했던 행동을 점검해라"[66]라고 가르쳤다. 딱 30초로 시작해보면 어떨까. 그동안 우리가 될 수 있는 최고의 모습을 떠올리고, 우리의 감정적 행복을 외적인 것에서 찾지 않으며, 문제가 될 만한 순간을 미리 경계하자. 마찬가지로, 밤에는 그날 우리 행동이 어떠했는지, 스스로 실망스럽지는 않았는지, 내일은 다르게 처신해야 할 행동은 없는지 가볍게 돌아보며 편안하게 하루를 마무리하는 것이다.

규칙적으로 혼자 있는 조용한 시간을 보내면 다시 일상으로 복귀할 때 자기 만족감을 얻어갈 수 있다. 밤낮없이 휴대전화를 손에서 놓지 못하는 우리는 혼자 보내는 시간의 이로움을 잊어버렸다. 날마다 그 균형을 되찾을 시간과 공간을 확보한다면 머지않아 삶의 무게중심이 우리 안에 자리 잡은 것을 깨닫게 될 것이다. 또 우리 삶의 많은 것이 우리와 아무런 관련이 없으며 오직 우리 생각과 행동에만 관심을 쏟아야 한다는 점을 되새길 수 있다면 더욱 좋다.

## 때로는 삼인칭 시점이 필요하다

스토아철학을 조금 더 쉽게 일상에 적용하는 방법을 살펴보자. 바로 과거나 미래의 사건을 삼인칭 시점으로 바라보는 것이다. 최근에 기분이 유난히 좋았거나 나빴던 일을 떠올려보라. 아마 지금도 현재 진행형으로 그 장면을 떠올릴 가능성이 클 텐데, 거미나 뱀처럼 공포증을 유발하는 이미지를 떠올리는 방식도 같은 원리다. 우리 뇌는 그런 대상에 착 달라붙어 그 이미지를 일인칭 시점으로 우리 자신에게 보여주며 감정을 더욱 생생하게 느끼게 한다. 따라서 어떤 기억이나 다가올 사건에 관한 생각으로부터 마음의 거리를 확보하고 싶다면 그 이미지를 방 한구석에 설치된 CCTV로 촬영한 것처럼 떠올리면 큰 도움이 된다. 자기 자신이 포함된 장면을 상상하면 그 장면으로 인해 야기되는 감정에서 한 걸음 물러설 수 있다. 이 거리두기 훈련은 오늘날 심리학자들이 사용하는 치료 기법이기도

하다. 자기애 성향이 강한 사람들은 과거의 사건을 일인칭 시점으로 더 감정적으로 회상하는 경향이 있다. 우리 뇌의 브로드만 영역 25Brodmann Area 25라는 곳이 이런 자기지향적 관점과 연관이 있는데, 이 영역이 과도하게 활성화되면 우울증을 겪게 된다. 트라우마를 겪는 사람들이 삼인칭으로 시점을 바꾸면 거기서 벗어나기가 더 쉽다는 것을 깨닫는다.[67]

신경언어학프로그래밍NLP, neuro-linguistic programming에 익숙한 사람이라면 종속모형 변화sub-modality changes라는 말을 들어봤을 것이다. 어떤 문제에 대한 시각을 그 사람에게 더 도움이 될 만한 반응을 촉발하는 방향으로 이끄는 모든 종류의 변화를 일컫는다. 예를 들어, 비행공포증이 있는 사람은 거대한 화면에 밝은 색채로 아주 세밀하게 묘사된 클로즈업 장면이 파노라마식으로 펼쳐지는 비행을 일인칭 시점으로 상상한다. 이런 상상은 아주 강렬한 정서적 반응을 일으키는 확실한 조합이다. 하지만 반대로 공포증을 일으키지 않는 기차나 다른 무언가를 상상할 때는 마치 멀리 떨어진 곳에서 조망하듯 색채도 단조롭고 생동감도 덜한 조그만 이미지를 떠올린다. 또 자기 눈으로 직접 보는 것처럼 떠올리는 것이 아니라 자신이 그 이미지 안에 포함되어 있다. 비행한다는 생각만 해도 일어나는 정서적 긴장을 완화시킬 때 사용하는 고전적인 NLP 기법은 비행 이미지를 기차 여행의 이미지와 닮은꼴로 만들어 비행 장면을 다시 상상하는 연습을 하는 것이다.

NLP 기법의 인지적 관점은 스토아 사상에서 시작되었다고 볼 수 있다. 또 NLP의 거리두기 기법은 발달심리학자 버나드 캐플런Bernard Kaplan과 하인츠 베르너Heinz Werner에게서 지대한 영향을 받았을 가능성이 크다.[68]

아침에 예측 명상을 하면 일인칭 시점과 삼인칭 시점의 이점을 모두 얻을 수 있다. 미래에 겪게 될 힘든 일을 고통 없이 떠올리려면 CCTV처럼 삼인칭 시점으로 상상하려고 노력해라. 보다 새롭고 긍정적인 반응을 연습할 때는 일인칭 시점으로 돌아와 모든 장면을 눈으로 직접 보듯이 최대한 생생하게 그려라. 이 연습을 통해 새롭고 바람직한 행동 방식이 감각 기억을 형성하면 실제로 그 상황이 닥쳤을 때 많은 도움을 받을 수 있다.

우리는 이미 어떤 상황에서 나타나는 심리적 장애나 불행한 느낌을 가라앉히고 심리적으로 좀 더 강건하게 삶을 즐길 수 있게 해주는 몇 가지 간단한 기술을 배웠다. 어떤 상황으로부터 한 걸음 물러날 수도 있고, 첫 번째 인상에 부정적인 이야기를 덧붙이지 않기로 마음먹을 수도 있다. 또 '이건 내가 통제할 수 있는 일인가?' '지금 나한테 문젯거리가 있나?'처럼 필요할 때마다 도움이 될 만한 생각과 질문을 떠올릴 수 있다. 내일 겪을 일들을 미리 생각해보고 그날그날 했던 행동을 성찰할 수도 있다.

# 하루 24시간,
# 어떻게 살 것인가

아널드 베넷Arnold Bennett의 《하루 24시간 어떻게 살 것인가》는 시간을 현명하게 사용하는 방법을 알려주는 책이다.

"빠듯한 생활비로 고민하는 사람은 돈을 더 벌거나 훔치거나 일자리를 구하거나… 바짝 긴장해서… 어떻게든 예산의 균형을 맞춘다. 하지만 하루 스물네 시간이라는 정해진 수입으로 필요한 모든 지출 항목을 정확하게 충당할 수 없는 사람은 삶이 완전히 혼란에 빠질 것이다. 시간의 공급은 눈부시게 규칙적이지만 잔인할 정도로 제한적이다."[69]

베넷의 메시지는 일상적으로 낭비되는 시간을 찾아서 자기 계발에 배분하라는 뜻이다. 우리는 낭비, 소비, 배분 같은 경제적 용어로 시간을 묘사하면서도 시간을 지출할 때는 돈을 쓸 때처럼 신중하게 생각하지 않는다. 사람들 대부분은 자기 일에 애착은 별로 없으면서도 직장에서 보내는 시간을 하루라고 여긴다(여기서 베넷은 산업혁명 이후 생겨난 수많은 화이트칼라 노동자를 대상으로 말하고 있다). 아침마다 가까스로 일어나 출근하고, 퇴근 후 집에 돌아오면 그저 긴장을 풀면서 거의 한 시간 동안 자러 갈 생각만 하다가 잠자리에 든다. 이런 여유 시간이 우리 생활의 핵심이지만 너무 짧다 보니 그 시간을 하찮게 여긴다. 베넷은 퇴근 후 자기 전까지의 시간은 의미 있는 프로젝트를 하기에는 부족하고 열정을 불러일으킬 에너지도 없다고 주장하는 사람들에게 이렇게 반박했다.

"그 시간에 예쁜 여자 친구와 극장에 간다면 어떤가? 서둘러 교외에 있는 집으로 돌아가 좋은 옷을 입고 멋지게 보이기 위한 수고를 아끼지 않는다. 잽싸게 시내로 돌아가는 기차를 탄다. 그렇게 네 시간에서 다섯 시간을 보낸 뒤 여자 친구를 집에 데려다주고 당신도 집에 돌아온다."[70]

얄밉지만 사실이다. 우리는 보상만 확실하면 어떻게든 시간을 찾아낸다.

베넷은 하루에 삼십 분에서 한 시간 정도를 떼어 정신 함양에 써 보라고 권한다. 이 계몽의 영역에서 소설 읽기는 제외된다. 대신 흥미를 느끼는 것이면 무엇이든 좋다(여기서 베넷은 에픽테토스와 마르쿠스 아우렐리우스를 추천하면서, 특히 마르쿠스의 글은 어디든 가지고 다

닌다는 설명을 덧붙였다). 예스러운 문학적 취향을 가진 베넷의 가르침이 별로 감동적이지 않더라도, 시간을 사용하는 방식을 바꿀 방법에 대한 단서는 얻을 수 있다. 동기부여의 중요성을 이해하고 있는 그는 우선 작고 다루기 쉬운 것부터 바꿔보라고 제안했다. 작은 변화로 보상을 얻으면 그 보상이 더 큰 변화를 추구할 동기로 작동한다. 오늘날 자기 계발에 관한 수많은 논문도 같은 지적을 한다. 작은 변화가 큰 변화를 이끈다. 한 번에 하나씩 해라.

# 7장

## 분노를 없애는 현실적인 조언

# 오늘도
# 화를 내고 말았다면

언제부턴가 그는 소리조차 내지 않았다. 그는—아니, 오히려 그것이라고 부르는 게 어울릴 것이다—자기에게 떨어진 형벌, 끔찍한 고통과 공개적 망신을 오래 끌 수 있을 만큼만 주어지는 식사를 규칙적으로 먹으며 목숨을 이어갔다. 우리에 갇혀 아테네를 순회하는, 이 피와 오물투성이 낯선 생명체는 한때 왕의 친위대 수장이자 그의 친구였다.

  자신의 아내 아르시노에Arsinoe를 두고 뒷말을 했다는 이유로 옛 친구 텔레스포로Telesphorus에게 이런 기이한 형벌을 내린 사람은 바로 트라키아·소아시아·마케도니아 왕국의 왕 리시마코스Lysimachus였다. 왕은 아르시노에가 평소 자주 구토를 했던 점을 텔레스포로가 비꼬아 농담을 했다는 말을 전해 듣고 격노했다. 왕은 텔레스포로가 두 번 다시 토하는 소리나 냄새에 당황하지 않도록 귀와 코를 잘라 불구로 만들라고 명령했다. 대신 눈은 남겨뒀는데, 이 괴상한 형벌의 후반부—짐승처럼 우리에 전시되어 죽을 때까지 도시를 순회하는 형벌—를 온전히 감상할 수 있게 하기 위한 배려였다.

우리 안에 갇힌 이 생명체는 훌륭한 군인, 아니 어떤 인간의 모습과도 닮은 데가 없었다. 탄탄했던 육신은 시체처럼 야위었고 굳은 살과 물집투성이였다. 죽었거나 적어도 죽은 것처럼 보이는 이 말라비틀어진 시체는 들개들이 갈가리 찢어가게끔 거리에 버려졌다.

몇 년 전, 리시마코스 왕 자신도 이런 명령을 받은 적이 있었다. 그의 친한 친구이자 통치자였던 알렉산더 대왕이 페르시아 원정 당시 왕의 호위를 맡았던 리시마코스에게 굶주린 사자 우리에 들어가라고 명령했다. 세네카의 가르침을 받고, 학식 있고 존경받는 알렉산더 대왕이 연회에서 술에 취해 화가 나서는 어릴 적부터 알고 지낸 이 소중한 친구의 가슴에 비수를 꽂았다. 다행히 당시 리시마코스는 운 좋게 탈출했지만 말이다. 하지만 몇 년이 지나 불같이 화가 치민 그 순간에 자기가 받았던 악몽 같은 형벌의 뒤틀린 버전을 텔레스포로에게 내렸다.

분노는 단연코 가장 파괴적이고 가장 만연한 열정이다. 분노는 추악하다. 세네카는 이렇게 말한다.

"확실히 그것보다… 더 나쁜 표정은 없는데… 한순간 거칠고 사나웠던 표정은 역류했던 피가 흩어지면서 창백해지고, 다시 온몸의 열과 에너지가 얼굴로 쏠린 것처럼 목 위로 피가 몰려 시뻘게지고, 정맥이 툭 불거져 나오고, 눈알은 쉴 새 없이 움직이고, 튀어나올 듯 부릅뜬 눈으로 상대를 뚫어져라 응시한다."[71]

그리스 로마 시대에 가장 위대한 수필가였을 것으로 짐작되는 플루타르코스Plutarchos는 이렇게 썼다.

"내 친구들, 내 아내와 딸들에게 그토록 무섭고 불안정해 보였을 것을 생각하니 몹시 화가 났는데, 겉모습만 본래의 나를 알아볼 수 없을 정도로 흉포했던 게 아니었다. 내가 아는 사람들이 분노에 사로잡혀 평소의 본성, 외양, 즐거운 대화, 설득력, 동료에 대한 예의를 지키지 못하는 상태였을 때처럼 나 역시 거칠고 모진 어조로 말하고 있었다."[72]

플루타르코스의 글은 읽기에 즐겁다. 그는 이를테면 만족, 분노, 친구와 아첨꾼을 구별하는 법같이 당시 인기를 끌었던 윤리적 문제에 관한 자신의 관점을 이해시키기 위해 생생한 이미지를 활용해 글을 썼다. 고전 역사가들은 마치 유행처럼 그가 살았던 시대와 그가 언급했던 유명한 인물의 증거를 찾기 위해 《플루타르코스 영웅전》을 샅샅이 살폈다. 플루타르코스가 19세기 주요 고전 문헌 목록에서 빠지게 된 이유는 그가 남긴 주요 저서가 역사적으로 오해의 소지가 있다는 점을 깨달았기 때문이었다. 최근에야 우리는 플루타르코스를 연대기 작가가 아니라 있는 그대로의 그로 재평가하게 되었다.

플루타르코스는 자신을 '에피쿠로스학파의 비종교적인 원자론적 입장에 반대하고 대체로 스토아학파의 윤리에 공감하는 플라톤 주의자'로 정의했다. 그가 쓴 《분노 회피에 관하여On the Avoidance of Anger》는 같은 주제를 다룬 에픽테토스의 《담화록》뿐 아니라 세네카의 《화에 대하여》와도 궤를 같이한다. 이 시기의 화두는 분노였다. 작가들은 더 행복하게 사는 법과 화를 잘 참는 법에 대해 할 말이 많았다. 화가 적은 사람들조차 이런 식의 생각을 통해 자신의 좌절감을 다룰 수 있다. 좌절감은 보통 강도가 약한 화火이고 그 밖에 우리가 원치 않는 장애의 흔한 원인이면서 분노와도 관련이 있다.

작가들은 모두 분노가 전적으로 부정적이고 부당한 감정이라고 주장했다. 앞선 시대의 철학자 아리스토텔레스는 그들과 생각이 달랐다. 아리스토텔레스는 정확한 지점에 놓이기만 한다면 분노도 그 쓰임이 있다고 믿었다.

"누구든 화가 날 수 있고 화를 내는 건 쉽다. 하지만 화를 내야 마땅한 사람이, 마땅한 시간에, 마땅한 정도로, 마땅한 목적을 가지고, 마땅한 방식으로 화를 내는 것은 모두가 가진 능력이 아닐뿐더러 쉽지도 않다."[73]

아리스토텔레스가 말하는 미덕의 체계는 어떤 특정한 자질들 안에서 지나침과 부족함 사이의 중용을 달성하는 것이 기본 바탕이었다. 분노가 너무 많은 사람은 성을 잘 내게 되고 너무 적은 사람은 줏대가 없다.

누가 봐도 심하게 부당한 행동에 대한 정당한 분노는 어떻게 봐야 할까? 시민권 운동을 생각해보자. 분노 없이 어떻게 사회적 부당함에 맞서 싸울 수 있겠는가? 그리고 사회적 차원의 분노가 중요한 변화의 불씨로 정당화될 수 있다면 개인적 차원의 분노를 인정하고 심지어 권장하지 않을 이유가 어디 있겠는가?

분노는 확실히 진화적인 근거가 있는 듯 보인다. 분노에는 사회적인 목적이 있다. 분노의 표시는 다른 사람이 행동을 바꾸게 만들고 사회적 규범을 어기는 행동을 막아 우리가 마음놓고 함께 살아갈 수 있게 해준다. 단 아리스토텔레스는 불쾌감을 못 느끼고 그 감정을 표현하지 못하는 사람을 노예화된 손쉬운 착취 대상이라고 보았다.

우리에게 중요한 문제는 어떻게 하면 더 행복해질 수 있느냐다. 그 과정에서 분노가 하는 역할을 고심해야 한다. 그래서 이 좌절과 분노의 시대에 우리가 취할 수 있는 가장 현명한 관점, 가능한 한 방해받지 않고 행복하게 살아갈 수 있는 관점이 무엇인지 알아내기 위해 분노가 긍정적으로 쓰일 수 있는지를 살펴보자.

우리가 맨 먼저 할 일은 분노의 의미를 명확히 하는 것이다. 아리스토텔레스는 분노를 "자기 자신이나 자신의 친구가 명백하게 까닭 없이 멸시당하는 것을 보고 일어나는, 고통을 동반한 진정하고 명백한 복수의 열망"[74]이라고 정의했다. 아마 우리는 아리스토텔레스가 제기하는 이 두 가지 흥미로운 쟁점에 대해 생각해본 적이 없을 것이다. 첫 번째 문제는 분노가 복수, 즉 다른 사람을 해하고자 하는 욕구에 의해 일어난다는 점이다. 마사 누스바움이 지적한 것처럼[75], 그 위해는 간접적일 수도 있고(이를테면 헤어진 아내가 새 남편과 불행하기를 바라는 것), 관계의 본질로 인해 완화된 형태로 나타날 수도 있다(아이한테 화가 난 엄마가 느끼는 위해 욕구는 처벌, 꾸짖음, 따끔한 훈육의 형태로 완화된다). 하지만 어쨌든 보복의 욕구는 항상 존재한다.

두 번째 문제는 모욕이 있어야 한다는 점이다. 모욕은 중요성이 떨어지는 기준일 때가 많지만 분노의 흔한 원인인 것만은 확실하다. 다른 사람의 말이나 행동에 화가 났던 기억을 떠올려봐라. 보통은 자신이 모욕당했거나 무시당했거나 외면당했거나 부당한 대우를 받았거나 그런 오해를 받았다고 스스로 인지했을 때인 경우가 많다. 겉으로 드러난 현상에 우리의 개인적 판단, 또는 스토아학파에서 말하는 우리의 동의가 열심히 일한 결과다.

사회적 정의와 관련한 분노의 역할을 고려할 때, 어쩌면 분노로 인한 사건의 긍정적인 결과는 분노 자체가 아니라 분노의 방향을 어디로 맞추느냐에 달린 문제 아닐까? 2014년 1월에 시카고대학교 법대 강의에서 누스바움은 마틴 루서 킹Martin Luther King이나 간디 같은 중요한 사회 개혁가들의 업적을 언급하며 자신이 이행transition이라고 부르는 것의 중요성을 설명했다. 누스바움이 언급한 두 인물은 각각 미국의 인종 분리 정책과 인도에 대한 영국 식민통치에 반대하는 지지자들에게 동기를 부여하면서, 심각한 부당함 때문에 생겨난 분노 밑바닥에 흐르는 거센 물결을 이해하고 있었다. 동시에 격노와 폭력이 그들이 직면한 어떤 문제도 해결해주지 못한다는 점도 알고 있었다. 1963년 마틴 루서 킹의 〈나에게는 꿈이 있습니다〉 연설은 미국 흑인들의 분노를 미래 지향적이고 건

설적인 욕구로 변화시킨 명연설이었다. 그는 흑인 공동체가 느끼는 분노를 범죄적인 부당함에 관한 문제가 아닌 갚아야 할 빚으로 묘사하면서 말을 시작했다. "미국은 흑인들에게 부도 수표를 발행했고, 잔고 부족이라고 찍혀 돌아왔습니다." 뒤이어 압제자들을 향해 분노를 표출하는 것이 아니라 평등의 비전 실현을 촉구하는 그 유명한 동기부여 부분으로 넘어간다.

그렇다면 분노를 느끼는 건 어쩔 수 없더라도 분노 그 자체가 우리에게 도움이 되지는 않을 것이다. 중요한 건 분노를 건설적인 무언가로 바꾸는 것이다. 우리는 부당한 일을 목격하면 (혹은 자신이 부당한 대우를 받았다고 인지하면) 분노를 느끼며 상황을 바꾸려고 한다. 하지만 분노의 감정은 인지된 부당함을 바로잡는 데 거의 아무런 역할을 하지 못한다. 예를 들어, 예술가는 세상을 관찰하면서 거기서 마땅히 느껴야 하는 감정과 실제로 느끼는 감정의 차이를 포착한다. 그가 완성한 예술 작품은 둘 사이를 연결하는 한 가지 방법이자 그 불일치의 물리적 표현이다. 예술가가 경험하는 분노는 무언가 건설적인 형태로 바뀐다. 관찰자는 완성된 작품을 보며 예술가가 제안한 쟁점에 주의를 기울이고 그의 동기에 동조할 것인지 결정해야 한다. 마틴 루서 킹은 더 원초적이고, 불안정하며, 대단히 격앙된 감정을 다루고 있었지만, 그를 비롯한 비폭력 시위 운동가들은 본질적으로 대단히 창의적이고 미래지향적인 과정에 깊이 관여하고 있었다.

세네카의 《화에 대하여》에 묘사된 것처럼, 스토아학파에서는 이 파괴적인 열정이 사교적인 인간 본성에 맞지 않다고 보았다.

"정신이 올바른 상태일 때의 인간보다 더 온화한 게 어디 있겠는가? 하지만 분노보다 더 잔인한 게 어디 있는가? 분노보다 더 적대적인 것이 무엇이겠는가? 인간은 서로 돕기 위해 태어나지만 분노는 파괴를 위해 태어난다."[76]

세네카는 동기부여를 위한 분노는 필요치 않다고 말한다. 의무와 미덕을 향한 충동이면 충분하다는 것이다. 하지만 우리한테는 만족스러운 답이 아니다. 사랑하는 사람이 살해를 당했을 때조차 고작 의무를 다하고 미덕을 따르면서 가해자를 쫓으란 말인가? 조금 납득하기 어렵다. 게다가 마사 누스바움이 지적한 것처럼, 만약 이 현자가 (의무와 미덕에 의해) 강한 동기를 부여받아 범죄자를 처벌한다면 결과적으로 분노에 찬 사람과 같은 판단을 내리는 것 아닌가? 또 스토아학파의 가르침대로 그 분노가 우리 판단에 달린 것이라면, '입에 거품을 물고 눈을 부릅뜨든 그렇게 하지 않든'[77] 화가 났다는 사실은 분명하다.

세네카의 대응은 처벌을 위한 동기를 제공하는 것이다. 범죄자를 바른길로 이끌기 위해 처벌해야 한다는 주장이다. 누스바움은 스토아철학의 전형적인 이 치유적 모델을 나치 수용소에 최초로 진입했던 연합군 장교의 보고와 대비시켰다. 이 장교가 진입한 곳은 나중에 정치 활동가로 성장하는 어린 엘리 위젤Elie Wiesel이 지낸 수용소였다. (이 장교는) 수용소의 처참한 광경을 보더니 꽥꽥 소리를 지르고 욕을 퍼부었다. 어린 위젤이 그를 보며 생각했다. '이제야 인간성이 돌아왔구나, 이제야, 분노와 함께 인간성이 돌아왔어.'[78] 이 장교의 첫 번째 충동이 나치 전범들을 갱생시키고 개도하는 것이어야 한다는 주장은 정말 이상하게 들린다.

세네카에게는 누스바움의 지적에 대한 답이 있었다. 그 답은 우리에게 인간의 본성에서 분노가 어디쯤 위치하는지 알려주는 모델을 제시한다. 스토아학파의 원리에 부합할 뿐 아니라 그 원리가 냉정한 거리두기를 부추기는 것이 아니라는 점을 상기시켜준다. 세네카는 세상에 분노가 만연해 있고 우리 삶의 일부이긴 하지만 우리 본성의 일부는 아니라고 한다. 우리는 사랑, 개방성, 화합의 충동을 가지고 태어나지만 자라면서 외적인 사물들과 우리 자신의 안전에 집착하게 되는 경향이 있다. 공격성은 우리의 본성과 우리가 처한 환경 사이에 벌어지는 상호작용에서 비롯된다. "우리가 삶에 집착할수록 인간성으로부터 멀어지게 된다."[79]

우리는 분노가 합리적인 반응인 것처럼 보이는 상황에서도 다시 한번 생각해볼 필요가 있다. 분노는 우리를 개방적인 자연스러운 상태에서 벗어나게 하고 인류와 등을 돌리게 만든다. 우리는 분노에 대한 집착을 되돌아봐야 한다. 공정한 처벌의 중요성에도 불구하고, 분노로 인한 행동을 피해야 한다. 분노는 우리에게 좋은 것이 아니다. 이 격정의 소거가 우리의 인간성, 그리고 스토아 사상의 핵심인 온화함과 사회성을 회복시켜준다.

# 신경을 덜 쓰면 더 행복해진다

우리는 언제 화가 날까? 대답은 저마다 다르겠지만 누구에게나 해당하는 공통된 범주가 있다. 첫 번째, 바로 사회적 규범이 깨지는 순간이다. 이를테면 우리에게는 다른 사람과 있을 때 휴대전화만 쳐다보고 있는 행동이 잘못이라는 규칙이 있을 수 있다. 그런데 누군가 우리 맞은편에 앉아 휴대전화만 보고 있으면 틀림없이 화가 치밀 것이다. 친구들과 모인 자리에서 사랑하는 사람이 평소 우리에게 갖고 있던 불만을 농담처럼 툭 던지는 순간도 마찬가지다. 벌침에 쏘인 듯 당혹감을 느낀다. 게다가 비슷하게 굴지 않고는 그 말에 대응할 방법이 없다는 사실 때문에 화가 증폭된다. 우리의 생각은 보통 이렇게 전개될 것이다.

① 불공평하잖아. 네가 맨날 양말을 아무 데나 던져놓는 건…

② 난 절대 '넌 맨날…'이라고 말하지 않아. 그건 잘못된 표현이고, 화를 돋우는 말이라는 걸 알거든. 대체 왜 이렇게 무례한 거야? (물론 여기서 우리 역시 모순적이다. '난 절대'라는 말도 '넌 맨날' 못지않게 현실을 반영하지 못하기 때문이다.)

③ 사람들 앞에서 그렇게 말하다니! 굴욕적이야. 다른 사람들이 있으면 내가 적절하게 대응할 수 없다는 걸 이용한 거야. 나중에는 '그냥 농담한 거야'라고 말하겠지. 그럼 난 농담도 받아넘길 줄 모르는 예민한 사람이 되는 거고.

④ 나중에 이 얘기를 다시 꺼낸다면… 안 돼. 그건 너무 뻔해. 파티가 끝나고 나서 '거기서 꼭 그런 말을 해야 했어?'라고 물으면 말다툼으로 이어지겠지. 차라리 지금 말해야겠어. 시간이 지나도 이 상태로 있을 거야. 집에 가서 대화해도 바보 같은 기분이 들 테니까 말야.

⑤ 대체 우린 왜 함께하는 거지?

우리의 규칙은 친구들 앞에서 그런 얘기를 하지 않는 것이다. 그런데 규칙이 깨졌다. 여기서 작용하는 두 번째 기폭제가 있다. 개인적인 모욕의 인지다. 아리스토텔레스는 이 인지를 모욕을 준 사람에게 해를 입히고 싶은 욕구와 함께 분노의 중요한 기준으로 삼았다. 상대의 경솔한 말 때문에 당혹감을 느꼈다. 개인적인 모욕은 분노의 반응을 일으키는 흔한 기폭제다. 우리는 상대를 처벌하고 싶은 욕구를 느낀다. 말없이 비언어적인 분노를 표출한다.

분노의 세 번째 원인은 신경 거슬리는 일이다. 우리가 느끼는 분노의 일부는 상대가 말을 항상 그런 식으로 한다는 느낌에서 비롯된다. 어떤 지적 자체보다, 늘 비슷한 패턴을 보인다는 사실에 더 화가 나는 것이다. 이를테면 소리 지르는 아이처럼 짜증을 불러일으키는 경우다. 노력해도 무시할 수 없는 반복적인 소란이다.

마지막으로 기질이 있다. 우리는 예외 없이 우리를 화나게 하는 것이 무엇인지, 남들은 거슬린다고 하지만 우리한테는 아무렇지 않은 것이 무엇인지 알고 있다. 자신이 화를 잘 내는 편인지, 감정을 숨기거나 부정적인 감정에서 벗어나려는 경향이 있는지를 안다. 이런 기질은 항상 과거의 경험으로 거슬러 올라간다. 이를테면, 어떤 사람이 감정 기복이 심한 부모 밑에서 고함과 분노가 일상인 어린 시절을 보냈다고 해보자. 이런 사람은 상대의 마음을 읽고 민감하게 다루는 기술을 익혔을 가능성이 크다. 엄마가 버럭 화를 낼 것 같은 순간을 판단해야 했던 어릴 적 필요가 이제는 친구들에게 무슨 일이 생겼을 때 아주 민감하게 알아채는 데 쓰인다. 그뿐 아니라 엄마가 화를 내면 똑같이 고함치며 화를 내는 수밖에 없다는 것도 배웠다. 사실 우리는 기질에 상관없이 우리를 자극하는 것, 남들의 무례한 행동, 규칙 위반 같은 데에 신경을 덜 쓰는 것이 우리나 다른 사람들에게 확실히 더 좋다. 신경을 덜 쓰면 더 행복해진다.

분노를 피해야 하는 이유는 이게 다가 아니다. 분노에 휩싸이는 빈도와 강도를 줄이기 위해 노력할 의지가 충분하다면 그 이유를 확실히 알아두는 편이 도움이 될 것이다. 더 행복해지기 위해서는 왜 분노를 피해야 하는 걸까?

# 분노를 피해야 하는
# 3가지 이유

### ❶ 설득의 본질을 놓친다

16세기 프랑스의 철학자 미셸 드 몽테뉴Michel de Montaigne는 어떤 부모가 공공장소에서 아이를 호되게 꾸짖는 너무나 익숙한 광경을 보고 한탄했다. 오늘날로 치면 아이를 마트에 데려왔다가 한계에 다다라 아이를 때리는 부모의 모습과 비슷할 것이다. 이때 아이가 아무리 잘못을 했다고 하더라도 분노에서 비롯된 극단적인 부모의 훈계가 옳다고 생각할 사람은 아마 없을 것이다. 분노가 문제의 핵심, 즉 설득의 본질을 놓치게 만든다.

"다른 일 중에도, 길을 가다가 노여움에 제정신이 아닌 아빠나 엄마가 자기 아이를 멍이 들도록 두들겨 패고 매질하는 장면을 보고, 대신 나서서 막아주었으면 하고 몸을 들썩였던 일이 얼마나 많았던

가. 그 부모의 눈에 번뜩이는 격노와 노여움의 불꽃이라니! 부모가 째질 듯 날카로운 목소리로 이제 막 젖을 뗐을 법한 어린아이에게 소리를 지르는 일도 다반사다."[80]

이처럼 분노는 우리의 주장을 밀고 나가는 데에 방해가 된다. 우리는 다른 사람들의 동기나 다른 무언가에 관해 직접 이야기를 지어 자신에게 들려주고, 그 이야기에 대한 반응으로 극심한 공포나 분노를 느끼면서 스스로 분노할 자격이 있다고 느끼는 것인지 모른다. 그러나 분노를 제멋대로 두면 우리의 주장을 설득력 있게 전달하고자 하는 목표를 좌절시킬 뿐이다.

### ❷ 그렇게 살면 반드시 후회한다

홧김에 어떤 행동을 할 경우 나중에 후회할 가능성이 크다. 분노는 관계를 망가뜨리고 모든 유형의 사랑을 단절시킨다. "분노가 등장하면 결혼 생활이든 우정이든 견뎌내지 못한다. 하지만 분노가 없으면 술에 취해도 걱정이 없다."[81] 분노는 관계의 친밀함을 먹이로 삼는 경향이 있다. 가장 사랑하고 신뢰하는 사람들한테서만 배신감을 느낀다. 우리를 진정한 분노의 극단으로 몰고 가는 것은 이 배신감이다. 언어폭력이든 신체적인 폭력이든 우리를 화나게 만든 사람에게 나름의 응징을 가해서 잠깐의 쾌락을 맛본다 해도, 나중에 반드시 뒤따를 후회는 그 쾌락의 정도를 훌쩍 넘어선다. 홧김에 내뱉은 말은 그 말을 들은 상대가 느꼈을 속상함보다 우리 자신을 훨씬 더 괴롭힐 때가 많다. 또 상대는 그 말을 흘려들었을 수도 있지만 우리는 자신이 내뱉은 말에 사로잡혀 죄책감을 느낀다. 이로 인해 우리에게 불행의 부수적인 원인을 제공한다.

분노는 관련된 모든 사람을 불행에 빠트리고, 때로는 화가 난 사람을 훨씬 더 불행하게 만든다. 걸핏하면 화를 내는 사람에게 꼬리표를 붙이는 일은 쉽지만, 늘 그런 식으로 비춰지는 좌절감은 그 사람의 반사회적 행동의 반복 패턴을 강화할 뿐이다. 세네카는 분노에 사로잡힌 사람을 "가장 아끼는 사람들의 처형자이자 그들을 잃고 곧 눈물을 쏟게 될 파괴자"라고 묘사했다. 그는 이렇게 질문을 던졌다. "분노가 미덕을 달성하기 위해 꼭 필요한 결심을 파괴하는 데도, 그것이 정녕 (아리스토텔레스가 믿었던 것처럼) 미덕의 조력자이자 동반자의 역할을 맡길 수 있는 열정이란 말인가?"[82]

### ❸ 모든 분노와 복수는 되돌아온다

화가 나면 분노를 주체하지 못하고 어리석은 결정을 내리기 일쑤다. 플루타르코스는 "분노가 지성의 자리를 꿰차고 지성을 집 밖으로 완전히 내쫓은 뒤에"[83] 범행을 저지른다고 말했다. 또 그는 분노를 불난 집에 갇혀 연기와 혼란에 휩싸인 채 도움이 될 만한 것을 보지도 듣지도 못하는 경험에 비유한다. 우리는 누군가에게 화를 낼 때 그 행동을 정당화하지만 스스로를 속이는 일이다. 분노에 사로잡힌 우리에게는 더 이상 지성이 없기 때문이다. 세네카는 이렇게 물었다. "마치 폭풍에 휩쓸린 것처럼 제대로 걷지도 못하는 사람을, 성난 악마를 자기 주인으로 여기는 사람을 과연 제정신이라고 할 수 있는가?…"[84] 몽테뉴 역시 우리에게 분노와 복수의 중요한 연관성을 들어 이 점을 강조했다.

"분노만큼 우리 판단력을 어지럽히는 열정은 없다. 재판관이 분노 탓에 죄인에게 유죄를 선고한다면, 그 재판관에게 사형을 내리는 일을 주저하는 사람은 없을 것이다. 그런데 어째서 아버지나 선생님들이 분노해서 아이들을 혼내고 매질하는 행동은 봐줘야 한단 말인가? 그것은 더 이상 징벌이 아니다. 그것은 보복이다. 또 의사가 환자를 자기 분노의 먹잇감으로 삼는다면 그 행동을 용인해야 하는가?"[85]

코미디언 루이스 C. K.Louis C. K.는 자신의 스탠드업 쇼 〈오 마이 갓 Oh My God〉에서 운전할 때 느끼는 분노의 정도에 놀라움을 표현했다.

"전 모르는 사람들한테 화를 내느라 시간을 많이 낭비해요… 우리가 얼마나 불쾌한 사람이 될 수 있는지 정말 놀랍죠. 사람들은 상황에 따라 달라지잖아요. 상황이 괜찮을 때는 그 사람도 괜찮아요. 근데 상황이 달라지면 그 사람도 달라져요. 제가 운전할 때가 꼭 그래요. 전 상충하는 가치관을 갖고 있어요. 운전할 때는 최악으로 돌변하죠. 제가 가장 위험한 상황에 놓이는 때예요. 운전할 때는 그 어느 때보다 너그럽고 책임감이 있어야 해요. 다들 도로 위를 달리는 무기를 다루고 있는 거니까요… 우리가 얻을 수 있는 최악의 무기를 말이에요. 그리고 전 최악의 사람이고요. 한번은 운전 중에 제 앞에 어떤 사람이 있었어요. 어쩌다 잠깐 저의 차선을 침범했는데, 제 입에서 불쑥 이런 말이 튀어나오는 거예요. '이 쓸모없는 개자식아!'

기소 감이죠! 다른 사람한테 이렇게 느끼는 게 어디 있어요? 쓸모없는 개자식이라니요!? 누군가의 아들이잖아요! 그런데 운전대를 잡고 있으면 자꾸 화가 나요. 한번은 운전 중일 때 픽업트럭을 모는 어떤 사람이 있었어요. 잘 생각도 안 나요. 근데 그냥 창문을 열고 이렇게 말했어요. '어이! 저리 꺼져!' 다른 곳에서 이런 말을 해도 괜찮은 데가 있긴 한가요? 이를테면 엘리베이터를 탔는데 바로 옆에 누가 서 있어요. 근데 그 사람이 당신한테 살짝 기대고 서 있었어요. 그렇다고 그 사람 얼굴을 똑바로 보면서 이렇게 말할 수 있나요? '어이, 저리 꺼져!… 이 쓸모없는 개자식아!'

못하죠. 그렇게 말할 수 있는 사람은 말 그대로 '제로'예요. 그런데 도로에서 상대와 저 사이에 유리 두 장만 있으면, 그 사람들한테는 못 할 말이 없어요. '나가 뒈져라!'라는 말 역시 제가 어떤 사람한테 한 말이에요. 나가 뒈지라니, 왜요? (…) 제 말은… 저는 무슨 짓까지 할 수 있을까요? 전 제가 좋은 사람이라고 생각하고 싶어요. 근데 모르겠어요…"

보복 운전을 뜻하는 로드레이지road rage는 1987년~1988년에 미국 로스앤젤레스 고속도로에서 총기 사건이 연달아 발생하면서 지역방송국 KTLA의 단골 뉴스로 다루어졌다. 10년 정도 지나 심리치료사들이 이런 형태의 공격성을 정신장애로 분류하려고 시도했다. 우리는 분명 우리 차를 통제해야 한다. 그래서 이미 출발부터 긴장을 놓을 수 없다. 운전 규칙뿐 아니라 차체의 크기에도 제약을 받기 때문에 영역 침범이 약간만 발생해도 공격적인 반응이 촉발된다.

언제나 사방에서 우리가 통제할 수 없는 일이 일어나는데, 우리가 느끼는 불안의 대부분이 이 영역에서 비롯된다. 도로 위에서 벌어지는 일은 보통 어느 정도 선에서 끝나지만, 다른 사람이 우리 차선을 침범하지 못하도록 막거나 위험하다고 간주한 상대의 행동에 대해 응징하는 순간 권력 투쟁이 전면으로 드러난다.

모욕을 당하면 되갚아주고 싶어진다. 분노의 두 가지 전형적인—그리고 고전적인—형태(해를 입히는 것, 해를 입히고 싶어 하는 것)가 나타난다. 규칙 위반에는 확실히 모욕적인 요소가 있다. 하지만 이 분노의 진짜 범인은 우리가 느끼는 자격의식sense of entitlement이다. 공격이라고 인식할 만한 행동이 있기도 전에 이미 운전이라는 긴장된 상황에 놓이기 때문에 다른 사람들과 우리 관계에 대한 인식이 안 좋은 쪽으로 바뀐다. 그런 위험한 영역을 달리고 있을 때 너그러운 사람이 되기란 쉽지 않다. 대신 주위를 경계하고 스스로를 돌보는 데 집중한다. 그 결과, 다른 사람들의 형편없는 운전을 우리에 대한 악의적인 행동으로 해석할 뿐 아니라, 우리가 권력자의 위치에 있고 규칙을 어긴 사람들을 처벌할 권한이 있다고 느끼게 된다.

차 안에서는 평범한 사회적 상황에서 하던 어떤 미묘한 의사소통도 할 수 없다. 보복 운전은 우리가 얼마나 쉽게 야만인으로 돌아갈 수 있는지를 보여준다. 그나마 우리에게는 천오백 킬로그램짜리 금속 덩어리라는 의사소통 수단이 있어 위안이 된다. 깜박이는 지시등은 우리가 남은 평생 사용할 수 있는 무수한 사회적 신호의 조악한 대체물이다. 열차표 무인 발권기 앞 긴 줄에 서 있다고 상상해보

자. 빨리 표를 끊어야 하는 상황일 때는 발을 동동 구르면서 불쌍해 보이는 몸짓을 하며 이해와 동정심을 불러일으키기를 바라는 어조를 취할 가능성이 크다. 그러고 나서 겸손한 몸짓으로 우리가 타야 할 열차가 곧 출발하며 우리는 그들의 호의에 기댈 수밖에 없다는 뜻을 전한다. 반면 도로에서 비슷하게 급박한 상황에 놓이면, 발권기 앞에서 썼을 법한 그 어떤 미묘한 언어적·비언어적 신호도 쓰지 않고, 대신 언제라도 분노할 준비가 되어 있는 사람들한테 어떤 기교도 없이 우리 의사를 전달한다.

    그 결과, 우리는 무기들 사이로 무기를 몰고 질주하면서 면허도 없이 보복하는 꼴이 된다. 하지만 이런 식의 응징은 (도로 위든 아니든) 분노가 관련되어 있는 한 전혀 적절치 않다. 에픽테토스의 말을 들어보자. "추측으로는 어떤 일도 할 수 없다." 하지만 우리 행복의 가장 기본적인 요소인 현상을 판단하는 문제에 관한 우리의 반응은 언제나 무모하다. "우리는 경솔하고 성급할 뿐이다. 저울도 없고, 규칙도 없으며, 다만 어떤 현상이 나타나면 곧바로 그 현상에 따라 행동한다… 모든 현상을 따라가는 사람들을 뭐라고 부르는가? 미치광이다. 그럼 우리는 그들과 전혀 다르게 행동할까?"[86]

    어릴 때―혹은 철딱서니 없는 어른일 때―주먹다짐이나 따귀나 물세례에 '두고 봐, 꼭 갚아줄 거야'라는 말로 받아쳐본 적 있는 사람이라면, 그 복수의 논리가 점수를 매기는 데 얼마나 효과가 없는지 잘 알 것이다.

    먼저 공격한 쪽이 보복을 당하면 보통은 자기가 마지막 공격자가 되기 위해 다시 보복을 감행한다. 상대는 '어, 네가 또 먼저 때렸어!'

라며 다시 따귀를 때리고 필사적으로 '이제, 끝!'이라는 제스처 같은 것을 해 보인다. 이런 게임이 끝났다는 합의에 도달하는 건 쉬운 일이 아니다.

복수라는 매혹적인 논리는 점점 심각해지는 폭력의 고리를 만들어낸다. 우리가 복수심에 불타는 공격을 묵묵히 받아넘기는 경우는 결코 없다. 우리는 분노한다. 미국의 반체제 작가 커트 보니것Kurt Vonnegut은 1999년 조지아주 아그네스스콧대학교 졸업반 여학생들을 대상으로 한 강의에서 다음과 같이 지적했다.

"고등학생과 국가원수를 포함해 그토록 많은 사람이 거의 사천 년 전에 살았던 바빌론의 왕, 함무라비 법전을 따르고 있다는 건 뭔가 잘못된 겁니다. 이 율법은 구약성서에도 나옵니다. 들을 준비가 됐나요? '눈에는 눈, 이에는 이.' 여러분이 봤던 모든 카우보이 영화나 갱스터 영화의 주인공을 포함해 함무라비 법전을 따르는 모든 사람에게 적용되는 지상명령이 있습니다. 실제든 상상이든 모든 피해는 보복으로 돌아온다는 겁니다. 누군가는 정말 후회하게 된다는 거예요."

로드레이지, 테러리즘, 미국 영화배우 겸 감독인 클린트 이스트우드Clint Eastwood. 이 셋은 각각 사천 년 전 석상에 새겨진 고대 바빌론 율법으로 연결된다. 지금도 그 율법을 따르는 사람들은 수십만 대의 자동차 중 한 대를 타고 제 갈 길을 가려고 애쓰면서 (아니면 복수심에 가득 차 어떤 차에 불을 지르는 상상을 하면서) 같은 법전 제21조를 떠올려야 한다.

"사람이 타인의 집을 뚫고 침입하였으면, 그를 그 구멍 앞에서 죽이고 그곳에 묻는다."[87]

동전 한 닢과 함께.

# 무엇이든 거부한다

1950년대에 미국의 정신분석 상담가 앨버트 엘리스Albert Ellis는 프로이트와 단절을 선언하고, 스토아철학을 바탕으로 급진적인 형태의 새로운 치료법을 완성했다. 그는 내담자가 겪는 문제의 본질을 파헤치고 심리적 장애가 그 사람의 과거 심리성적 발달단계psychosexual development와 어떻게 연관되는지 탐구하기보다, 현재 문제가 되는 심리 장애를 지속시키는 메커니즘을 살펴봐야 한다고 주장했다. 이 치료법이 훗날 합리적 정서행동치료 또는 REBTRational Emotive Behaviour Therapy라고 알려진 합리적 치료법rational therapy이다. 십 대 때부터 철학에 관심이 많았던 엘리스는 이렇게 설명했다. "내 이론의 핵심은 사람들을 가장 화나게 하는 건 자기 자신이라는 것인데, 이는 고대 철학자들과 몇몇 동양 철학자들에게서 영향을 받았다. 특히 그리스와 로마 철학자들의 공이 크다."[88]

엘리스는 의식적인 자기암시라는 새로운 기법을 환자들에게 권유했던 에밀 쿠에의 연구를 바탕으로 이론을 정립했다. 쿠에는 환자들에게 "매일 모든 면에서 조금씩 좋아지고 있다"라고 자기 자신에게 말하라고 권했다. 하지만 엘리스는 그의 치료법을 확신하지 못했다. "만일 환자가 자기 자신에게 '난 정말 병신이야' '난 아무짝에도 쓸모가 없어' '내가 더 나아질 리가 없어'라고 더 크게, 더 자주 말한다면 환자에게 별로 도움이 되지 않을 것이다."[89]

엘리스의 REBT는 결국 우울증 치료에 획기적인 치료법을 개발했던 아론 벡Aaron Beck의 인지적 치료법과 힘을 모았다. 벡은 자신의 환자들에게 부정적인 생각이 각자의 느낌과 행동에 어떤 식으로 연결되는지 관찰하고 평가하라고 했다. 그는 환자들이 자신들의 불안증을 뒷받침하거나 약화시킬 만한 증거를 가려낼 수 있는 합리적인 과정을 통해, 해로운 생각을 긍정적인 생각으로 대체하도록 도왔다. 그 과정을 거친 환자는 애초에 그런 부정적인 생각을 만들어낸 더 깊은 믿음에 똑같은 방식을 적용할 수 있었다. 이것이야말로 스토아식 접근법을 체계화한 버전이라는 것을 한눈에 알 수 있는 진정한 인지적 모델이다.

엘리스와 벡이 만들어낸 인지행동치료 또는 CBTCognitive Behavioural Therapy는 이후 엄청난 인기를 끌었다. CBT를 시행하는 의사들은 이 치료법이 증거를 바탕으로 하며 특히 불안과 관련된 문제에 대단히 효과적이라고 주장했다. 또 전통적인 정신분석 기법의 경우 대단히 모호하고 측정하기 어려운 결론을 내놓으면서 시간도 오래 걸리는 값비싼 치료라고 지적했다. 한편 프로이트와 융, 그 밖에 오랜 기간에 걸친 치료를 선호하는 학파들은 CBT가 문제의 원인이 아닌 증상만 다루는 접근법이라고 비판했다. 오늘날 대부분의 심리치료사들은 환자와 환자가 겪는 문제에 맞춰 절충적인 방식으로 치료하고 있다.

우리는 CBT를 통해 분노가 어떻게 생겨나는지 명확히 파악할 수 있다. CBT는 분노뿐만 아니라 다른 억압적이고 압도적인 감정을 풀어내는 데 유용하며, 스토아식 접근법에 대해 우리가 이해하고 있는 원리를 논리적으로 따른다. 그 개념이 탄생한 지 2,000년이 지나 치료법의 형태로 다시 인정받게 된 것이다. CBT와 스토아철학의 유사점은 눈이 휘둥그레질 만큼 확연하다. 기억해둘 만한 차이는 CBT가 특정 문제를 바로잡기 위한 거라면, 스토아주의의 목표는 우리가 세상과 더 강력하게 연결되고 우주의 질서와 더 조화롭게 살아갈 수 있도록 우리의 삶을 고양하는 것이다. 스토아학파의 중심에는 사랑의 충동이 있지만 특정 문제 해결이 목표인 CBT에는 없다.

이쯤 되면 세네카는 이 현대식 치료법에 관심을 보이면서, 어쩌다 우연히 살아남은 그의 편지와 수필이 수많은 사람의 삶을 더 좋게 변화시켰다는 사실에 뿌듯해하지 않을까. 우리는 CBT를 통해 우리에게 문제가 되는 것은 사건 그 자체가 아니라 우리의 판단이라는 스토아학파의 주장을 비롯해, 보다 합리적이고 대안적인 판단 유도, 자신의 판단을 합리적으로 검토하라는 가르침을 발견한다. 둘 다 우리가 통제할 수 있는 것과 없는 것에 대해 질문을 던지고, 우리가 우리 자신의 상상력 넘치는 이야기에 휘둘릴 때, 과거와 미래에 집착하기보다 현재에 집중해야 한다는 점을 떠올리게 한다.

CBT 모델에서는 분노가 촉발 사건으로부터 시작된다고 본다. 가령 도로에서 누군가가 우리 앞에 끼어드는 일 같은 것. 이건 우리를 화나게 만드는 일이다. 하지만 스토아철학의 논리에 익숙한 우리는 이 이야기가 더 복잡해지고 변화를 끌어낼 풍부한 기회를 준다는 점을 안다.

① 촉발 사건이 발생하면 우리는 판단을 형성한다. '저런 이기적인 놈을 봤나. 감히 내 앞에 끼어들다니! 저런 녀석은 혼 좀 나야 해.'

② 그다음 의식적인 억제가 일어난다. 우리 앞에서 차선을 바꾼 사람한테 어떻게 하는 게 좋은가? 그냥 그러려니 넘어가는 게 좋은가, 가운뎃손가락이라도 세워주는 게 좋은가? 아니면 도로 위에서 똑같은 식으로 복수하는 게 좋은가? 차에서 내려 그 운전자의 차를 발로 차는 행위는 허용되는가? 이런 상황에서 우리가 따라야 할 규칙은 무엇인가? 이 과정에서 일어나는 억제는 우리가 하고 싶은 행동과 적절하다고 생각하는 행동 사이의 대단히 중요한 완충 역할을 한다.

③ 마지막으로, 행동에 옮긴다. 그냥 무시하거나, 쌍욕을 날리거나, 발로 차거나, 혼자 씩씩거리거나, 아니면 유튜브 로드레이지 영상에서처럼 상대의 달리는 자동차 보닛 위로 몸을 날려 길바닥에 굴러떨어질 때까지 주먹으로 앞 유리를 가격할 수도 있다.

이런 행동을 간단히 정리하면 다음과 같다.

촉발 사건 → 판단 → 억제 → 행동

CBT의 전 과정에 영향을 미치는 다른 요인도 있다. 그중에서도 가치관은 대단히 중요한 역할을 한다. 촉발 사건 뒤에, 인간은 원래 이기적이고 자기밖에 모른다고 확신하는 사람이 내리는 판단은 인간은 원래 점잖고 선하다고 믿는 사람이 내리는 판단과 매우 다를 것이다. 마찬가지로, 부부가 격한 말다툼을 할 때 그럴 만한 이유가 있다면 배우자를 때려도 된다고 생각하는 사람의 억제력은 무슨 일이 있어도 폭력은 안 된다는 규칙을 따르는 사람의 억제력과 상당한 차이가 있을 것이다. 즉, 이 가치관은 세상과 다른 사람들에 관한 것일 수도 있고 자기 자신의 행동에 관한 것일 수도 있다.

촉발 사건이 일어난 순간 우리의 기분도 중요한 역할을 한다. 이를테면 종종 밤새 뒤척이다가 시끄럽게 울려대는 알람 소리에 찌뿌둥하게 하루를 시작할 때가 있다. 그런 아침에는 누구하고도 싸울 준비가 되어 있다. 게다가 우리의 안부를 묻는 선량한 사람에게조차 이 상태를 전염시킬 수 있는 언짢은 태도로 대꾸하고 만다.

즉 가치관, 기분, 피곤함이나 배고픔 같은 것들이 분노 형성(촉발 사건 → 판단 → 억제 → 행동)에 큰 영향을 미친다. 스토아학파 사람들은 외적인 사건이 자칫 파괴적인 패턴으로 흐르는 것을 막기 위해 몇 가지 흥미로운 방법을 알려주었다. 하지만 우리는 이미 에픽테토스의 핵심적인 가르침('우리에게 문제를 일으키는 것은 사건 그 자체가 아니라 그 사건에 대한 우리의 판단이다')을 배움으로써 가장 크고 중요한 도약을 이뤄냈다. 우리는 자신이 느끼는 분노에 대한 책임이 상대가 아니라 우리 자신에게 있다는 것을 안다.

이런 점을 고려할 때 우리가 화를 가라앉히고 평온하게 사는 데 도움이 되는 실용적인 방법은 어떤 것들이 있을까? 세네카는 모두에게 들어맞는 한 가지 정답은 없다고 말했다. 사람이 다르면 치료법도 다르다.[90] 인지행동치료를 받는 환자들은 촉발 사건의 경험에서 분노(또는 불안이나 원치 않는 어떤 다른 반응)의 표출로 이어지는 구체적인 단계를 파악하고 이해하는 과정에서 전문가의 도움을 받는다. 우리는 지금까지 살펴본 여러 철학자의 제안을 통해 각자의 상황에 어떤 것이 적합할지 고민해볼 수 있다. 이때 기억해두면 유용한 플루타르코스의 비유가 있다. 화가의 경우 주기적으로 자기 작품으로부터 물러나 작품을 점검할 것이다. "친숙함은 그 친숙함을 약간 벗어난 어떤 방식을 숨기고 있다. 그래서 화가들은 늘 새로운 눈으로 관찰하면서 사소한 변화를 포착할 가능성을 높이기 위해 감상을 중단했다가 다시 보는 일을 반복한다."[91]

플루타르코스는 친구들의 의견을 참고하라고 조언했다. 그들의 의견을 통해 우리 습관과 성격을 주기적으로 점검하고, 일정 기간이 지나 어떤 좋은 특징이 생겼는지 혹은 나쁜 특징이 없어졌는지 확인[92]해야 한다는 것이다. 이런 식의 비판에 마음을 여는 건 힘든 일일 수 있다. 모두의 이야기에 귀를 기울이다 보면 결국 진정한 우리의 모습에서 멀어질 수도 있기 때문이다. 하지만 플루타르코스의 제안은 그런 것이 아니라 우리를 잘 아는 몇몇 친구들의 소중한 의견을 의미한다. 우리는 다른 사람들이 우리를 어떻게 생각하는지는 그토록 신경 쓰면서 상대가 말해주는 솔직한 피드백은 적대시한다. 비판의 목소리에는 방어적이 되거나 화를 내면서 아첨의 목소리에는 너무 경청한다. 우리의 어떤 성격 특성을 좋은 방향으로 발전시키고 싶다면 믿을 만한 친구들에게서 의견을 듣는 것을 출발점으로 삼으면 좋다.

사람마다 자기한테 맞는 접근법은 제각각일 것이다. 고대인들의 조언에는 분노가 일어나는 방식에 따라, 즉 인지행동 치료의 단서가 발견되는 지점에 따라 골라 쓸 수 있는 방법이 많다. 예를 들어 분노가 폭발하는 시점에는 철학에서 얻은 교훈이 즉각 투입되는 것이 좋은데 플루타르코스의 말을 들어보자. "불을 붙이는 게 아니라 끄는 사람, 분노를 초반에 잡아 부르르 떨며 화를 내는 데까지 가지 않는 사람은 신중하게 화를 없애는 것이다."[93]

세네카는 분노를 국경 수비대에 비유해 우리가 늘 정신을 바짝 차리고 있어야 한다고 강조했다.

"최선의 방침은 분노의 첫 번째 자극, 심지어 아주 작은 시작도 단번에 거부해 분노에 빠지지 않도록 애쓰는 것이다. 분노가 우리를 잘못된 방향으로 이끌기 시작하면 안전한 길로 돌아오기 힘든데, 일단 우리 자유의지로 그 감정을 인정하고 허락하고 나면 이성은 아무 소용이 없기 때문이다. 그 뒤로 분노는 우리 뜻대로 하지 않고 자기가 선택한 일을 할 것이다. 다시 말하지만 적이 반드시 국경을 넘지 않게 지켜야 한다. 도시의 관문 안으로 들어오는 순간 포로들이 설정한 그 어떤 경계도 존중하지 않을 것이기 때문이다."[94]

강렬한 비유다. 이야기의 관점에서 보자면 촉발 사건에 대해 화를 내라고 주장하는 이야기가 만들어지기 전에, 우리를 화나게 하지 않는 이야기가 먼저 형성되게 하는 것이다. 플루타르코스는 좀 더 부드러운 예를 들었다. 아이가 저녁 식사 자리에서 칼로 고기를 자르는 데 애를 먹고 있다면 그 모습을 본 아빠는 아이의 칼을 넘겨받아 좀 더 효율적으로 고기를 자를 수 있다. 고기는 잘라야 하고 아이는 그 일을 잘하지 못한다. 그래서 어른이 그 일을 넘겨받는다. 마찬가지로, 어떤 사건이 우리에게 분노를 일으키면 처벌을 가해 잘못을 바로잡아야 한다. 우리의 어린애 같은 분노는 그 일을 효율적으로 하지 못한다. 해를 입기 전에 임무를 제대로 완수하려면 우리의 분노가 쥔 칼자루를 이성적인 자아에게 넘겨줘야 한다. 우리의 목표는 단순히 분노를 피하는 것이 아니다. 당면한 상황에 건설적이고 적절하게 대처하는 것이다.

분노가 힘을 얻기 전에 잠재우는 몇 가지 방법이 있다.

# 1.
# 일단 기다려라

 분노를 가라앉힐 때 가장 널리 쓰이는 기술은 기다리는 것이다. 시간은 분노를 없애는 가장 강력한 도구다. 윌리엄 데이비스William Davies의 실용서 《분노 극복과 자극과민성Overcoming Anger and Irritability》에서는 분노를 새는 양동이에 비유한다. 구멍 난 양동이에 물을 부을 때처럼 잠깐은 분노가 가득 차 흘러넘칠 수 있지만 조금만 기다리면 서서히 줄어든다는 것이다.
 요즘은 화가 나면 일단 하고 싶은 말을 참고 열을 세라는 조언을 많이 한다. 스토아학파에 뿌리를 둔 이 방법은 몇몇 상황에는 잘 통하지 않는다. 그럼에도 불구하고 고대인들은 이 방법을 적극 권장했다. 에픽테토스는 《편람》에서 이렇게 말했다. "네가 여유를 부리는 동안 문제가 기다리게 해라." 한편 세네카는 《화에 대하여》에서 분노의 표출을 지연시키는 것은 단지 문제에 관심을 끄려는 목적이 아니라 어떻게 행동하는 것이 좋을지 더 나은 판단을 내리기 위해서라는 점을 분명히 했다.

"분노를 바로잡는 가장 좋은 방법은 지연시키는 것이다. 먼저 분노에 양보를 얻어내라. 용서하기 위한 것이 아니라, 제대로 판단하기 위한 것이다. 분노의 첫 타격은 엄청나다. 하지만 기다리면 결국 멈춘다."

플루타르코스 역시 지연이 중요한 이유를 강조했다. 그는 분노를 일으킨 사람이 자신을 변호하고 그렇게 행동한 이유를 듣는 시간이 필요하다고 말했다.

"적절한 시점에 온건하고 유익하게 적절한 방식으로 대처하는 법을 배운다고 해서 처벌을 완전히 멈추지는 못할 것이다. 그래서 나는 나에게 모욕을 준 사람이 자기를 변호할 권리를 부인하지 않고 그들의 말을 들음으로써 내 화를 누그러뜨리려고 애쓴다. 그러면 그 시간에 감정을 확인하고, 감정이 사라질 여유를 주고, 또 이성이 적절한 처벌 방식과 정도를 알아낼 수 있어서 도움이 된다."[95]

화가 치미는 상황에서 스토아철학의 조언을 따르기는 쉽지 않다. 하지만 플루타르코스의 말이 맞다. 화가 났을 때 상대에게 설명할 기회를 주고 그 말에 귀를 기울이면 화를 가라앉힐 수 있다. 우리가 분노의 감정을 고집하는 이유는 중요한 의사를 효과적으로 전달하기 위해 분노가 필요하다고 느끼기 때문이다. 하지만 틀렸다. 분노는 오히려 오해만 키운다. 어쩌면 분노를 공황 상태라고 바꿔 부르는 것이 우리한테 도움이 될지 모르겠다.

보통 화가 났다는 것은 두려움을 느낀다는 뜻이다. 상대의 행동으로 우리가 무력해질까 봐, 배신당할까 봐, 감당하기 힘든 상황에 처할까 봐, 버림받을까 봐, 자율성을 잃게 될까 봐 두려움을 느낀다. 형편없는 서비스에 화가 나는 이유는 종업원이 우리의 말을 제대로 안 듣고 무시한다고 느끼기 때문이다. 우리는 버림받는 것과 감당하기 힘든 상황에 처하는 것에 대한 두려움으로 고통받는 경향이 있다. 전자는 불안감을 주고, 후자는 뒷걸음질하게 만든다. 잠시 생각해보면 보통 자기가 어느 쪽인지 눈치챌 수 있다. 당신은 혼자 있을 때 재충전되는 편인가 같이 있을 때 재충전되는 편인가?

실제로는 상황에 따라 유연하게 바뀔 수 있다. 버림받는 것에 대한 두려움은 이를테면 연인이나 배우자가 오후에 함께 쇼핑하는 대신 혼자 책을 읽겠다고 할 때 느끼는 거절당하는 기분 같은 것이다. 반대로 혼자 여행하는 것을 좋아하는 사람은 상대가 함께 가고 싶어 하면 난처할 수 있다. 상대의 질투심으로 자신의 가치를 확인하려는 사람이 있는가 하면, 똑같은 질투심을 피곤하다고 여기는 사람도 있다. 또 우리는 일상적으로 이보다 낮은 수준의 두려움과 혼란을 일으키는 수많은 상황을 맞닥뜨리고, 그것이 결국 분노의 폭발로 이어지기도 한다. 이런 혼란은 기다리면 가라앉는다.

한편 우리는 보통 말다툼을 시작하는 것보다 입을 닫고 토라지는 방식을 선호한다. 우리는 자기 같으면 절대 하지 않을 거라고 (잘못)

생각하는 방식, 예를 들어 자리를 박차고 나가거나 빈정거리거나 화를 표현하는 상대의 태도에 큰 상처를 입는다. 우리는 이런 상대의 행동에 똑같이 대응하지 못하고 그냥 꾹 참았다가 이후 24시간 동안 촉발 사건에 대한 우리의 반응—삐침—을 실행에 옮긴다.

일단 우리는 상대가 그런 심한 말을 한 사실이 유감스럽다. 상대에게 베풀었던 온갖 친절을 떠올리며 감사받지 못하는 것이 자신의 운명이라고 생각한다. 우리에게 상처를 주었던 말을 반복적으로 떠올리면서 점점 치밀어 오르는 화를 알아챈다. 사랑하는 사람의 행동 패턴이라고 생각하면서, 새는 구멍밖에 없는 양동이에 자신의 분노를 계속 들이붓는다. 결국 우리는 이별에 대한 환상을 키우고 그 생각이 그리 끔찍하지 않다는 것을 깨닫는다. 우리한테 엄청난 분노를 불러일으킨 건 상대의 탓이라고 점점 몰아간다.

왜 그들은 그런 불쾌한 말이 우리의 하루를 망칠 수 있다는 점을 깨닫지 못할까? 하루가 지났지만 우리는 여전히 그 감정을 떨치지 못했다. 그렇다고 그 얘기를 다시 꺼내는 건 우스꽝스러워 보인다. 우리는 불행히도 분노를 표현하는 것과 계속 삐쳐 있는 것 사이에서 이러지도 저러지도 못하게 된 상황을 깨닫고 조용했던 분노가 부글부글 끓어오르는 것을 느낀다.

이런 경향이 있는 사람들이 기억해두면 도움이 될 만한 사실이 있다. 상처 주는 말로 화를 표현하는 사람이 그 순간 느끼는 감정의 강도는 우리가 같은 행동을 할 때 느끼는 감정의 강도와 다르다. 보통은 한계에 다다르지 않는 한 그런 말을 잘 내뱉지 않지만 그들은 홧김에 뱉어놓고 금방 잊어버릴 가능성이 크다.

혼자 속으로 화를 삭이는 사람인 경우 화가 났을 때 기다리라는 조언을 토라져 있는 변명으로 삼거나, 토라져 있는 사이에 잘못 내린 판단으로 상대를 몰아붙이면 안 된다. 그런 분노는 모든 사람과의 관계를 망친다. 태도만 정중하면 남아 있는 화나 억울함을 해결할 가능성은 얼마든지 있다. "네가 날 화나게 했잖아!"나 "넌 너무 이상해" 같은 말은 상대를 존중하는 말도 아니고 진실한 말도 아니다. 우리의 분노와 이상하다는 느낌은 우리가 스스로 만들어낸 이야기에서 생겨났기 때문이다.

이렇게 원망을 비난으로 표현하면 상대가 '난 이 사람하고 잘 안 맞나 봐' '난 이 사람한테 부족한가 봐' '난 평범하지 않아' 같은 생각을 하며 두려움을 느낄 수도 있다. 뭔가 잘못됐다는 느낌에서 비롯된 두려움의 반응은 상대에게도 두려움을 일으킨다.

반면 혼자만의 문제인 것 같아도 감정을 솔직하게 털어놓는 대화에는 엄청난 힘이 있다. '당신이 그렇게 행동할 때 난 이렇게 느껴.' 상대의 마음에 두려움이 생기지 않도록 배려하고 비난하지 않으면, 보통은 언성을 높이지 않고 대화를 이어갈 수 있다. 그러니까 우리는 표현을 신중하게 고르고 우리 감정에 책임질 수 있을 만큼의 시간 동안 기다리면 된다. 그런 다음 상대에게 할 말을 전해야 한다. 우리가 느끼는 불행을 섬세하게 표현하는 것은 인간관계에서 우리가 할 수 있는 가장 생산적인 일 중 하나다.

분노를 드러내지 않고 기다리는 동안 우린 무엇을 해야 할까? 스토아 철학자들은 분노를 표출하는 것이 상황을 악화시킬 뿐이라는 점을 알고 있었다. 플루타르코스는 불행한 감정은 표출하는 것이 도움이 될 때가 있지만 분노는 그렇지 않다고 말했다.

"문상객들이 울고 흐느끼며 감정을 표출하는 행동은 그들의 눈물과 슬픔을 없애줄 수 있다. 하지만 분노는 사람들이 화가 난 상태에서 하는 말이나 행동으로 더 격화된다."[96]

세네카는 이렇게 제안했다. 평온한 기색으로 분노를 감추라. 분노가 생기려고 할 때 눈 딱 감고 분노를 표현하지 않기로 마음먹으면 결정적인 순간에 분노를 더 잘 다룰 수 있다.

"자기 자신과 싸워라. 당신에게 분노를 극복할 의지가 있으면 분노는 당신을 점령할 수 없다. 분노가 출구 없는 곳에 갇혀 숨어 있다면 당신의 정복이 시작된 것이다. 분노의 기미를 감추고 가능한 한 멀리 숨기고 비밀에 부치자. 분노를 숨기는 일은 무척 힘들겠지만, 밖으로 뛰쳐나와 모습을 드러내게 허락하면 그때부터 우리 머리 꼭대기에 올라앉을 것이다. 마음 가장 깊은 곳에 숨겨둔 채 우리를 조정하게 두지 말고 조종당하게 만들어라. 분노의 기미는 전부 반대로 바꿔라. 표정은 편안하게, 목소리는 부드럽게, 걸음걸이는 정연하게. 외형의 특징이 서서히 내면의 특징도 형성할 것이다."[97]

세네카의 말이 옳을까? 오늘날 심리학자들은 분노를 표출하는 것이 우리에게 좋지 않다는 견해를 지지한다. 사실 심리학자들은 표정이나 자세 같은 외적인 특징을 바꿔서 내면의 상태에 영향을 미칠 수 있다는 세네카의 제안(그보다 앞서 소크라테스가 했던 제안)[98]을 실증적으로 강화했다. 이를테면 늘 구부정한 자세로 걷던 사람이 어깨를 곧게 펴고 걸었을 때 느낄 수 있는 당당함 같은 태도 말이다.

## 2.
## 흔한 호기심에 휘둘리지 마라

분노에 시달리지 않으려면 애초에 분노할 일을 피하면 된다. 분노에 대처하는 스토아식 접근법도 이미 생긴 분노를 해결해야 할 때나 필요하다.

"최선의 방책은 우리가 아는 약점을 파고들 상황을 경계하는 것이다. 무엇보다 아무리 심각한 상황에 부닥쳐도 분노가 안 느껴진다고 생각하거나, 심한 모욕으로 생겨난 분노를 가슴 깊이 묻거나, 상처받았다는 것을 인정하지 않는 방식으로 마음을 다스리는 것이다."[99]

세네카와 플루타르코스가 공통적으로 주장했던 분노를 없애는 흥미로운 방법이 하나 있다.

"화내는 걸 피하고 싶은가? 그렇다면 호기심에 이끌려 알고자 하는 충동에 저항해라. 사적으로 연관된 일이라 해도, 누가 나를 비난하지 않는지, 악의적인 험담을 하지 않는지 알아내려는 사람은 자기 마음의 평화를 스스로 파괴하는 것이다."[100]

"나는 주위의 잡음을 줄이려고 애쓴다. 노예의 일거수일투족, 친구의 모든 행동, 아들의 모든 취미, 아내의 온갖 귓속말 같은 것들을 조사하고 캐물어 모든 일을 시시콜콜 알고 있으면 매일 이것 아니면 저것에 대한 분노를 터트리게 되고, 이런 것들이 쌓여 결국 습관적인 불만과 무뚝뚝함이 몸에 밴다."[101]

현대인 대다수는 소셜미디어로 연결되어 좋아하는 친구나 유명인이 지금 무슨 일을 하는지 등 대수롭지 않은 사실이 실시간으로 쏟아지는 정보의 바다에 몸을 맡기기도 하고, 스스로 파도를 일으키기도 한다. 우리는 첨단기술을 화장실에 앉아 트위터에 악의적인 비방을 올리는 데 사용한다. 새 메시지가 도착할 때마다 피드 알림음이 우리를 다그치고, 하루에 몇 번씩 뉴스 앱을 켜서 확인하고 또 확인하면서 불안을 조장한다. 실시간 정보에 대한 이 집착이 우리의 기본적인 상태다. 걱정스러운 문제나 직업적인 관심, 단순한 재미를 위한 것들도 있지만 대개는 아무 관심이 없거나 약간의 짜증부터 불같이 화를 낼 만한 것까지 잡다하다. 그런데도 우리는 계속 알고 싶어 한다. '사람들이 뭐래?' '사람들이 나한테 뭐래?'

엿듣고 있다는 사실을 인식하지 못한 채 자기에 대한 노골적인 이야기를 엿듣는 경우는 극히 드물다. 엿듣는 행위는 하지 말아야 할 행동을 하고 있다는 것을 알려주는 일련의 신체적 반응을 일으키기 때문이다. 심박수가 증가하고 호흡이 빨라지면서 손에 땀이 난다. 도망가라는 몸의 신호다. 신호를 인지한 순간 빨리 다른 곳으로 피해야 한다. 우린 그칠 줄 모르는 호기심이 위험하다는 것을 안다.

온라인에서 우리에 대한 언급을 읽을 때도 마찬가지 반응을 해야 한다. 요즘은 클릭 한 번으로 자신에 관한 말을 몰래 찾아 읽기가 너무 쉽다. 게다가 멘션(트위터에서 다른 사람 계정을 언급하는 것), 포스트, 온라인 댓글의 접근 용이성은 엿보는 행동이 정당하다는 느낌을 준다. 그러다 나에 관한 부정적인 글을 엿보면 곧장 분노가 솟구친다. 하지만 그들은 모두 익명 뒤에 숨는 겁쟁이, 악플러, 괴롭히는 사람들일 뿐이다.

위에 언급한 내용 중 일부는 흔히 있는 일이다. 여기서 중요한 건 인터넷에 올라오는 악성 댓글이 아니다. 그 글을 읽기로 선택하는 우리의 문제다. 어딘가에서 우리 이름이 언급될까 봐 불안해하며 귀를 쫑긋 세우고 있다. 신경 끄기의 기술을 기억하고 사용해야 할 때다.

읽으면 화나고 상처받을 것을 알면서도 자꾸만 꿋꿋하게 자기에 관한 글을 찾아 읽게 만드는 범인은 바로 흔한 호기심이다. 그런 글을 쓰는 사람들도 문제지만 전적으로 그들 탓만 하는 건 옳지 않다. 단 괴롭힘의 경우에는 그 사람을 추적해서 처벌하는 것이 옳다. 하지만 대부분의 경우 세네카와 플루타르코스의 경고를 기억해두면 좋다. "호기심에 휘둘리지 마라."

호기심에 휘둘리면 쉽게 분노에 휩싸이게 되고 보통은 상대방의 의견을 바꾸려고 안간힘을 쓴다. 아니면 독하게 반박하거나. 한마디로 통제할 수 없는 것을 통제하려고 애쓴다는 얘기다. 화만 키우고 심란함만 더한다. 우린 우리의 생각과 행동에만 집중하면 된다. 끊임없이 자기주장만 하는 사람은 차단하거나 다른 조치를 취할 수 있다.

호기심에 휘둘리지 말라는 조언은 통제할 수 있는 것에만 신경 쓰라는 규칙을 정제한 버전이다. 모든 호기심은 호기심의 대상과 우리의 연결고리를 찾는 문제다. 가령, 내가 어떤 예술가의 작품에 호기심을 느낀다면 그건 궁극적으로 그 작품이 나와 어떻게 연결되는지 알아보는 것이다. 만나는 사람이나 그들의 삶이나 동기, 직업이나 아이들에 대해 궁금할 수는 있다. 하지만 굳이 질문을 하는 건 상대방과 나를 이어주는 관심사를 찾는 행위다. 완전히 객관적인 동기이거나 특정 주제에 대해 더 잘 이해하려고 아니면 우리 자신의 세계를 넓히려고 질문을 던지는 경우는 극히 드물다. 이런 자기이해 self-interest의 충동은 사적인 관계에서 훨씬 분명하게 드러난다. 사적인 관계에서는 우리 마음속 깊은 곳에 있는 두려움의 안테나가 우리가 관련되었을지 모르는 것에 아주 민감하게 반응하기 때문이다. 누가 우리 이야기를 한다. "정말? 걔가 뭐래?" "그래? 걔랑 같이 있던 남자는 귀엽디?"

이런 호기심에 저항하는 건 무신경한 태도가 아니다. 내면의 두려움에 장단을 맞추지 않는 것뿐이다. 두려움에서 벗어나면 그 해방감은 엄청나다. 이제부터는 귀가 쫑긋해지면 호기심에 저항하는 연습을 해라. 친구한테 누군가의 행동이나 말을 전해 들으면서, 심지어 그게 우리와 아무 상관없을 때조차 우리가 얼마나 쉽게 화를 내는지 한번 떠올려봐라. 게다가 전달자는 자기 관점으로 이야기를 편집해서 들려준다. 우리는 이 이야기를 또다시 우리 관점으로 편집해서 그 내용을 험담 대상자의 성향이라고 생각한다. 그리고 그 생각에 근거해 아무 가치도 없는 이유로 화를 낸다.

  스토아철학에서 제안하는 분노를 피하는 나머지 방법은 우리가 판단을 형성하는 방식, 즉 우리에게 나쁜 감정을 일으키는 이야기나 믿음에 관한 것이다. 그 판단은 특정 상황의 세부 사항과 관련된 것일 수도 있고, 세상사를 파악하는 우리의 관점에 영향을 미칠 수도 있으며, 다시 우리의 가치판단, 생각, 감정 표현의 억제, 행동 전반에 영향을 미친다.

# 3.
# 당신의 판단을 의심해라

우리는 자기에게 들려주는 이야기를 편집해 스스로의 기분을 망친다. 그러지 않으려면 그 이야기가 진실이 아니라는 사실을 이해해야 한다.

　우리는 우리가 인지한 것이 진실이라는 전제하에 살아간다. 머릿속에 떠오르는 모든 가정에 의문을 제기하면 삶을 사는 일 자체가 불가능할 것이다. 별 다른 의구심 없이 사는 삶이 훨씬 건강하고 실용적일지도 모른다. 덕분에 우리는 빨리 배우고 효율적으로 결정할 수 있으니.

　하지만 이런 방식이 우리를 곤경에 빠트리기도 한다. 연인과의 관계가 완벽하다고 확신하는 사람은 상대의 외도를 알게 되거나 상대가 불완전한 존재라는 것을 깨닫고 나면 삶이 피폐해진다. 반대로 처음부터 연인을 신뢰하지 않는 사람은 근거 없는 질투심이나 불안감 때문에 관계를 망치고 상대를 떠나보내야 할 수도 있다. 어쨌거나 우리가 맺고 있는 관계에 대해 스스로에게 들려주는 이야기는 실제 모습과는 거리가 멀다. 상대의 행동에 관한 이야기는 단지 단편적인 이야기일 뿐 전부가 아니고 어느 모로 보나 왜곡된 진실일 가능성이 크다.

다시 스토아학파의 가르침을 떠올려보자. 다른 누군가였다면 같은 일을 겪고 다르게 반응했을지 모른다. 과거에 무슨 일이 있었든, 현재 느끼는 분노를 다스리는 문제는 그 감정에 우리가 하는 역할—현재 우리의 판단, 매일 자기 자신에게 들려주는 이야기—을 똑바로 볼 준비가 되었는지에 달렸다. 지금 해결하려는 분노가 오랜 트라우마에서 비롯된 것이든 일상의 사소한 짜증이든, 우리는 우리가 가진 믿음을 똑바로 마주하고 그 믿음이 어떻게 상황을 악화시키고 있는지 점검해야 한다.

그런 다음 이 말을 받아들여야 한다. "우리를 화나게 하는 건 우리 자신이다."

> "아주 많은 사람이 어떤 게 사실이 아닌지 의심하거나 중요하지 않은 것을 과장해서 불평거리를 만들어낸다. 분노가 우리를 찾아올 때도 있지만, 우리가 분노를 찾아낼 때가 더 많다. 불평은 절대 불러내면 안 된다. 그게 우리를 엄습하더라도 말이다."[102]

우리가 느끼는 감정에 대해 우리 자신에게 책임이 있다고 인정하는 태도는 성숙함의 표시일 뿐 아니라 고통을 없애는 유일한 방법이다. 우리를 화나게 한 사람들을 구제하려는 목적이 아니다. 이미 우리가 입은 첫 피해에 고통을 보태지 않으려는 노력이다. 그리고 어쩌면 온당한 처벌이 무엇인지 더 명확하게 깨닫게 될 수도 있다.

화가 날 때 우리는 어떤 실수를 저지를까? 앞서 세네카는 분노의 형성 과정에서 '판단 → 억제' 부분을 언급하고 있다. 우리는 이 단계에서 생각하고 자기 믿음을 바탕으로 형성된 이야기를 자기 자신에게 들려주면서 스스로를 화나게 만든다.

다음은 우리가 전형적으로 저지르는 3가지 오류다.

### ❶ 선택적 지각

선택적 지각은 우리 내면에서 항상 작동하고 있는 확증편향이다. 일반적으로 우리는 기존에 가지고 있던 믿음을 확인해주는 것들에 주의를 기울인다. 이를테면 어떤 사람이 우리에게 우호적이지 않다는 믿음이 있으면 그 사람의 행동 중에서 그 확신을 뒷받침하는 행동에만 초점을 맞춘다. 물론 우리는 이런 패턴을 형성할 필요가 있다. 의사소통을 할 때 정보량이 너무 많아 모든 측면에서 똑같이 주의를 기울일 수는 없기 때문이다. 다만 우리가 훨씬 풍부한 그림을 선택적으로 편집하고 있으며, 이미 형성되어 있는 믿음에 맞지 않아서 다른 이야기를 놓치고 있을지 모른다는 점을 염두에 두자. 자기 생각과 일치하는 기사를 읽을 때와 그 반대되는 주장이 실린 기사를 읽을 때의 태도가 어떻게 바뀌는지 떠올려봐라. 전자는 꼼꼼한 조사를 바탕으로 한 훌륭한 저널리즘이자 핵심을 잘 짚은 주장이라며 만족감을 느낀다. 반대로 후자는 조사도 엉망이고 전반적으로 수준 낮은 기사이기 때문에 가치도 없다고 생각한다. 우리를 둘러싼 무한한—그러면서 끊임없이 바뀌는—데이터 중에서 어떤 것이 가치 있는 정보인지 쉴 새 없이 판단하려면 우리 뇌가 얼마나 바쁠지 상상이 되는가?

### ❷ 독심술

우리는 서로의 생각을 읽는 일에 서툴다. 그런데도 마치 이 대단한 능력을 타고난 것처럼 행동한다. 이를테면 오늘 그 사람이 우리를 무시한 건 틀림없이 우리를 멍청하다고 생각하기 때문이다. 딸이 방 청소 좀 하라는 우리의 말을 계속 무시하는 건 이렇게 생각하기 때문이다. '쳇, 또 잔소리네. 내가 왜 엄마가 시키는 대로 해야 해?' 딱 보면 안다. 그 사람들 머릿속에서 무슨 일이 벌어지고 있는지. 선택적 지각이 우리가 이야기를 짓는 데 쓸 자료를 선별하는 일을 한다면 독심술은 이야기 자체를 지어내는 흔한 방법이다. 독심술의 오류는 어떤 사건(무시당한 일)을 머릿속으로 되감거나 가상의 시나리오(아이가 방에 혼자 있는 장면)를 재생하고 거기에 해설을 입힐 때 일어난다. 이 모든 것이 순식간에 벌어지지만 분노의 감정을 만들어내려면 반드시 이 과정을 거쳐야 한다. 중요한 건 우리가 원하면 얼마든지 다른 해설을 붙일 수 있다는 것이다. 그런데도 굳이 우리에게 상처를 주고 화나게 하는 해설을 선택하고 스스로를 화나게 하는 방법을 단계별로 빠짐없이 실천한다.

"상처라고 여겨지는 판단을 없애고 무시하기로 마음먹어라. 어떻게 없앨까? 너에게 상처가 된 문제가 도덕적으로 나쁜 게 아니라는 사실을 성찰함으로써 실천해라."[103]

사건을 안 좋은 방향으로 끌고 가려면, '첫 번째 인상에 다른 것을 더해' 생각의 길을 내야 한다. 정해진 목적지로 향하는 길을 말이다. 우리는 그 사람이 우리를 스쳐가는 순간 펼쳐질 수 있었던 수많은 시나리오 중에서 우리 마음에 가장 큰 상처를 낼 수 있는 이야기를 찾아낸다. 의식적이고 고의적인 무시였다고 말하는 이야기를….

### ❸ 최악의 상황 상상하기

불안감에 시달리는 사람들은 최악의 상황을 가정하는 경향이 있다. 사랑하는 사람이 직장에서 매력적인 새 고객과 시간을 보낸다. 틀림없이 둘은 사랑에 빠질 것이다. 다리가 아프다. 틀림없이 인대 파열이거나 더 심각한 문제일 것이다. 발진이 생겼다. 흉터가 남고 아마 피부암에 걸릴 확률도 높을 것이다.

최악의 일이 일어날 거라고 상상할 때는 불필요하게 감정적인 단어를 사용하게 되고 대조가 극명해진다. 무시당했던 경험을 두 번 하면 이렇게 해석된다. '사람들은 항상 날 무시해…' 친구 A를 통해 친구 B가 친구 C한테 우리가 너무 사람을 피곤하게 한다고/남들한테 너무 비판적이라고/술버릇이 나쁘다고 얘기했다는 말을 전해 듣는다. 그리고 이 말을 'B는 나를 싫어해'로 번역한다. 실제로 오간 대화를 확인해보지도 않고 친구 B에게 무관심을 가장해 분노와 배신의 감정을 키운다. 이제 이 우정은 친구 B가 아니라 우리로 인해 고통받는다.

분노는 분노를 먹고 자라기 때문에 이 과정이 한번 시작되면 돌이키기 힘들다. 사건의 실상을 더 냉정하게 보려면 거리를 둬야 한다. 불행을 과장한 우리의 해석은 선과 악이 맞서는 동화 같은 이야기를 만들어낸다. 그 이야기 속에서 우리는 남들의 끝 모를 어리석은 짓거리에 불쌍한 희생양으로 등장한다. 동화 속 등장인물들은 현실과 달리 일차원적이다. 그들은 특히 아이들의 정신에 강력한 힘의 상징으로 자리 잡는 경향이 있다. 한편 우리의 삶을 공유하는 사람들은 우리만큼이나 복잡하고 모순적이다. 그들의 의도를 동화 속 세상처럼 흑백으로 나누기 힘들며 우리의 미래가 우리 상상만큼 극적이거나 역할이 분명한 경우도 드물다.

우리는 무엇이 우리를 이런 과장된 생각으로 도약하게 만드는지 이해하고 사건의 실체를 봐야 한다. 자기 자신에게 말할 때든 남들한테 말할 때든 '난 절대 저걸 못 할 거야/걘 맨날 그렇게 행동해/난 쓸모없는 인간이야/제대로 된 관계를 맺긴 글렀어' 같은 감정적이고 지나치게 일반화된 표현이 튀어나오려고 하면 정신을 바짝 차리고 좀 더 분별 있는 어휘로 표현하려고 노력해야 한다. 과장된 세계가 배경이 아닌 이상적인 그림을 그려야 한다.

# 4.
# 상상 속 친구들을 불러내라

화가 날 때 다른 사람을 떠올리는 방법은 화를 없애는 데 큰 도움이 된다. 치미는 화를 붙들고, 화낼 권리가 있다고 느끼고, 화를 표현하는 것을 모든 면에서 정당화하는 기분은 매력적이다. 하지만 그건 우리한테 득이 될 것이 하나도 없다. 화를 가라앉히려면 그 감정을 일으킨 사건을 더 명확한 관점에서 바라볼 필요가 있다. 그럴 때 친구나 존경하는 인물, 심지어 가상의 인물을 떠올리고 그 사람의 관점을 가정해보면 좋다. 그 사람이라면 이 상황에 어떻게 대처했을까? 선선히 웃어넘기거나 태연하지 않았을까? 이런 방법으로 자기 이야기와 거리를 확보하면 더 유익하고 설득력 있는 관점을 얻을 수 있다. 화가 나서 힘들어하는 친구에게 어떤 조언을 해주면 좋을까? 그 친구를 진정시키며 우리가 해줄 수 있는 조언은 "그 사람이라면 어떻게 했을까?"이다.

우리는 우리를 화나게 만든 주제에 대해 누군가에게 조언하는 자신을 상상함으로써 자기 자신과 다른 대화를 시작할 수 있다. 어떤 사건에 대해 처음 받았던 인상이 침착하고 냉정한 제삼자의 관점을 거치면서 달라지는 것이다. 가상의 대화는 자기만의 관점에서 벗어나게 해주고, 처음에 느꼈던 감정으로부터 떨어트려준다. 분노는 사건 그 자체가 아니라 그 사건에 대해 우리가 내린 판단의 결과라는 점도 상기시켜준다.

 # 5.
## 자신을 너무 믿지 마라

"너의 가장 큰 결점이 무엇이냐? 계산에 서툰 거다. 너는 네가 남한테 주는 건 크게 보고 받는 건 적게 본다."[104]

좌절감을 제쳐두고 분노의 가장 큰 원인을 찾는다면 아마 우리가 가진 자격에 대한 과장된 인식일 것이다. 우린 행복할 자격이 있다고 믿는다. 하지만 이미 앞에서 행복이 타고난 권리, 순수한 의지로 소유할 수 있는 저 바깥에 있는 무엇이라고 보는 것이 잘못이라는 점을 살펴보았다. 자기 계발서의 압도적인 다수가 절대 빼놓을 수 없는 첫음절 '자기'를 신격화해서 우리에게 자존감, 자기 존중감, 자신감을 높이라고 가르친다. 목표를 너무 낮게 잡았다고, 우리에 대한 남들의 부정적인 평가를 받아들이면 안 된다고, 당당히 나서서 아니라고 말하라고, 그리고 우리는 더 많은 것을 가질 자격이 있다고 말한다.

　너무 흔한 메시지여서 아무도 의심하지 않는다. 물론 낮은 자존감 때문에 고통받는 사람들에게는 꼭 필요한 희망적인 암시가 될 수 있다. 하지만 그런 경우도 자아의 확장 self-aggrandisement 이 문제를 해결해주지는 않는다. 우리의 무게중심은 원래 있어야 할 자리인 우리 내면으로 가져와야 한다. 무게중심을 바깥에 두는 이유가 수줍음을 많이 타는 것이든 남한테 좋은 인상을 남기려는 충동이든 우리는 곧 곤경에 빠지고 만다.

　이런 우리가 무조건 줄여야 할 것이 있다면 바로 점점 더 우리 자신을 믿으라는 메시지다. 우리를 화나게 하는 것은 사건 그 자체가 아니라 그 사건에 대해 우리가 내리는 판단이라는 점을 생각해볼 때, 사건이 화로 표출되기까지의 그 과정이 자만심이 아니면 어디서 시작되겠는가?

　자기 계발서의 페이지들이 '당신이라는 늪에서 빠져나와라' 같은 제목으로 채워지려면 시간이 좀 걸릴 것이다. 어쩌면 고대 철학의 교훈에 관한 관심이 되살아나고 있는 현상과 함께 어느 순간 자기의 발전은 나에서 너 그리고 그들로 초점이 옮겨가는 것이 핵심이라는 점을 깨닫게 될지 모른다.

　우리는 누가 우리를 비판하면 식식거리며 자신을 적극적으로 방어하지만 다른 사람이 똑같이 그들 자신을 방어하면 우습다고 생각한다. 남들의 부정적인 패턴은 그렇게 쉽게 알아차리면서도('걘 좀 거만해' '그 남자는 말이 너무 많아' '그 여자는 다른 사람들을 깔보는 경향이 있어'), 누가 우리의 부정적인 패턴을 지적하면 그건 그들이 너무 일반화시켜서 생각하는 것이고, 자신의 사례는 다 나름의 이유가 있어서 일일이 설명할 수 있다고 항변한다. "내가 언제 그랬다는 거야? 근데, 그때는 왜 그랬느냐 하면…." 운전대를 잡은 악마의 분노는 우리가 느끼는 분노가 완전무결하다고 느끼게 만든다. 다른 때, 다른 대화에서라면 우리 잘못을 인정할 수도 있다. 하지만 얼마나 마음이 평온해야 누가 봐도 뻔한 결점을 순순히 인정할 수 있을까? 어쨌든 그전까지 우리는 우리의 결점을 지적당할 때마다 코웃음 치며 분노로 응대할 것이다.

그리고 다른 사람들과 어울려 사는 건 쉽지 않은 일이다. 사회적 배제에 대한 두려움은 무리에서 추방당하는 것이 죽음과 직결되던 선사시대 때부터 인류를 괴롭혀왔다. 동료들이 우리 약점을 파악했다고 의심하기 시작하면 선사시대의 서사가 활동을 재개한다.

하지만 우린 무리에서 쫓겨나지 않는다. 아무리 명백한 결점이 있어도 친구들은 우리를 사랑한다. 친구들을 떠올려봐라. 친구들에게는 명백한 결점이 있고 우리도 다른 친구들과 있을 때 즐겁게 그 얘기를 한다. 그렇다고 해도 우리는 여전히 친구들을 좋아한다. 사소한 결점은 그들에 대한 애정을 훼손하기는커녕 오히려 중요한 일부다. 약점은 강점과 따로 떼어 생각할 수 없다. 심리학자이자 작가인 리처드 와이즈먼Richard Wiseman은 우리가 내렸던 결정을 후회하는 경향에 관해 이야기하면서 색실로 짠 병을 떠올려보라고 제안한다. 실 한 가닥을 빼내려고 하면 실뭉치가 딸려 나온다. 우리 목적에는 이런 이미지가 더 적합할 수도 있겠다. 가끔 줏대 없이 굴어서 우리를 답답하게 하는 친구의 태도는 우리가 너무 좋아하는 그의 친절한 태도와 세트다. 이따금 거만하게 굴어서 우리를 손사래 치게 만드는 친구의 태도는 그의 매력인 자족적이고 독립적인 태도와 세트다. 마찬가지로, 친구들이 우리의 성격적 결함을 지적한다 해도 그건 그 친구들이 우리를 싫어한다는 뜻이 아니다. 게다가 그 결점은 우리 장점들과 세트다. 에픽테토스는 우리가 무게와 양을 측정할 때는 정확하게 하려고 엄청난 주의를 기울이면서도, 최대한 진실에 가까운 판단을 내리기 위해서는 시간을 쓰지 않는다고 지적했다. 우리는 다른 사람들에게 호감을 얻는 데는 그렇게 신경을 쓰면서도 그 목적을 달성하는 데 써먹을 수 있는 유일한 척도, 그들이 우리에 대해 해주는 조언에는 저항하는 경향이 있다.

우리는 누군가에게 무례한 비판을 들을 때 상대가 그렇게 무례한 말을 하는 것은 그들 자신의 짜증 때문이라는 사실을 인정할 수 있다. 심지어 그들이 그렇게 짜증을 내는 것이 전적으로 정당하다고 판단할 수도 있다. 우리가 항상 옳아야 하는 건 아니다. 우리는 대개 잘못 판단할 때가 많고, 그런 행동을 지적하는 사람의 방식에 문제가 있거나 태도가 격하다고 해서 그 사실이 바뀌진 않는다. 보통 우리는 다른 사람이 잘못해서가 아니라 우리가 죄책감을 느껴서 원한에 사로잡힌다(다른 사람의 잘못은 우리와 상관없다). 분노가 사라지지 않는 것은 자기 행동이 잘못되었다는 인식과 그 사실을 우리 자신에게 고백하기가 어려운 마음 사이에서 생긴 갈등의 결과다.

다음에 어떤 사건이 있고 나서 분노에 시달릴 때는 우리가 느끼는 감정이 죄책감일 수 있는지 생각해봐라. 많은 사람이 죄책감이라면 질색을 한다. 죄책감을 느끼느니 차라리 자기는 흠잡을 데 없는데, 다른 사람들이 너무 이상하고, 불공평하며, 이기적으로 행동한다고 믿는 쪽을 택한다. 그러면서 계속 화를 낸다. 자기들의 행동이 탐욕스럽고 무례했으며, 다른 사람에게 이기적이거나 불쾌하게 보일 수 있겠다고 인정하기를 거부하기 때문이다. 스스로에게 질문을 던져라. 만사가 불만스러운 이유가 죄책감 때문은 아닌지. 자신의 결점에 대해 생각해보고, 고칠 수 있는 건 고칠 기회를 줘라. 그러고 나면 괴로움을 끝낼 수 있다. 오만함을 벗어던지면 마음을 다스리는 일이 한결 수월해진다.

# 6.
# 우리도 똑같다는 것을 잊지 마라

우린 그렇게 다르지 않다. 인간에게 비슷한 신체를 주는 유전자는 비슷한 뇌를 주고 따라서 비슷한 생각을 준다. 세네카는 이렇게 말했다.

"우리는 누구나 무분별하고 경솔하며 믿을 만하지 못하고 불만에 차 있으며 야심으로 들끓고—모두를 감염시키는 이 묵은 상처를 뭐하러 완곡한 표현으로 위장하겠는가?—모두가 썩었다. 그러므로 그가 다른 사람에게 비난하는 결점이 무엇이든, 자기 안에도 그 결점이 있다는 걸 알게 될 것이다."[105]

마르쿠스도 자신에게 비슷한 지적을 했다.

"다른 사람이 잘못 행동하는 걸 볼 때마다 그 즉시 자신을 돌아보고 비슷한 잘못을 저지르고 있지 않은지 생각해라."[106]

"너희 중에 죄 없는 자가 먼저 돌을 던지라 하시고"[107]에 드러나듯 기독교에서도 이 생각을 받아들였다. 스토아사상에 뿌리가 있는 이 말은 그 사상의 핵심을 한마디로 압축해놓은 것이다. 세네카는 우리가 화를 내기 전에 자신에게 이렇게 말하면 얼마나 많은 분노를 피할 수 있는지 환기한다. "나에게도 같은 죄가 있다."

당시에는 예수처럼 죽은 지 몇 년 지난 역사적 인물의 말을 회고록으로 쓰는 것이 관례였다. 후대에 그의 추종자들이 특정한 사회·정치적 문제에 직면했을 때 도움을 주기 위해서였다. '먼저 돌을 던지라'는 가르침이 있는 요한복음은 세네카의 대중적인 수필이 나오고 나서 조금 뒤인 기원후 1세기 말에 쓰였지만, 전통적으로 페리코페 아둘테라이Pericope Adulterae, 즉 '한 간음한 여인'이라고 알려진 간음한 여인과 예수에 관련된 일화는 (일화에 대한 언급은 그 전부터 있었지만) 4세기 말에서 5세기 초 그리스 여러 문서에 처음 등장했다. 아마 그 유명한 금언은 그보다 덜 함축적인 세네카의 말에서 유래했을 것이다.

"우리가 모든 문제에 있어서 기꺼이 공정한 재판관 역할을 하려고 한다면, 우리 중 누구도 잘못이 없는지 스스로 확신해야 한다."[108]

종교적인 금언은 스토아학파의 삶을 긍정하는 이 충고의 진면목을 가린다. 그럼에도 불구하고 우리는 눈앞에서 분노의 불꽃이 튀는 것을 목격하는 순간 그 중심을 향해 곧장 뛰어들려는 충동을 멈춤으로써, 스스로 비슷한 행동을 한 적이 있다는 사실을 떠올리면서 사소한 갈등의 추함을 심오한 아름다움으로 바꿀 수 있다. 스토아학파의 궁극적인 관심은 동료 인간들과 나누는 깊은 유대였다. 우리는 좀 더 겸손하고 현실적인 관점에서 자기 자신을 평가해야 한다. 그리고 결점투성이 동료들로 이루어진 공동체와 유대감을 나누고, 타인을 향한 공격성을 사랑으로 바꿀 수 있다.

# 7.
# 상대의 동기를 이해해라

마르쿠스 아우렐리우스는 자만심에서 비롯한 공격성이 아니라 인간의 긍정적인 경험을 가능하게 해주는 몇 가지 아이디어를 제시했다. 앞에서는 우리에게도 결점이 있다는 것을 살펴보았다. 이제 우리를 화나게 한 사람의 충동을 짐작해볼 차례다.

"사람들이 너에게 상처를 줄 때, 너 자신에게 그 사람이 무엇을 선이라고 생각하고 무엇을 위해라고 생각해서 그렇게 행동하는지 물어라. 그 점을 이해하면 화를 내거나 격노하기보다 동정심을 느낄 것이다. 너도 그 사람과 같거나 비슷한 선과 악에 대한 감각을 갖고 있으므로 그 사람을 용서해야 한다. 어쩌면 선과 악에 대한 너의 감각이 그들의 것과 다를 수 있다. 그렇다면 그들은 그릇된 판단을 내린 것이니 너의 연민을 받을 자격이 있다. 그런 실천이 그렇게 어려울

일인가?"¹⁰⁹

우리는 같은 판단을 내린다. 우리 자신과 정확히 똑같이 행동하는 사람들을 비난할 수는 없는 노릇이다. 세네카는 이렇게 썼다.

"어떤 사람들은 우리에게 맞설 명예로운 이유가 있을 뿐이다. 누구는 아버지를 보호하고, 누구는 형제를 보호하며, 누구는 조국, 또 누구는 친구를 보호하는 것이다. 하지만 우리는 그들이 하지 않으면 비난할 바로 그 행동을 한 것에 대해 그들을 용서하지 않는다."¹¹⁰

"자기 자신에게 이렇게 말하는 사람은 아무도 없다. '나를 화나게 하는 저 행동은 내가 예전에 했거나 했을 수도 있는 행동이다.'"¹¹¹

같은 상황이었다면 우리도 똑같이 했을 법한 행동을 했다고 다른 사람들을 비난할 수 없다. 비슷한 정도로 화가 났거나 방어적이었거나 궁지에 몰렸거나 두려웠다면 누구라도 똑같이 행동했을 것이다. 우리 행동이 그들만큼 지나치지는 않았을 거라고 생각하는 건 중요치 않다. 핵심은 심리적인 조건이 같으면 우리도 똑같이 행동할 거라는 점이다. 우리를 자극하는 데까지 시간이 더 걸릴지는 몰라도 조건만 맞으면 우리도 그렇게 불쾌하거나 무례하게 행동했을 것이다.

친구가 선의의 거짓말을 했다는 사실을 알게 됐을 때 느끼는 분노를 생각해보자. A라는 사람과 B라는 사람은 서로 친한 사이일 뿐 아니라 이웃이기도 하다. 오늘 A는 B와 마주쳤을 때 그날 점심에 (두 사람 모두 아는) C와 약속이 있다는 사실을 숨겼다. A와 C는 (B를 좋아하지만) 그날은 둘만의 시간을 보내고 싶었기에 선의의 거짓말을 한 것이다. 혹시라도 B가 이 사실을 알고 기분이 상하지 않게끔 말이다. 그런데 우연히 약속 장소에 온 B가 이 사실을 알게 되었다면 어떨까? B는 앞뒤 따져보지 않고 일단 엄청난 질투심을 느꼈을 것이다. 하지만 A가 한 거짓말의 선량한 동기를 알면서도 계속 화를 내야 할까?

마르쿠스 아우렐리우스는 우리를 화나게 하는 사람들에 대해 이렇게 말했다. "너 자신도… 자주 잘못을 저지르고… 너는 다른 사람들이 정말 잘못을 저질렀다고 확신할 수도 없다."[112] 다른 사람들이 하는 수많은 행동은 우리가 알지 못하는 목적을 달성하기 위한 것이다. 따라서 그들이 정말 잘못을 저질렀는지 확신을 갖고 결정을 내릴 수 있으려면 그 사람의 동기에 대해 더 많은 정보가 있어야 한다. 마르쿠스와 다른 스토아 철학자들은 잘못을 저지른 사람이 처한 어려움을 서사적 맥락에서 이해하라고, 즉 그들을 같은 인간으로서 이해하고 판단하라고 격려한다. 에픽테토스 역시 우리가 단지 우리의 감각-인상에 따라 행동할 뿐이라는 점을 상기시킨다. 우리가 낮을 밤이라고 느낄 수 없는 것처럼, 우리가 옳다고 생각하는 것 외에 다른 관점에서 (모든 것을 고려했을 때 심지어 그게 우리의 본능에 반하는 행동을 하는 결정이라고 해도) 행동하는 건 불가능하다.[113] 우리는 그냥 미친 듯이 화가 나서 또는 아무 논리도 없이 행동하지 않는다. 언제나 분명한 내적 논리를 따른다. 다른 사람들도 마찬가지다. 나치 수용소에서 겪은 경험을 책으로 펴낸 정신과 의사 빅터 E. 프랭클Viktor E. Frankl은 상상조차 하기 힘든 상황에서 이와 똑같은 진실을 발견했다.

"자기 자신을 다른 모든 사람보다 우선시하는 수감자들에 대한 판단을 하는 건 내 몫이 아니다. 늦거나 빠르거나의 차이일 뿐 삶과 죽음을 확신할 수 없는 상황에서 자기 친구들에게만 호의를 베푼다고 해서 누가 그 사람에게 돌을 던질 수 있겠는가? 같은 상황에서 그들과 똑같이 행동하지 않았을지 절대적으로 정직하게 자문해보지 않는 한 누구도 그들을 판단하면 안 된다."[114]

정말 대단한 생각이다. 그가 어디서 무얼 겪었는지 생각해봐라. 그는 분노할 이유를 찾는 대신 그들의 행동에 공감했다. 분노를 사랑으로 바꿨다. 세네카는 이렇게 말했다.

"누가 당신을 비방했다는 얘기를 들을 것이다. 그럴 때는 당신이 먼저 그 사람을 비방하지는 않았는지, 당신이 비방했던 사람이 얼마나 많은지 생각해봐라. 그러고 나서 이를테면 어떤 사람은 우리에게 해를 입히는 게 아니라 갚아주는 것이고, 또 어떤 사람은 우리에게 좋으라고 그렇게 행동하는 것이며, 어떤 사람은 충동적으로, 또 어떤 사람은 무지 때문에 그렇게 행동하는 거라고 생각해라. 심지어 의도를 갖고 일부러 그렇게 행동하는 사람도 우리를 해치는 동안에 그 위해만을 목적으로 하지 않는다. 누군가는 자기 꾀에 빠져서, 또 누군가는 우리를 방해하기 위해서가 아니라 우리를 밀쳐내지 않고는 자기 목표에 도달할 수 없어서 그렇게 하는 것이다."[115]

이 말을 이해하고 있으면 상대와 언쟁이 격해지거나 긴장감이 팽팽해졌을 때, 두 사람이 원하는 것은 서로가 자기 얘기를 들어주는 것뿐이라는 사실을 눈치챌 수 있다. 상대에게는 자신의 불평이 완벽하게 이치에 맞고, 우리도 상대의 입장이었다면 똑같은 불만을 품었을 거라는 점을 이해하면 화를 식힐 수 있다. X와 Y의 전형적인 논리 전개는 이렇다.

X가 Y에게 왜 그런 식으로 행동했느냐고 묻는다.

Y는 자기 행동을 변호하면서 그 행동이 정당한 이유를 설명한다.

X가 Y의 처음 행동 때문에 느꼈던 미미한 짜증은 이제 Y가 자신의 입장을 이해하려고 노력하지 않는다는 좌절감으로 발전한다.

X의 짜증이 심해질수록 X는 Y가 했던 처음 행동에 대한 Y의 과실을 과장한다. 자신의 주장을 강화해서 Y가 자신의 불만을 이해하게 만들기 위해서다.

Y도 슬슬 화가 나기 시작하는데, 이제 정말 X의 주장이 불합리하게 들리기 시작했기 때문이다. Y는 부드럽긴 하지만 X가 말도 안 되는 주장을 하고 있다는 것을 넌지시 비치면서 자기 자신을 계속 변호한다. 이제 Y는 X가 자신의 변호를 듣지 않거나 이해하기를 거부하는 태도에 점점 화가 난다. Y 자신의 변호가 억지스럽고 과장되게 들리기 시작한다.

X는 Y가 자기 얘기는 듣지도 않고 몰아세우기만 한다는 느낌 때문에 왜 자기가 그렇게 느끼는지 정당화하기 위해 (원래 문제와 관련 없는) 다른 불만들을 제기한다.

계속 이런 식으로 이어진다. 원래의 불만은 불만을 품은 사람의 불행이 이해받고 인정받기를 바라는 욕망에 묻힌다. 이 말다툼은 원래 사건과 관련한 Y의 행동이 중심인 것처럼 보이지만, 실제로는 현재 진행되는 논쟁과 서로의 말을 듣지 않는 두 사람에 관한 것이다. Y는 말다툼이 심각해지기 시작할 때 긴장감이 고조되는 순간을 빨리 인지해서 자기방어를 자제하는 편이 현명했을 것이다. 대신 X가 이야기하는 불만을 듣고 상대의 관점에 공감을 표시했어야 한다. X는 들어줄 사람이 필요하다. Y가 꼭 옳아야 하는 건 아니다. X도 마찬가지다. 아마 두 사람 다 약간은 맞고 약간은 틀릴 것이다. 첫 단추는 우리가 상대방의 말을 듣고 있다는 점을 확실히 하는 것이다. 첫 단추를 잘 끼우면 상대방이 우리의 말에 귀 기울이게 하기가 더 쉬워지고 우리가 잘못한 부분을 인정하기도 더 쉬워진다. 우리가 비난받을 행동을 했는지에 대해서는 나중에 더 진지하게 생각해볼 수 있다. 적어도 지금은 서로 자기가 옳은 사람이 되려고 하지 않는 것이 두 사람 모두에게 좋다. 이건 우리가 무른 사람이 되거나 지나치게 협조적이어야 한다는 의미가 아니다. 사실 방어적인 태도를 최소화하는 것은 어떤 관계가 우리에게 좋거나 나쁜지 확인하기 위해 필요한 거리를 확보하는 데 도움이 된다.

숙고하는 삶은 자신을 깊이 들여다보는 과정이 포함된다. 이를 통해 우리는 나와 남을 같은 태도로 대할 수 있게 된다. 우리 자신의 복잡한 서사와 판단을 헤아려봄으로써, 우리를 화나게 만든 사람들에게서 어리석음이나 사악함만 인지하는 것이 아니라 우리와 같은 수준의 서사와 판단이 있다는 점을 이해할 수 있다. 서로에게 화를 내는 대신 우리는 각자 자기가 아는 것과 살면서 진실이라고 들어온 것의 관점으로만 작동한다는 것을, 상충하는 수많은 우선순위와 이름 없는 불안을 이해하려고 분투하고 있다는 것을, 우리가 아는 진실은 모두 똑같지만 각자 나름대로 독특하게 왜곡한 진실에 따라 살아간다는 것을 고려할 때, 서로가 각자의 외로움을 포기하고 다 같은 인간으로서 진정한 관계를 맺어나갈 수 있다.

누군가 어떤 식으로든 우리에게 무례하게 굴거나 공격적이거나 화나게 할 때, 우리는 잠시 멈춰 서서 그들이 고통 때문에 그렇게 행동하고 있다는 점을 알아차려야 한다. 그들에게는 그들이 지고 다녀야 할 짐이 있고, 지금이 특히 힘든 시기일 가능성이 크다. 우리는 우리가 스트레스받고, 배고프고, 버림받았다고 느끼고, 짓눌리는 기분일 때 얼마나 형편없는 인간이 될 수 있는지 안다. 그런 순간 우리는 삶의 속도를 늦추고 지금 우리가 힘든 과정을 겪고 있다는 사실을 인정할 줄 알아야 한다. 아무리 강해 보이는 사람도 그들만의 방식으로 악전고투하며 산다. 그리고 그들이 우리를 화나게 할 때는 그들 자신이 고통받고 있을 가능성이 매우 크다.

갈등이나 긴장의 순간에는 기분이 언짢아지고 심지어 자괴감에 빠지기도 한다. 하지만 이런 감정은 상대가 아니라 우리 자신의 고통에 관한 문제다. 우리가 외부에서 받는 메시지들은 우리가 어릴 때 내면에 자리 잡은 이런저런 감정을 촉발한다. 권위적인 아버지 밑에서 자신이 보잘것없다고 느끼며 자란 사람은 성인이 된 이후 누군가에게서—특히 연장자에게서—우리가 쓸모없는 인간이라고 여기는 듯한 인상을 받으면, 곧장 어릴 때 아버지 밑에서 고통받던 아이의 심정으로 돌아간다. 지금 우리가 듣고 있는 소리는 고통에 빠진 상대의 절규인데 그걸 눈 깜짝할 사이에 우리 자신의 고통으로 바꿔놓는다. 이 패턴을 인식하고 그 책임을 인정하면 거기서 어느 정도 해방될 수 있다. 우리는 고통의 첫 번째 진동을 알아채는 연습을 해야 한다. 그런 다음 긴장을 풀고 무게중심을 우리 쪽으로 당기면서, 고통스러운 절규, 우리와 아무 상관이 없는 마음의 울음소리를 있는 그대로 듣는 연습을 해야 한다.

# 8.
# 기대치를 낮춰라

우리는 백합으로 장식된 드레스룸이나 M&Ms 초콜릿을 한 가지 색깔로만 구해서 넉넉하게 공급해달라는 미국 여가수들의 신화에 가까운 요구 사항을 비웃는다. 일부는 진짜 원하는 것이기도 하고, 일부는 의심의 여지없이 홍보팀이 기획한 설정이거나 매니저가 알아서 챙겨 넣은 신경증적인 조항일 것이다. 이런 요구는 별 개수가 하나씩 늘어나는 호텔의 안내 데스크를 지나고, 야심가들이 직원이나 개인 수행원, 비서들과 대화를 나누는 회사 복도를 스치며, 부자들이 굽실거리는 지배인들에게 제값을 못 하는 서비스에 대해 불평하는 고급 레스토랑 테이블 사이를 지난다. 성공하면 할수록 사람들이 주위에 몰리면서 소란스러워지기 시작하고, 얼마 안 가 예전 같으면 자기 입으로 말할 수 있을 거라고 상상해본 적도 없는 즉흥적인 요구를 서슴없이 하게 된다는 점이다. 작은 사치에 익숙해지고 나면 곧 그 경험을 일반화하고 식당이나 안내 데스크처럼 어딘가 다른 곳에서도 대접받기를 기대하게 된다.

특권층만 예외적으로 과장된 기대를 하는 건 아니다. 서비스업 종사자, 하청업자, 직원들을 상대할 때마다 우리는 걸핏하면 비현실적으로 높은 기대치를 설정해 문제에 부닥친다. 이를테면 콜센터의 경우를 생각해보자. 어느 밤 카프카에게 불길한 꿈을 꾸게 했던 완전한 무관심, 책임 회피, 단답형 통화의 악몽 같은 세상에서 인간이 나누는 평범한 대화를 해보려고 안간힘을 써야 했던 시련…. 삶에 대한 우리의 욕망이 현실적으로 실현 가능한 수준을 좀 더 정확하게 반영하도록 조정할 수 있는 것처럼, 다른 사람들에 대한 기대치도 현실에 맞게 조정할 수 있다.

때때로 사람들이 몹시 실망스러울 거라는 사실을 기억해야 한다. 이것은 우리 그래프에서 삶의 Y축 그 자체이며 가혹한 현실이다. 장난감 가게에서 합리적인 부모에게서 장난감을 사달라는 요청을 처음 거절당했을 때처럼 우리는 삶이 공평하지 않다는 말을 듣는다. 하지만 우리가 날마다 마주치는 것은 운이지 공정함이 아니다. 우리는 정의를 기대하면 안 된다. 세네카는 이렇게 말했다.

"모든 것에 대해 생각하고, 모든 것을 예상해라. 심지어 훌륭한 성격에도 균형이 맞지 않는 무언가가 나타날 것이다. 인간의 본성은 부정직한 마음, 은혜를 모르는 마음, 탐욕스러운 마음, 의무에 충실하지 않은 마음을 부른다. 한 사람에 대해 판단을 내리려면 일반 대중을 성찰해야 한다."[116]

기대치를 낮추면 분노가 줄어든다. 일이 술술 풀릴 거라고 예상하지 않으면 잘 풀리지 않았을 때 덜 좌절할 것이다.

스토아철학은 우리가 계획을 세울 때 사용할 수 있는 단서, 미래에 관한 희망에 첨부할 수 있는 조건을 소개했다. 이 유보조항은 우리가 통제할 수 있는 것과 그렇지 않은 것을 구별하는 또 다른 표현이다. 우리 의도와 관련한 어떤 진술 끝에 그냥 머릿속으로 '반대로 아무 일도 일어나지 않는다면?'이라는 생각을 덧붙이는 것이다. 세네카의 설명을 더 들어보자.

"지혜로운 사람은 양쪽을 모두 고려한다. 그는 오류의 힘이 얼마나 큰지, 인간의 일이 얼마나 불확실한지, 계획의 성공에 얼마나 많은 장애물이 있는지 안다. 그는 무작정 저지르고 보는 게 아니라, 불확실하고 변하기 쉬운 사건의 쟁점이 드러나길 기다렸다가 목적의 확실성과 결과의 불확실성을 저울질한다. 그러고도 또 한 번 유보조항으로 보호받는데, 그 유보조항 없이는 아무것도 결정하지 않고 아무것도 시작하지 않는다."[117]

어떤 일의 결과는 우리의 통제 범위 밖, 외적인 것, 무관심의 영역에 속한다. 따라서 계획을 세울 때는 이상적인 것과 정반대의 결과를 얻을 수 있다는 점을 늘 염두에 둬야 한다. 어떤 계획에 흥분하거나 미래의 사건을 기대할 때도 스스로 이 점을 상기하는 것이 좋다.

우리는 지금 앞으로 느낄지 모르는 실망감을 누그러뜨리고 있다. 이렇게 모든 일에 원하는 결과를 얻지 못할 수도 있다는 단서를 다는 것이 염세적으로 들릴 수 있다. 어떤 면에서는 사실이기도 하다. 하지만 이것이 바로 비관론이 우리 삶의 질을 높이는 유용한 방식이다. 물론 어떤 일이 있을 때마다 그 일이 뜻대로 풀리지 않을지도 모른다는 생각을 하면서 그 사건을 바라보는 건 쉽지 않다. 또 우리는 비관론에 빠지면 안 된다는 말에 너무 세뇌되어 있어서 이런 유보조항이 행복의 원천을 적극적으로 거부하는 것처럼 보인다. 우리는 너무 들떠 있을 때 현재를 잊고 자신을 미래에 둔다. 우리가 통제할 수 없는 무언가에 좌우된다. 그 사건이 우리가 원하는 대로 풀리든 아니든 상관없이 말이다. 결과는 기대보다 좋을 수도, 비슷할 수도, 더 나쁠 수도 있다. 우리가 어떤 일을 기대할수록 스스로를 만족시키기 더욱 어렵다. 스토아철학이 우리에게 기대감을 느끼면 안 된다고 하진 않겠지만, 궁극적으로 그건 우리가 통제할 수 있는 일이 아니라는 점을 기억하라고 격려할 것이다. 이건 우리의 행복도를 높이기 위한 조언이다. 미래 사건의 결과가 성공적이라면 그건 멋진 보너스일 뿐이다. 이 조언은 x=y 대각선의 현실을 잘 반영하고 있다. 목표를 높이 잡을 수는 있지만 어쨌든 운은 자기 할 일을 할 거라는 현실 말이다. 에픽테토스는 《편람》에서 우리와 운명의 가장 바람직한 관계를 이렇게 요약했다.

"바라는 대로 일이 풀릴 거라고 기대하지 않고 그냥 일어나는 대로 내버려두면 네 삶도 잘 굴러갈 것이다."[118]

다시 한번 말하지만 스토아철학은 냉담함이나 무심함, 체념을 부추기지 않는다. 그들이 강조하는 다양한 형태의 비애착은 오히려 삶에 대한 적극적인 관여로부터 나온다. 자, 여기서 테니스 경기를 기억해보자. 우리는 최선을 다해 노력하고, 할 수 있는 만큼 최고의 경기를 펼칠 수 있다. 우리의 생각과 행동은 우리 통제하에 있고, 그건 우리의 책임이다. 우리의 역할—부모, 형제자매, 시민, 일꾼, 롤모델, 대통령 등—이 무엇이든 모범적으로 그 역할을 할 수 있다. 지금 있는 곳에서 최고의 우리가 되면 된다. 참여해라. 영감을 줘라. 부당함이 있는 곳에서 우리 통제하에 변화를 일궈내는 능력을 사용해라. 결과에 감정적으로 집착하지 마라. 결과는 우리의 능력 밖에 있다. 경기는 반드시 이겨야 하는 것이 아니라 그냥 최선을 다하면 된다.

마르쿠스 아우렐리우스는 자기 자신에게 이렇게 썼다.

"먼저 사람들을 설득하기 위해 최선을 다해라. 그런데도 반대한다면 정의의 요구에 따라 스스로 행동해라. 누가 힘으로 맞서면 그의 반대를 순순히 받아들이고 그렇게 물러서야 하는 것을 다른 미덕을 연습할 계기로 삼아라. 주어진 상황에서 최선을 다해 노력하는 것일 뿐, 불가능한 목표를 추구하는 게 아니었다는 사실을 기억해라. 그렇다면 너의 목표는 무엇인가? 노력하는 것이다. 그 점에서 너는 성공했다. 네가 하기로 했던 바를 이루었다."[119]

마르쿠스는 로마제국의 황제로서 통치 기간 내내 게르만족을 상대로 길고 피비린내 나는 전투를 치러야 했다. 숭고한 철학적 자유방임주의 정신으로 세상에서 일어나는 사건들이 그와 그의 제국을 휩쓸고 지나가게 내버려둘 수 있는 지위가 아니었다. 하지만 그는 우리와 그 자신에게 세상을 확실히 변화시키는 것에 관해서라면 최선을 다하는 것만 목표로 삼아야 한다고 말했다. 다른 것은 전부 어리석은 짓이다. 그러니까 그는 에픽테토스의 공식에 실용적인 조건을 달아서 여전히 우리가 세상을 변화시키기 위해 노력할 수 있다는 점을 상기시키고 있지만, 기본적으로는 자신이 통제할 수 없는 부분을 목표로 삼지 말라는 그 취지에 동의할 것이다. 이런 관점을 취하면 우리가 지지하는 대의명분을 위해 싸우면서도, 결과에 지나치게 집착해서 되레 상황을 위태롭게 하거나 실패했다고 비탄에 빠지는 일은 없을 것이다.

우리가 성공을 장담할 수 있는 것은 최선을 다한다는 목표뿐이다. 이런 개인적인 목표를 달성하면 원하는 결과를 얻을 수 없다 해도 참담한 패배감으로 개인적인 성공을 망치는 일은 없을 것이다. 우리 통제권 안으로 들어온 목표는 달성할 가능성이 크다. 게다가 우리가 최선을 다할 경우 그 통제권 밖의 일도 성공할 가능성이 커지기도 한다. 통제할 수 없는 부분을 통제하려고 할 때 생기는 불안 때문에 방해받을 일이 없기 때문이다. 스토아적 삶의 자세는 역경에 맞서 더없이 차분하고 결연한 의지를 갖게 해준다. 멋지지 않은가. 목표를 높게 잡고, 세상의 변화를 추구하면서도 항상 결과에 만족할 수 있다니! 스토아철학은 이미 가진 것만 욕망하라는 에피쿠로스학파의 가르침을 받아들이면서도 우리가 세상일에 적극적으로 관여하며 활기차게 사는 길을 열어주었다.

에피쿠로스학파는 마음의 평온함을 찾고 세상일에는 신경 쓰지 말라고 가르쳤다. 자연스럽고 단순한 것만 욕망하고 스스로 세상과 담을 쌓으라고 강조했다. 솔깃한 말이지만 좀 게으른 삶이다. 에피쿠로스학파 사람들은 그들이 추구하는 삶을 영위하기 위해 자신들이 멀리하는 바로 그 사회에 손을 벌려야 했다. 반대로 스토아학파는 우리에게 경계하라고 말한다. 쓸데없는 애착을 경계하고, 너무 높은 기대치를 경계하라고. 이 갑옷과 투구를 갖추고 나가서 최선을 다하라고 격려하며 우리를 세상이라는 경기장으로 내보낸다.

당신의 목표를 통치해라. 이 얼마나 놀라운 삶의 제안인가. 우리는 이 제안이 안주하는 삶을 위한 것이 아니라는 점을 끊임없이 떠올려야 한다. 이 정도의 목표로도 우리는 세상을 다르게 바라볼 수 있다. 운명을 통제할 수 있다고 스스로를 속이면서 개척하려고 애쓸 필요 없다.

어떤 사람들은 최상의 결과를 기대하면서도 최악의 결과를 상상하는 경향이 있다. 이건 애초에 실현 불가능하고 왜곡된 자신의 비전이 실현되지 않을 거라는 사실에 두려움을 느끼는 것이나 마찬가지다. 주로 어떤 일을 끊임없이 싸워야 할 악몽 같은 일이라고 생각할 때 일어나는 현상이다. 그렇다고 곧바로 그만둘 수도 없어서 계속 끌려간다. 스토아학파의 창시자 제논과 제2의 창시자로 불리는 크리시포스에 따르면, 우리에게는 두 가지 선택지가 있다. 짐수레에 묶인 밧줄을 당기며 반대 방향으로 가려고 기를 쓰거나, 짐수레 방향을 순순히 인정하고 스스로에게 고통을 선사하지 않는 것이다.

물론 언젠가 짐수레는 방향을 틀어야 할 것이다. 그때가 바로 마사 누스바움의 이행이 일어나야 할 시점이다. 변화를 모색하기 위해 도움이 안 되는 분노를 건설적인 수단으로 바꿔야 할 때다. 다만 (분노를 불씨 삼아 진보를 이뤄내야 할) 진정으로 불합리한 몇몇 예외적인 상황을 제외하면, 우리가 느끼는 대부분의 격노와 투덜거림은 단지 소음일 뿐이라는 점을 깨달아야 한다. 그런 소음은 듣기에도 거북하고 설득력도 없다. 대개는 자기 지향성과 이기심의 뚜렷한 표시다. 그 순간 우리가 추구할 목표는 이 거만하고 야비한 자아를 버리고, 우리의 명백한 적과 맞서는 것이다. 주변 사람들에 대한 기대치를 낮추는 것은 그들의 변덕에 장단을 맞추고 뭐든 그들이 하는 대로 내버려두는 것이 아니다. 우리의 이야기와 우선순위를 다른 사람들에게 강요하거나 그들의 이야기와 우선순위가 우리 방식과 일치하지 않는다고 징징거리는 행동을 멈추는 것이다. 분노는 단지 우리의 기대가 얼마나 비현실적인지를 보여주는 증거일 뿐이다.

## 공감과 유대 그리고…

이런 변화를 통해 우리가 기대할 수 있는 것은 무엇일까? 철학은 단지 우리 삶의 망가진 부분만 고치기 위한 것이 아니라 삶의 전반을 향상시키기 위한 것이다. 무엇보다 우리가 이렇게 달라지면 다른 사람들과의 유대가 더 넓고 단단해지는 변화를 느낄 수 있을 것이다. 사건 그 자체와 그 사건에 대한 우리의 판단을 혼동하지 않을 것이다. 당신을 불쾌하게 만든 행동을 한 사람이 그런 행동을 하게 되기까지의 복잡한 맥락에 마음을 열 수 있을 것이다. 하늘 높은 줄 모르던 자아감을 겸손한 수준으로 끌어내릴 것이다. 다른 사람들과의 경험을 바탕으로 현실적인 기대치를 정할 수 있을 것이다. 물론 이런 변화들은 실행보다는 설명이 훨씬 쉽지만, 그 변화가 정점에 이르면 우리가 만나는 모든 이를 한층 평온하고 따뜻하게 대하는 자신을 발견하게 될 것이다. 어쩌면 도로 위에서 짜증을 느끼는 대신,

다양한 속도로 달리는 수많은 자동차와 그 차를 운전하는 수많은 운전자가 도로 위에 공존하며, 거의 언제나 모두가 원하는 목적지에 안전하게 도착한다는 것이 얼마나 놀라운 사실인지 깨닫게 될지도 모른다.

"평정심이나 침착함, 너그러움을 어쩌다 접해본 사람은 그런 자질을 갖춘 사람만큼 그게 얼마나 친절하고, 사려 깊으며, 악의가 없는 것인지 느끼지 못한다."[120] 화를 덜 내면 다른 사람들을 행복하게 해주는 것보다 궁극적으로 우리 자신이 더 행복해진다. 우리 목표는 더 행복해지는 것이다. 목표를 부끄러워하지 말자. 심리학자들은 이미 이타적인 행동을 한 사람이 그런 행동의 대상이 된 사람보다 더 큰 즐거움을 얻는다는 사실을 증명했다.[121] 이 결론은 친절함의 본질을 훼손하기는커녕 그게 우리한테 더 좋다는 사실을 상기시켜준다. 우리가 베푸는 친절은 우리에게 고통보다 기쁨을 더 많이 안겨준다. 에피쿠로스는 이 사실을 친절함이 우리가 삶을 살아가는 가장 지혜로운 방법이라는 증거로 받아들였다. 스토아학파는 만물과 조화를 이루는 삶의 당연한 결과라고 생각했다.

우리는 지금 남(남들의 행동) 탓에서 내(내 판단) 탓을 지나 아무도 탓하지 않는 방향으로 나아가고 있다. 마르쿠스 아우렐리우스는 이렇게 썼다. "신들(우리는 이 단어를 '운'이나 '만물을 앞으로 나아가게 하는 힘'으로 바꿔 쓸 수 있다)을 탓하지 마라. 그들은 의도한 바가 있어서든, 어쩔 수 없어서든 잘못을 저지르지 않기 때문이다. 사람들을 탓하지 마라. 그들은 의도가 있어서 잘못을 저지르는 것이 아니기 때문이다. 그러니 아무도 탓하지 마라."[122] 우리는 우리 자신에 대해 나쁜 감정을 느끼려고 자신의 판단을 덜 믿거나 심지어 온갖 모욕을 당할 만하다는 결정을 하는 것이 아니다. 우리는 사람들과 행복한 관계 맺기라는 훨씬 흥미로운 성취가 조용하고 확고하게 달성된다는 점을 알아차릴 때, 예전의 방식으로 생각하거나 행동하는 자신을 스스로 용서할 수 있다. 마찬가지로, 우리는 더 큰 행복을 느끼기 위해 우리의 기대치를 낮추는 방식으로 오늘날 긍정적인 사고의 낙관주의를 신중하지만 편안한 비관주의로 대체할 수 있다. 세계와의 관계를 합리적으로 조정하면 고통을 줄일 수 있다.

이렇게 하는 데 방해가 되는 게 뭘까? 이번에도 비대한 자아다. 아마 당신은 욱해서 이렇게 반발할 것이다. "남들이 어리석은 걸 왜 내 탓을 하라는 거야? 절대 그럴 수 없어! 난 그것보다는 더 받을 자격이 있어!" 당신은 아직 핵심을 놓치고 있다. 자격을 언급하는 것은 무의미하며, 당신이 받아 마땅하다고 느끼는 것은 현재 당신이 가지고 있거나 쉽게 얻을 수 있는 범위를 넘어설 가능성이 크다. 그래서 보통 개인적인 분노로 이어진다. 잊지 마라. 스토아철학은 정의의 문제가 공정하게 다뤄지고 실행되게 해주며, 우리가 이 세상에 일어나기를 바라는 변화가 돌처럼 단단한 토대 위에서 이루어지게 해준다.

인생은 짧다.

"우리 육신은 곧 이 작은 영혼을 뱉어낼 것이다. 그러니 우리가 살아 숨 쉬는 동안, 동료 인간들 사이에 있는 동안, 사람답게 행동하고, 그 누구에게도 두려움이나 위험을 초래하지 않으며, 손해를 끼치는 것이나 잘못, 모욕, 비판을 경멸하고, 우리의 짧은 삶에서 겪는 불행을 위대한 정신으로 참아내자."[123]

우리가 잠깐 불편함을 견디면 주변 사람들에게 공감할 기회가 생긴다. 친절함은 사람들을 연결한다. 분노는 우리의 모든 인간성을 부정한다. 1959년 영국의 철학자 버트런드 러셀 Bertrand Russell은 이미 "사랑은 지혜롭고 증오는 어리석다"고 강조하며 이렇게 말했다.

"점점 더 긴밀하게 연결되고 있는 세상에서, 우리는 서로 인내하는 법을 배워야 합니다. 듣기 싫은 말을 하는 사람들이 있다는 사실을 참고 견디는 법을 배워야 해요. 그래야만 함께 살아갈 수 있습니다. 서로를 죽이지 않고 함께 살다 보면 일종의 관용과 인내를 배우게 됩니다. 지구에서 인간의 삶을 지속시키는 데 절대적으로 필요한 두 가지이지요."[124]

1990년대 초 한 연구에서 짧은꼬리원숭이 뇌에 특별한 종류의 뉴런이 발견되었다. 이 뉴런은 원숭이가 (견과를 집는 것 같은) 특정 행동을 할 때뿐 아니라 다른 원숭이가 똑같은 행동을 하는 모습을 볼 때도 활성화되었다. 연구자들은 여기에 거울뉴런 mirror neurons 이라는 이름을 붙였다. 연구가 진행됨에 따라 시각과 청각을 담당하는 영역에 관여하고, 어떤 행동이 수행되는 장면을 볼 때는 물론 소리를 들을 때도 활성화되는 다른 유형의 거울뉴런도 발견되었다. 우리에게도 이런 거울뉴런이 있다. 누군가 사과를 집는 동작을 보거나 차를 홀짝이는 익숙한 소리를 들을 때, 우리 뇌 속의 거울뉴런은 마치 우리가 그런 행동을 수행하고 있을 때와 똑같은 방식으로 활성화된다. 이 결과는 자폐증 연구에 대단히 귀중한 발견이었다. 자폐증 환자는 아주 기본적인 수준에서 다른 사람들과 관계를 맺거나 공감하는 것이 불가능한 특징이 있다. 이런 특별한 환자들의 뇌는 거울뉴런의 기능이 손상되었거나 아예 없는 것처럼 보이지만 우리 대부분은 공감 능력을 타고난다. 공감 능력은 사회적으로나 진화적으로나 대단히 중요하다. 그럼에도 불구하고 우리는 타인에게 공감하는 우리의 능력을 지나치게 과대평가해서, 이를테면 상대가 어떤 상황에서 어떤 행동을 하고 어떻게 느낄지까지 넘겨짚는다.

예를 들어 친구들이 틀림없이 우리의 취향이라고 생각해서 골랐을 그 수많은 선물을 생각해보자. 친구들의 보편적인 실패는 이런 유형의 공감적 사고가 얼마나 빗나갈 수 있는지 잘 보여준다. 사실 완벽할 수 있었는데 절대 인정할 수 없는 사소한 부분에서 실망을 안기는 선물이 가장 불쾌한 경향이 있다. "색깔은 정말 마음에 들어. 근데, 로고가 너무 커서 난 절대 못 입어." "노트를 사오다니 정말 고마워. 그런데 디자인이 내 취향이 아니야. 이건 못 쓰겠다."

반대로 알랭 드 보통의 지적에 따르면 작가가 자신의 약점과 복잡한 내면에 관해 쓴 글은 마치 그가 우리를 개인적으로 아는 것처럼 느끼게 만든다. 심령술사가 하는 일도 비슷하다. 당신도 만약 당신이 느끼는 갈등과 불안을 묘사한 다음 나를 너로 바꾸면 그럴듯한 심령술을 할 수 있다. 작가가 독자들의 공감을 얻기 위해 순전히 독자들의 관점에서 글을 쓰거나 심령술사가 손님의 내면만 읽어내려고 한다면, 둘 다 특별히 사적인 묘사를 내놓지 못하고 두루뭉술한 느낌만 주기 십상이다. 우리에게 가장 친밀하게 느껴지는 것은 누구나 공통으로 가지고 있는 개인적 경험인 경우가 많다.

캐나다 철학자 애덤 모턴Adam Morton은 우리가 반사회적인 행동과 관련될 때는 자신의 공감 능력을 차단하는 경향이 있다고 썼다. 그는 이런 경향을 '예의의 깜박임 효과blinkering'[125]라고 설명하는데, 이 효과는 우리가 잘못을 저지른 사람의 악행을 스스로 이해하기 어렵게 만든다. 이건 솔직하지 못한 태도다. 우리는 누구나 자신의 논리적인 맥락에 따라 행동한다. 따라서 완전히 똑같은 입장이었다면 우리도 그 사람과 똑같이 반응했을 것이기 때문이다. 하지만 우리가 지독하게 악마적인 사례에 공감하려면 그 행위를 일인칭 관점에서 마치 직접 행동으로 옮기는 것처럼 떠올려야 하는데, 말할 것도 없이 그런 행동을 떠올리는 것 자체가 우리에게 혐오감을 준다. 공통점을 느껴보려는 노력이 그 불쾌한 행동을 지지하거나 공감하는 것 같아서 화가 나게 된다.

성적 취향 문제도 같은 식으로 생각해보자. 성적 취향은 누구나 가지고 태어나 복잡한 발달 과정을 거쳐 다양하게 발현된다. 하지만 거기서 공통점을 발견하고 이해하는 것보다는 익숙하지 않은 성적 취향을 인식하고 혐오스럽다고 생각하기가 더 쉽다. 하지만 성적 취향만큼 복잡하고 변수가 많은 인간의 특성에 공감을 거부하는 태도는 위험하다. 소아성애자의 특별한 불행은 그가 걸어 다니는 악마라는 점이 아니라 그의 성적 발달이 잠재적으로 대단히 해롭고 용납하기 힘든 이끌림의 결과라는 점이다.

이런 해로운 영향 때문에 우리가 그것을 장애라고 부르는 건 당연하지만, 단순히 공포 반응으로 일관하는 것은 이 복잡한 문제를 해결하는 데에 아무 도움이 되지 않는다.

따라서 우리는 공감을 추구하되, 타인을 볼 줄 아는 특별한 통찰력이 있다고 착각해서는 안 된다. 우리는 잔혹 행위를 이해하기 위한 공감 능력은 차단해버리고, 남의 생각이나 감정, 행동처럼 우리가 알 수 없는 것을 상상할 때는 그 능력을 과대평가한다. 정말 터무니없이 부정확하고 자기 기만적이지만 아무것도 없는 것보다는 낫다.

우리는 공감의 중요성을 짚고 넘어갈 필요가 있다. 스토아철학에서 강조하는 자족과 강건함에 떠밀려 쉽게 잊히곤 하기 때문이다. 스토아철학의 교훈은 감정을 없애서 삶과 다른 사람들에게서 자신을 단절시키는 것이 아니다. 스토아철학은 우리에게 경고했다. 파도가 와서 부딪히는 견고한 돌처럼 되라고, 또 분노와 다른 원치 않는 감정의 침입을 경계할 보초를 세우라고 권했다. 물론 특정 학파나 사상을 고집하면 우리의 본성을 드러내는 중요하고도 유익한 표현을 쉽게 부정하게 된다. 스스로 스토아적이라는 꼬리표를 다는 건 자기 목소리를 포기하는 거나 다름없다는 얘기다. 숙고하는 삶은 이전에 우리가 행했던 모든 숙고에 어떤 꼬리표도 달지 않는 것이다.

스토아철학은 우리를 강력한 동류의식으로 이끌지만 그 여정이 따뜻한 동지애의 그윽한 장미 향으로 채워져 있지는 않다. 그러니 비유를 좀 섞어보자. 스토아철학의 상당 부분이 운명의 운행에 우리 자신을 편안하게 일치시키는 것이라고 한다면, 우리는 이 비유를 바다 밑바닥에서 조류에 따라 이리저리 구르는 돌멩이의 이미지로 떠올릴 수 있다. 이 이미지는 스토아철학이 제시하는 또 하나의 이미지—파도의 철썩임에 아랑곳없이 단단히 버티는 바위—와 단번에 대비된다. 스토아철학은 치유를 위한 철학이고, 우리에게 도움이 될 만한 이미지를 제시하고 있다. 하지만 우리는 스토아철학이 우리에게 도움이 되는 이유가 인간의 이상적인 상태를 완벽하게 보여주고 있기 때문도 아니고, 심지어 철학 전반에 걸쳐 일관성을 유지하고 있기 때문도 아니라는 점을 기억해야 한다. 즉, 우리는 때로는 흔들림 없는 바위가 됐다가 때로는 구르는 돌이 될 수 있다. 도움이 된다면 무엇이든 될 수 있다.

여기서 한발 더 나아가 구멍이 숭숭 뚫린 돌멩이 이미지로 스토아철학의 긴장감에 숨통을 틔워줄 수 있다. 마사 누스바움이 제안한 이 접근법[126]은 대단히 유용하다. 우리는 더 이상 다른 사람들의 도발과 그들이 불러일으키는 감정에 맞설 생각이 없다. 대신 그들과 함께 편안하고 자유로운 관계를 상상한다. 구멍 뚫린 돌멩이는 힘과 융합을 상징한다. 물(운명과 다른 사람들의 영향)이 우리 사이로 빠져나가는 동안 우리는 저항할 필요 없이 그 자리에 그대로 머문다.

특히, 우리에게 이런 행복한 상태를 경험하게 해주는 활동들이 있다. 이를테면 여행을 다니거나 익숙한 일상 속에서 느끼는 그 무엇일 수 있다. 우리는 각자 그 활동에서 자신의 실력과 무관하게 그 경험 자체로 큰 영향을 받는다. 이것은 구멍이 숭숭 뚫린 돌멩이의 다공성 혹은 투과성을 경험하는 지름길인 셈이다. 그 경험에는 우리가 목표로 하는 거리감과 내면의 무게중심뿐 아니라 공감과 자유로운 흐름이 공존한다. 우리는 행복한 경험을 하는 동안, 저마다 조금씩 다른 방식으로 순간을 즐기며 함께하는 상대에게 각자의 애정과 감동을 표현했을 것이다. 이런 활동을 통해 우리는 누스바움의 다공성porousness을 만끽한다. 행복은 소중한 사람과 함께 훌쩍 떠난 근사한 여행지에 있을 수도 있고, 집 근처 도서관에서 옆 자리에 앉은 낯선 사람의 행동에서 발견할 수도 있다. 우리는 지금 이 순간 여기서 스토아철학이 가르쳐준 공감과 유대를 통해 구멍이 숭숭 뚫린 돌멩이처럼 유연하게 특별한 삶을 살아갈 수 있을 것이다.

## 참고 문헌

1 에픽테토스, 《편람 Handbook》
2 아르투어 쇼펜하우어, 《의지와 표상으로서의 세계 The World As Will and Representation》, 2장, 1818.
3 데이비드 맥레이니, 《착각의 심리학 You Are Not So Smart》, 2011.
4 아르투어 쇼펜하우어, 《염세주의에 관한 연구 Studies in Pessimism》, 1890.
5 쥐가 미래의 자기 모습을 투사할 수 있다는 것을 암시하는 신경학적 증거도 있다. 쥐는 먹이를 찾기 위해 미로를 통과하는 방법을 선택해야 할 때 '갈림길'에 멈춰 서서 생각하는 경향이 있다. 이때 쥐의 뇌에서 의사결정과 관련된 부분이 활성화된다. 쥐들은 정말 미래의 가능성을 고려한다. 영국 워릭대학교 연구팀은 쥐가 실제 자기와 상상 속의(미래의) 자기를 구별할 수 있을 거라는 의미라고 지적했다. 즉, 쥐에게는 우리가 생각했던 것보다 더 원초적인 자의식이 있을 거라는 얘기다.
6 아르투어 쇼펜하우어, 《인생론》 1권
7 줄스 에번스, 《삶을 사랑하는 기술 Philosophy For Life, And Other Dangerous Situations》, 2013.
8 프리드리히 니체, 《즐거운 학문 The Gay Science》
9 앨런 와츠, 《불안이 주는 지혜 The Wisdom of Insecurity》, 1951.
10 프리드리히 니체, 《비극의 탄생 The Birth of Tragedy》, 1872.
11 아리스토텔레스, 《니코마코스 윤리학 Nichomachean Ethics》 1권
12 위와 같은 책
13 위와 같은 책 10권
14 아돌프 히틀러, 《나의 투쟁 Mein Kampf》, 165쪽, 1926.
15 위와 같은 책, 142쪽
16 위와 같은 책, 228쪽
17 찰스 다윈, 《인간의 유래 The Descent of Man》, 1871.
18 알렉시 드 토크빌, 《미국의 민주주의 Democracy in America》 2권, 13장, 왜 미국인들은 안락을 누리면서 그토록 안달하는가, 1840.

19 존 스튜어트 밀, 《자유론 On Liberty》, 3장 4절, 1859.
20 위와 같은 책, 3장 9절
21 재크 숀필드, '커트 코베인의 죽음이 1994년 자살률을 낮춘 걸까?', 《뉴스위크 Newsweek》, 2014년 4월 4일 (http://europe.newsweek.com/did-kurt-cobains-death-lower&#43027;suicide-rate-1994-244332?rm=eu)
22 프리드리히 니체, 《도덕의 계보 On The Genealogy of Morality》, Part 1.2.13
23 아르투어 쇼펜하우어, 《인생론》 1권, 1장
24 아르투어 쇼펜하우어, 《의지와 표상으로의 세계 World as Will and Representation》 2권, 1844.
25 대린 맥마흔, 《행복의 추구》
26 T. S. 엘리엇, 〈네 개의 사중주 Four Quartets〉
27 데이비드 포스터 월리스, 《무한한 재미 Infinite Jest》
28 노암 촘스키, 《공공선을 위하여 The Common Good》, 1998.
29 에피쿠로스, 《기본적인 가르침 Principal Doctrines》, 40
30 에피쿠로스, 《바티칸 어록 Vatican Sayings》, 1장
31 수잔 케인, 《콰이어트》
32 세네카 《스토아 철학자의 편지》 1권, 편지 38, 조용한 대화 On Quiet Conversation
33 위와 같은 책, 편지 41, 우리 안에 신 On The God Within Us
34 마르쿠스 아우렐리우스, 《명상록》 8권, 47
35 유진 미카엘 오코너 Eugene Michael O'Connor 엮음, 《저작집 The Essential Epicurus: Letters, Principal Doctrines, Vatican sayings, and fragments》, 99쪽, 1993.
36 에피쿠로스, 《바티칸 어록 Vatican Sayings》, 35
37 마르쿠스 아우렐리우스, 《명상록》 4권, 7
38 클라크의 세 번째 법칙은 《예언의 위험 Hazards of Prophecy: The Failure of Imagination》 1973년 개정판에 나온다.
39 에픽테토스, 《편람》 5
40 에픽테토스, 《금언 Golden Sayings》, 122
41 빅터 프랭클, 《죽음의 수용소에서》, 1946.
42 에픽테토스, 《편람》 1권, 5
43 립시우스, 《항심 On Constancy》, 2006.
44 앨버트 엘리스, 《심리치료에서의 이성과 정서 Reason and Emotion in Psychotherapy: A Comprehensive Method of Treating Human Disturbance》, 1962.

45 마르쿠스 아우렐리우스, 《명상록》 12권, 25
46 위와 같은 책
47 http://www.thelivingcentre.com/cms/spirit/spiritual-nutrition-feeding-the-bodynourishing-the-spirit
48 www.spiritualresearchfoundation.org, 〈빵과 차파티가 방출하는 진동에 관한 연구 Research on vibrations emitted by bread and chapatti〉
49 윌리엄 B. 어빈, 《직언 *A Guide to The Good Life*》, 2008.
50 에픽테토스, 《담화록 *Discourses*》 4권, 1장, 112
51 마르쿠스 아우렐리우스, 《명상록》 1권, 16
52 조사이어 B. 굴드, 《크리시포스의 철학》, 152쪽, 뉴욕주립대학교 출판부, 1970.
53 위와 같은 책
54 데카르트, 《방법서설 *Discourse on Method*》 《제1철학에 대한 성찰 *Meditations on First Philosophy*》
55 마르쿠스 아우렐리우스, 《명상록》 6권, 51
56 에픽테토스, 《담화록》 4권, 12
57 폴 뒤부아, 108~109쪽, 1909.
58 피에르 아도, 《삶의 방식으로서의 철학 *Philosophy as a Way of Life*》, 1995.
59 마르쿠스 아우렐리우스, 《명상록》 8권, 49
60 데이비드 포스터 월리스, 《무한한 재미 *Infinite Jest*》, 1996.
61 세네카, 《스토아 철학자의 편지》, 5
62 에픽테토스, 《담화록》 2권, 18
63 마르쿠스 아우렐리우스, 《명상록》 2권, 1
64 세네카, 《스토아 철학자의 편지》, 편지 11
65 피에르 아도, 《고대 철학이란 무엇인가 *What is Ancient Philosophy*》, 200쪽, 2002.
66 이암블리코스, 《피타고라스의 생애》, 1988.
67 외즐렘 에이덕, 이선 크로스, 〈거리두기 From A Distance: Implications of Spontaneous Self-Distancing for Adaptive Self-Reflection〉, 《개인의 인격과 사회심리학 저널 *Journal of Personality and Social Psychology*》, 98쪽, 2010.
68 버나드 캐플런, 하인츠 베르너, 《상징 형성 *Symbol Formation; an organizmic-developmental approach to language and the expression of thought*》, 1963.
69 아널드 베넷, 《하루 24시간 어떻게 살 것인가》, 1910.

70 위와 같은 책
71 세네카, 《화에 대하여 De Ira》, 3.4
72 플루타르코스, 《분노 회피에 관하여》, 6
73 아리스토텔레스, 《니코마코스 윤리학》 2권, 9
74 아리스토텔레스, 《수사학 Rhetoric》 2권, 9
75 마사 누스바움, 《욕망의 치유 The Therapy of Desire》, 1994.
76 세네카, 《화에 대하여》, 1.5.2
77 마사 누스바움, 《욕망의 치유》, 415쪽, 1994.
78 위와 같은 책
79 위와 같은 책, 421쪽
80 미셸 드 몽테뉴, 《분노에 관하여》
81 플루타르코스, 《분노 회피에 관하여》, 462A
82 세네카, 《화에 대하여》, 3권, 3
83 플루타르코스, 《분노 회피에 관하여》, 453F
84 세네카, 《화에 대하여》, 3권, 3
85 미셸 드 몽테뉴, 《분노에 관하여》
86 에픽테토스, 《담화록》
87 《함무라비 법전》, BCE 1754.
88 앨버트 엘리스, 《관용에 이르는 길 The Road to Tolerance: The Philosophy of Rational Emotive Behaviour Therapy》, 2004.
89 위와 같은 책
90 세네카, 《화에 대하여》 3권, 1
91 플루타르코스, 《분노 회피에 관하여》, [1] 452F
92 위와 같은 책
93 플루타르코스, 《분노 회피에 관하여》, [4] 454F
94 세네카, 《화에 대하여》 1권
95 플루타르코스, 《분노 회피에 관하여》, [11] 459E
96 위와 같은 책
97 세네카, 《분노에 관하여》
98 위와 같은 책
99 세네카, 《화에 대하여》 3권, 13
100 위와 같은 책

101 플루타르코스, 《분노 회피에 관하여》, [16] 464A

102 세네카, 《화에 대하여》 3권, 12

103 마르쿠스 아우렐리우스, 《명상록》 12권, 8

104 세네카, 《화에 대하여》, 31

105 위와 같은 책 3권, 26

106 마르쿠스 아우렐리우스, 《명상록》 10권, 30

107 요한복음 8장 7절

108 세네카, 《화에 대하여》 1권

109 마르쿠스 아우렐리우스, 《명상록》 7권, 26

110 세네카, 《화에 대하여》 3권, 28

111 위와 같은 책, 12

112 마르쿠스 아우렐리우스, 《명상록》 11권, 18

113 에픽테토스 《담화록》 1권, 28

114 빅터 E. 프랭클, 《죽음의 수용소에서 Man's Search for Meaning》, 1959.

115 세네카, 《화에 대하여》

116 위와 같은 책

117 도널드 로버트슨이 수정해서 인용한 세네카의 《이득에 관하여 On Benefits》, 2010.

118 에픽테토스, 《편람》, 8

119 마르쿠스 아우렐리우스, 《명상록》 6권, 50

120 플루타르코스, 《분노 회피에 관하여》, [16] 464D

121 엘리자베스 던, 라라 B. 아크닌, 마이클 I. 노턴, 〈타인을 위해 쓰는 돈이 행복을 증진한다 Spending Money on Others Promotes Happiness〉, 《사이언스》지, 319, 1687-1688.

122 마르쿠스 아우렐리우스, 《명상록》 12권, 12

123 세네카, 《화에 대하여》 3권, 43

124 BBC와의 인터뷰, 1959.

125 《공감 Empathy: Philosophical and Psychological Perspectives》, 코플란 앤 골디 중에서 애덤 모턴의 〈악마에게 공감하기 Empathy for the Devil〉 편, 2011.

126 마사 누스바움, 《욕망의 치유》